最新法律文件解读丛书

民事
法律文件解读

MINSHI FALÜ WENJIAN JIEDU

人民法院出版社　编

总第 241、242 辑　2025.01、2025.02

人民法院出版社

图书在版编目（CIP）数据

民事法律文件解读．总第241、242辑 / 人民法院出版社编．-- 北京 : 人民法院出版社，2025．2．
(最新法律文件解读丛书)．-- ISBN 978-7-5109-4396-6

Ⅰ．D923.05；D925.105

中国国家版本馆CIP数据核字第2025WG4183号

民事法律文件解读·总第241、242辑

人民法院出版社　编

责任编辑　杨　洁
出版发行　人民法院出版社
地　　址　北京市东城区东交民巷27号　邮编　100745
电　　话　(010)67550656(责任编辑)　67550558(发行部查询)
　　　　　65223677(读者服务部)
客服QQ　2092078039
网　　址　http://www.courtbook.com.cn
E - mail　courtbook@sina.com
印　　刷　三河市国英印务有限公司
经　　销　新华书店
开　　本　787毫米×1092毫米　1/16
字　　数　230千字
印　　张　16
版　　次　2025年2月第1版　　2025年2月第1次印刷
书　　号　ISBN 978-7-5109-4396-6
定　　价　56.00元

卷首语

为深入贯彻落实党的二十届三中全会精神和习近平总书记关于注重家庭家教家风建设的重要论述精神，正确实施民法典，统一法律适用，引导树立优良家风、弘扬家庭美德，维护婚姻家庭和谐稳定，2025年1月25日，最高人民法院公布了《最高人民法院关于适用〈中华人民共和国民法典〉婚姻家庭编的解释（二）》［以下简称《解释（二）》］。《解释（二）》主要针对人民群众普遍关心的父母为子女出资购房、抢夺藏匿未成年子女、同居财产分割、夫妻间给予房产、夫妻一方违反公序良俗的赠与、离婚协议将财产给予子女等家事审判中的重点、难点问题予以规范。

为便于读者更加准确、全面地理解与适用《解释（二）》，特编辑本民法典婚姻家庭编司法解释相关法律文件合辑，收录了《解释（二）》及其解读文章，并整理收录了与婚姻家庭密切相关的法律、司法解释及其解读文章、案例，涉及结婚、家庭关系、离婚、收养等内容，以期为从事相关工作的办案人员提供明确的规范和指引。

投稿邮箱：

《刑事法律文件解读》　xingshijiedu@163.com

《民事法律文件解读》　1216921515@qq.com

《商事法律文件解读》　shangshijiedu@126.com

《行政与执行法律文件解读》　1290312696@qq.com

目录

民法典婚姻家庭编司法解释相关法律文件专辑

最高人民法院

关于适用《中华人民共和国民法典》婚姻家庭编的解释（二）

法释〔2025〕1号

（2024年11月25日最高人民法院审判委员会第1933次会议通过
2025年1月15日最高人民法院公告公布
自2025年2月1日起施行）

为正确审理婚姻家庭纠纷案件，根据《中华人民共和国民法典》《中华人民共和国民事诉讼法》等相关法律规定，结合审判实践，制定本解释。

第一条 当事人依据民法典第一千零五十一条第一项规定请求确认重婚的婚姻无效，提起诉讼时合法婚姻当事人已经离婚或者配偶已经死亡，被告以此为由抗辩后一婚姻自以上情形发生时转为有效的，人民法院不予支持。

第二条 夫妻登记离婚后，一方以双方意思表示虚假为由请求确认离婚无效的，人民法院不予支持。

第三条 夫妻一方的债权人有证据证明离婚协议中财产分割条款影

响其债权实现，请求参照适用民法典第五百三十八条或者第五百三十九条规定撤销相关条款的，人民法院应当综合考虑夫妻共同财产整体分割及履行情况、子女抚养费负担、离婚过错等因素，依法予以支持。

第四条 双方均无配偶的同居关系析产纠纷案件中，对同居期间所得的财产，有约定的，按照约定处理；没有约定且协商不成的，人民法院按照以下情形分别处理：

（一）各自所得的工资、奖金、劳务报酬、知识产权收益，各自继承或者受赠的财产以及单独生产、经营、投资的收益等，归各自所有；

（二）共同出资购置的财产或者共同生产、经营、投资的收益以及其他无法区分的财产，以各自出资比例为基础，综合考虑共同生活情况、有无共同子女、对财产的贡献大小等因素进行分割。

第五条 婚前或者婚姻关系存续期间，当事人约定将一方所有的房屋转移登记至另一方或者双方名下，离婚诉讼时房屋所有权尚未转移登记，双方对房屋归属或者分割有争议且协商不成的，人民法院可以根据当事人诉讼请求，结合给予目的，综合考虑婚姻关系存续时间、共同生活及孕育共同子女情况、离婚过错、对家庭的贡献大小以及离婚时房屋市场价格等因素，判决房屋归其中一方所有，并确定是否由获得房屋一方对另一方予以补偿以及补偿的具体数额。

婚前或者婚姻关系存续期间，一方将其所有的房屋转移登记至另一方或者双方名下，离婚诉讼中，双方对房屋归属或者分割有争议且协商不成的，如果婚姻关系存续时间较短且给予方无重大过错，人民法院可以根据当事人诉讼请求，判决该房屋归给予方所有，并结合给予目的，综合考虑共同生活及孕育共同子女情况、离婚过错、对家庭的贡献大小以及离婚时房屋市场价格等因素，确定是否由获得房屋一方对另一方予以补偿以及补偿的具体数额。

给予方有证据证明另一方存在欺诈、胁迫、严重侵害给予方或者其近亲属合法权益、对给予方有扶养义务而不履行等情形，请求撤销前两款规定的民事法律行为的，人民法院依法予以支持。

第六条 夫妻一方未经另一方同意，在网络直播平台用夫妻共同财产打赏，数额明显超出其家庭一般消费水平，严重损害夫妻共同财产利益的，可以认定为民法典第一千零六十六条和第一千零九十二条规定的“挥霍”。另一方请求在婚姻关系存续期间分割夫妻共同财产，或者在离婚分割夫妻共同财产时请求对打赏一方少分或者不分的，人民法院应予支持。

第七条 夫妻一方为重婚、与他人同居以及其他违反夫妻忠实义务等目的，将夫妻共同财产赠与他人或者以明显不合理的价格处分夫妻共同财产，另一方主张该民事法律行为违背公序良俗无效的，人民法院应予支持并依照民法典第一百五十七条规定处理。

夫妻一方存在前款规定情形，另一方以该方存在转移、变卖夫妻共同财产行为，严重损害夫妻共同财产利益为由，依据民法典第一千零六十六条规定请求在婚姻关系存续期间分割夫妻共同财产，或者依据民法典第一千零九十二条规定请求在离婚分割夫妻共同财产时对该方少分或者不分的，人民法院应予支持。

第八条 婚姻关系存续期间，夫妻购置房屋由一方父母全额出资，如果赠与合同明确约定只赠与自己子女一方的，按照约定处理；没有约定或者约定不明确的，离婚分割夫妻共同财产时，人民法院可以判决该房屋归出资人子女一方所有，并综合考虑共同生活及孕育共同子女情况、离婚过错、对家庭的贡献大小以及离婚时房屋市场价格等因素，确定是否由获得房屋一方对另一方予以补偿以及补偿的具体数额。

婚姻关系存续期间，夫妻购置房屋由一方父母部分出资或者双方父母出资，如果赠与合同明确约定相应出资只赠与自己子女一方的，按照约定处理；没有约定或者约定不明确的，离婚分割夫妻共同财产时，人民法院可以根据当事人诉讼请求，以出资来源及比例为基础，综合考虑共同生活及孕育共同子女情况、离婚过错、对家庭的贡献大小以及离婚时房屋市场价格等因素，判决房屋归其中一方所有，并由获得房屋一方对另一方予以合理补偿。

第九条 夫妻一方转让用夫妻共同财产出资但登记在自己名下的有限责任公司股权，另一方以未经其同意侵害夫妻共同财产利益为由请求确认股权转让合同无效的，人民法院不予支持，但有证据证明转让人与受让人恶意串通损害另一方合法权益的除外。

第十条 夫妻以共同财产投资有限责任公司，并均登记为股东，双方对相应股权的归属没有约定或者约定不明确，离婚时，一方请求按照股东名册或者公司章程记载的各自出资额确定股权分割比例的，人民法院不予支持；对当事人分割夫妻共同财产的请求，人民法院依照民法典第一千零八十七条规定处理。

第十一条 夫妻一方以另一方可继承的财产为夫妻共同财产、放弃继承侵害夫妻共同财产利益为由主张另一方放弃继承无效的，人民法院不予支持，但有证据证明放弃继承导致放弃一方不能履行法定扶养义务的除外。

第十二条 父母一方或者其近亲属等抢夺、藏匿未成年子女，另一方向人民法院申请人身安全保护令或者参照适用民法典第九百九十七条规定申请人格权侵害禁令的，人民法院依法予以支持。

抢夺、藏匿未成年子女一方以另一方存在赌博、吸毒、家庭暴力等严重侵害未成年子女合法权益情形，主张其抢夺、藏匿行为有合理事由的，人民法院应当告知其依法通过撤销监护人资格、中止探望或者变更抚养关系等途径解决。当事人对其上述主张未提供证据证明且未在合理期限内提出相关请求的，人民法院依照前款规定处理。

第十三条 夫妻分居期间，一方或者其近亲属等抢夺、藏匿未成年子女，致使另一方无法履行监护职责，另一方请求行为人承担民事责任的，人民法院可以参照适用民法典第一千零八十四条关于离婚后子女抚养的有关规定，暂时确定未成年子女的抚养事宜，并明确暂时直接抚养未成年子女一方有协助另一方履行监护职责的义务。

第十四条 离婚诉讼中，父母均要求直接抚养已满两周岁的未成年子女，一方有下列情形之一的，人民法院应当按照最有利于未成年子女的原则，优先考虑由另一方直接抚养：

（一）实施家庭暴力或者虐待、遗弃家庭成员；

（二）有赌博、吸毒等恶习；

（三）重婚、与他人同居或者其他严重违反夫妻忠实义务情形；

（四）抢夺、藏匿未成年子女且另一方不存在本条第一项或者第二项等严重侵害未成年子女合法权益情形；

（五）其他不利于未成年子女身心健康的情形。

第十五条 父母双方以法定代理人身份处分用夫妻共同财产购买并登记在未成年子女名下的房屋后，又以违反民法典第三十五条规定损害未成年子女利益为由向相对人主张该民事法律行为无效的，人民法院不予支持。

第十六条 离婚协议中关于一方直接抚养未成年子女或者不能独立生活的成年子女、另一方不负担抚养费的约定，对双方具有法律约束力。但是，离婚后，直接抚养子女一方经济状况发生变化导致原生活水平显著降低或者子女生活、教育、医疗等必要合理费用确有显著增加，未成年子女或者不能独立生活的成年子女请求另一方支付抚养费的，人民法院依法予以支持，并综合考虑离婚协议整体约定、子女实际需要、另一方的负担能力、当地生活水平等因素，确定抚养费的数额。

前款但书规定情形下，另一方以直接抚养子女一方无抚养能力为由请求变更抚养关系的，人民法院依照民法典第一千零八十四条规定处理。

第十七条 离婚后，不直接抚养子女一方未按照离婚协议约定或者以其他方式作出的承诺给付抚养费，未成年子女或者不能独立生活的成年子女请求其支付欠付的抚养费的，人民法院应予支持。

前款规定情形下，如果子女已经成年并能够独立生活，直接抚养子女一方请求另一方支付欠付的费用的，人民法院依法予以支持。

第十八条 对民法典第一千零七十二条中继子女受继父或者继母抚养教育的事实，人民法院应当以共同生活时间长短为基础，综合考虑共同生活期间继父母是否实际进行生活照料、是否履行家庭教育职责、是否承担抚养费等因素予以认定。

第十九条 生父与继母或者生母与继父离婚后，当事人主张继父或者继母和曾受其抚养教育的继子女之间的权利义务关系不再适用民法典关于父母子女关系规定的，人民法院应予支持，但继父或者继母与继子女存在依法成立的收养关系或者继子女仍与继父或者继母共同生活的除外。

继父母子女关系解除后，缺乏劳动能力又缺乏生活来源的继父或者继母请求曾受其抚养教育的成年继子女给付生活费的，人民法院可以综合考虑抚养教育情况、成年继子女负担能力等因素，依法予以支持，但是继父或者继母曾存在虐待、遗弃继子女等情况的除外。

第二十条 离婚协议约定将部分或者全部夫妻共同财产给予子女，离婚后，一方在财产权利转移之前请求撤销该约定的，人民法院不予支持，但另一方同意的除外。

一方不履行前款离婚协议约定的义务，另一方请求其承担继续履行或者因无法履行而赔偿损失等民事责任的，人民法院依法予以支持。

双方在离婚协议中明确约定子女可以就本条第一款中的相关财产直接主张权利，一方不履行离婚协议约定的义务，子女请求参照适用民法典第五百二十二条第二款规定，由该方承担继续履行或者因无法履行而赔偿损失等民事责任的，人民法院依法予以支持。

离婚协议约定将部分或者全部夫妻共同财产给予子女，离婚后，一方有证据证明签订离婚协议时存在欺诈、胁迫等情形，请求撤销该约定的，人民法院依法予以支持；当事人同时请求分割该部分夫妻共同财产的，人民法院依照民法典第一千零八十七条规定处理。

第二十一条 离婚诉讼中，夫妻一方有证据证明在婚姻关系存续期间因抚育子女、照料老年人、协助另一方工作等负担较多义务，依据民法典第一千零八十八条规定请求另一方给予补偿的，人民法院可以综合考虑负担相应义务投入的时间、精力和对双方的影响以及给付方负担能力、当地居民人均可支配收入等因素，确定补偿数额。

第二十二条 离婚诉讼中，一方存在年老、残疾、重病等生活困难情形，依据民法典第一千零九十条规定请求有负担能力的另一方给予适当帮助的，人民法院可以根据当事人请求，结合另一方财产状况，依法予以支持。

第二十三条 本解释自2025年2月1日起施行。

最高人民法院相关部门负责人就《最高人民法院关于适用〈中华人民共和国民法典〉婚姻家庭编解释（二）》答记者问

2025年1月15日，最高人民法院举行新闻发布会，发布《最高人民法院关于适用〈中华人民共和国民法典〉婚姻家庭编的解释（二）》［以下简称《解释（二）》］及典型案例。最高人民法院民一庭庭长陈宜芳，最高人民法院民一庭副庭长吴景丽，最高人民法院民一庭二级高级法官王丹出席发布会并回答了记者提问。

问：为规制“通过离婚方式意图逃债”行为，《解释（二）》是如何规定的呢？

答：民法典第七条规定，民事主体从事民事活动，应当遵循诚信原则，秉持诚实，恪守承诺。在夫妻以一方名义对外负债的情况下，有的夫妻意图通过离婚方式“金蝉脱壳”，将全部或者大部分夫妻共同财产转移给未负债一方，使负债方的偿债能力降低，损害债权人利益。这种行为是不诚信的，法律坚决予以否定。《解释（二）》明确，如果债务人通过离婚恶意逃债，债权人可以参照适用民法典第五百三十八条或者第五百三十九条关于债权人行使撤销权的规定，请求撤销离婚协议中的相关财产分割条款，以保护自身合法权益。

要特别说明的是，离婚协议中夫妻双方的财产分割往往会考虑子女抚养费负担、离婚过错等因素，并非一定均等分割。不能简单以只要不均等分割就损害债权人利益为由撤销离婚协议，需要考虑婚姻家庭的特殊性，严格把握撤销标准。《解释（二）》在总结审判实践经验基础上明确，人民法院应当综合考虑夫妻共同财产整体分割及履行情况、子女抚养费负担、离婚过错等因素，依法予以支持。在保护债权人合法权益的同时，避免损害夫妻另一方和未成年子女利益。

问：实践中，夫妻双方分居期间或离婚后，一方有采用激烈的、不合理的手段阻止另一方探望孩子，甚至出现抢夺、隐匿孩子的情形，《解释（二）》有哪些回应？

答：民法典第一千零五十八条规定，夫妻双方平等享有对未成年子女抚养、教育和保护的权利。未成年人保护法第二十四条也明确规定，不得以抢夺、藏匿未成年子女等方式争夺抚养权。抢夺、藏匿未成年子女，不仅侵害了父母另一方对子女依法享有的抚养、教育和保护的权利，更为重要的是，会严重损害未成年子女身心健康，应当坚决预防和制止。在审理案件中，我们发现，夫妻间矛盾冲突激烈时，有时会失去理智，甚至出现“抢娃”大战。在这个过程中，双方往往更多关注自己的情感发泄和经济利益得失，而忽略了“角落里”的孩子。法律对抢夺、藏匿未成年子女行为应当作出否定性评价。基于此，《解释（二）》用三个条文对该行为予以规制：一是签发人身安全保护令或人格权侵害禁令，及时快速制止不法行为；二是在没有离婚的情况下，根据当事人请求，在监护权纠纷中暂时确定未成年子女抚养事宜；三是在离婚纠纷中确定未成年子女由哪一方直接抚养时，将该行为作为不利因素，优先考虑由另一方直接抚养。在司法审判中，法官一般会通过家事调查、心理评估、走访等方式全面了解各种情况，根据最有利于未成年子女的原则，综合各种因素判断未成年子女由哪一方直接抚养更为适宜，具体考量因素包括子女的个人意愿、年龄、性别、与双方的情感依赖程度、双方经济状况等。

我们要特别强调，孩子是独立的生命个体，他们有独立的思想、独立的人格，更有对父母的依赖和爱，不是可以随意争夺和处分的物品。孩子与父母双方的血缘亲情无法割断，孩子的成长既需要父爱，也需要母爱，任何单独的一方或者其他人都不可替代。婚姻破裂，孩子已失去完整的家，但我们可以努力做到让他们不再失去完整的爱。

问：在我国，父母为子女出资购房的现象较为普遍，在离婚分割夫妻共同财产时，上述房产该如何分割？

答：子女结婚时由父母出资购房既是我国传统上家庭财产代际传承的方式，也是父母对子女婚姻幸福美满的祝福和物质支持，同时承载着父母对晚年享受天伦之乐的期盼，有着广泛的社会基础。但是在子女离婚时，父母的希望落空，利益平衡被打破，纠纷也由此产生。《解释（二）》处理该类纠纷的基本原则是：以习近平总书记关于注重家庭家教家风建设论述精神为指导，落实民法典第一千零六十二条、第一千零六十三条关于夫妻共同财产和个人财产范围的规定以及第一千零八十七条关于离婚分割夫妻共同财产的规定，在保护个人财产权利的同时，注重维护婚姻家庭和谐稳定，肯定和鼓励双方对家庭的投入和付出。

根据民法典第一千零六十二条和第一千零六十三条的规定，婚姻关系存续期间受赠的财产，除赠与合同中确定只归一方的以外，其余属于夫妻共同财产。基于父母为子女出资购房的特殊考量，如果婚姻关系解除，父母出资购房的行为基础丧失，在分割夫妻共同财产时应当考虑个案情况予以平衡。根据民法典第一千零八十七条的规定，夫妻离婚对分割共同财产协议不成时，由人民法院根据财产的具体情况，按照照顾子女、女方和无过错方权益的原则判决。其中“财产的具体情况”应当包括出资来源情况。鉴于实际生活中出资来源的复杂性，《解释（二）》区分一方父母全额出资和部分出资两大类情况分别予以规定：第一，针对一方父母全额出资的情况。《解释（二）》规定，如果赠与合同明确约定只赠与自己子女一方，依照约定处理；如果没有约定或者约定不明确，离婚分割夫妻共同财产时，房屋不论是否登记在自己子女名下，都可以判决该房屋归出资人子女一方所有，以保障出资父母一方的利益。但是，同时也要综合考虑共同生活及孕育共同子女情况、离婚过错、对家庭的贡献大小等因素，来确定是否需要对另一方予以补偿以及补偿的具体数额；第二，针对一方父母部分出资或者双方父母对房屋均有出资的情况，《解释（二）》规定，如果赠与合同明确约定，相应出资只赠与自己子女一方，依照约定处理；如果没有约定或者约定不明确，离婚分割夫妻共同财产时，因不同案件出资来源和各方出资比例不同，需要根据个案情况分别处理。比如，双方父母的出资比例为2：8，如果双方没有明确约定房产归属，那么具体分割房产时，一般可以判决房屋归80%出资比例的一方，但是并非一定给另一方20%的补偿，需要在考虑共同生活及孕育共同子女情况、离婚过错、对家庭的贡献大小等因素的基础上，按照照顾子女、女方和无过错方权益的原则判决，补偿比例可能高于也可能低于20%。《解释（二）》引导大家在婚姻中更注重双方的共同努力和付出，互相尊重，互相关爱，增强家庭认同感和婚姻凝聚力，既不能让一心一意为家庭付出的一方伤心又伤财，也不能让婚姻成为获取不当利益的借口。

（来源：最高人民法院网站）

解读《最高人民法院关于适用〈中华人民共和国民法典〉婚姻家庭编的解释（二）》

陈宜芳　吴景丽　王　丹*

家庭是社会的基本细胞。家庭和谐稳定是国家富强、民族复兴的基石。习近平总书记深刻指出："家庭和睦则社会安定，家庭幸福则社会祥和，家庭文明则社会文明。"① 党的二十届三中全会提出，要"完善培育和践行社会主义核心价值观制度机制""加强和改进未成年人权益保护""健全社会公德、职业道德、家庭美德、个人品德建设体制机制，健全诚信建设长效机制，教育引导全社会自觉遵守法律、遵循公序良俗，坚决反对拜金主义、享乐主义、极端个人主义和历史虚无主义"。为深入贯彻落实党的二十届三中全会精神和习近平总书记关于注重家庭家教家风建设的重要论述精神，正确实施民法典，统一法律适用，引导树立优良家风、弘扬家庭美德，维护婚姻家庭和谐稳定，最高人民法院在广泛深入调研的基础上制定了《最高人民法院关于适用〈中华人民共和国民法典〉婚姻家庭编的解释（二）》［以下简称《解

* 作者单位：最高人民法院民事审判第一庭。

① 习近平：《在会见第一届全国文明家庭代表时的讲话》，载《人民日报》2016 年 12 月 10 日第 2 版。

释（二）》]。《解释（二）》已于2024年11月25日由最高人民法院审判委员会第1933次会议审议通过，自2025年2月1日起施行。现就其制定背景和相关重要问题介绍如下。

一、《解释（二）》制定的背景

近年来，随着我国经济社会发展，城乡家庭的结构和生活方式发生了新变化，婚姻家庭呈现新特点，家事纠纷案件数量高位运行。离婚纠纷中财产分割成为新的焦点，财产类型多样化、涉案标的额增大，矛盾冲突激烈。婚姻家庭与财产领域问题交织，案件疑难复杂，法律适用标准亟待统一。

2020年5月，习近平总书记在十九届中央政治局第二十次集体学习时指出："民法典颁布实施，并不意味着一劳永逸解决了民事法治建设的所有问题，仍然有许多问题需要在实践中检验、探索，还需要不断配套、补充、细化。"① 为贯彻落实习近平总书记重要讲话精神，最高人民法院在清理制定《最高人民法院关于适用〈中华人民共和国民法典〉婚姻家庭编的解释（一）》[以下简称《解释（一）》]后，即开展《解释（二）》的调研论证和起草工作。在《解释（二）》制定过程中，我们广泛征求了立法机关、有关部门和专家学者的意见，各方对解释内容基本形成共识。为更好回应人民群众关切，我们还就司法解释内容向社会公开征求意见。其间，共收到意见建议近1万份，我们逐一研究，充分吸纳。这些意见建议对完善司法解释内容起到了重要作用。

① 习近平：《充分认识颁布实施民法典重大意义，依法更好保障人民合法权益》，载《人民日报》2020年6月16日第1版。

二、《解释（二）》制定的原则

（一）合法性原则

坚持在现有法律制度框架内，遵循法律规定本义，确定审判实践中适用法律的具体规定。比如，对争议极大的婚后父母为子女购房出资问题，基于具体案件事实在认定为赠与的前提下，根据民法典第一千零六十二条和第一千零六十三条的规定，如果双方没有明确约定，则认定为是对夫妻双方的赠与。在此基础上，夫妻双方离婚时，进一步解释民法典第一千零八十七条规定的“财产的具体情况”，将出资来源作为财产具体情况予以考虑，以妥善平衡各方利益，增强家庭的凝聚力和向心力。

（二）弘扬社会主义核心价值观原则

《解释（二）》贯彻落实民法典关于树立优良家风，弘扬家庭美德，重视家庭文明建设的规定，旗帜鲜明地弘扬社会主义核心价值观，明确重婚不适用效力补正、违反公序良俗的赠与无效等，引导社会尊重婚姻，强调夫妻之间应遵守忠实义务。

（三）问题导向原则

紧贴审判工作实践中的热点与难点问题，不务虚，不贪大求全，切实为审判实践提供裁判依据。《解释（二）》主要针对人民群众普遍关心的父母为子女出资购房、抢夺藏匿未成年子女、同居财产分割、夫妻间给予房产、夫妻一方违反公序良俗的赠与、离婚协议将财产给予子女等家事审判中的重点、难点问题予以规范。同时，注重与原有司法解释规定在逻辑上协调一致。

（四）“内外有别”原则

家庭虽不具有独立的民事主体资格，但作为社会的基本细胞，与外界始终处于互动之中。《解释（二）》注重民法典婚姻家庭编与物权编、合同编等其他各编以及公司法等其他法律的体系协调，既注重在外部关系上维护以公示公信为基础的市场经济规则，也强调在婚姻家庭内部保护配偶另一方合法权益，比如，超出家庭日常消费水平的直播打赏、夫妻一方转让股权等。

三、《解释（二）》中的几个主要问题

《解释（二）》以习近平新时代中国特色社会主义思想为指导，立足新的国情、社情、民情，深入贯彻落实习近平总书记关于注重家庭家教家风建设重要论述精神，积极回应人民群众新需求新期待。《解释（二）》共二十三条，主要包括以下几个方面。

（一）明确重婚绝对无效的基本原则

民法典第一千零四十二条第二款规定，禁止重婚。第一千零五十一条规定，重婚的婚姻无效。《解释（一）》第十条规定，当事人依据民法典第一千零五十一条规定向人民法院请求确认婚姻无效，法定的无效婚姻情形在提起诉讼时已经消失的，人民法院不予支持。

实践中，对重婚情形能否适用《解释（一）》上述规定，存在不同认识。有观点认为，如果提起诉讼时原合法婚姻当事人已经离婚或者配偶已经死亡，也属于无效婚姻情形消失的情况，应适用上述司法解释规定，自合法婚姻当事人离婚或配偶死亡的节点开始，重婚的婚姻可以自动转为有效。这样可以减少当事人再次结婚登记的行政成本。

但是，从公序良俗的角度，重婚行为与未达法定婚龄以及婚姻法规定的“患有医学上认为不应当结婚的疾病”的情况在违法程度上存在

轻重之分，前者违反了婚姻的公益要件，后者违反的仅是婚姻的私益要件。

《解释（二）》从弘扬社会主义核心价值观的角度，明确重婚行为不适用效力补正。其中第一条规定："当事人依据民法典第一千零五十一条第一项规定请求确认重婚的婚姻无效，提起诉讼时合法婚姻当事人已经离婚或者配偶已经死亡，被告以此为由抗辩后一婚姻自以上情形发生时转为有效的，人民法院不予支持。"

《解释（二）》第一条在向社会征求意见过程中，曾有但书条款，目的是保护重婚中善意的一方。但不少反馈意见认为，重婚是严重违背公序良俗的行为，甚至可能构成犯罪，不应当仅因一方的善意就使得重婚行为合法化。我们经研究认为，对于重婚中善意的一方，可以根据民法典第一千零五十四条第二款的规定，请求有过错的一方损害赔偿，该规定能够保护其合法权益，故删除了但书条款。

（二）规制通过离婚损害债权人利益行为

在夫妻以一方名义对外负债的情况下，有些夫妻意图通过离婚方式"金蝉脱壳"，损害债权人利益。为此，《解释（二）》第三条规定："夫妻一方的债权人有证据证明离婚协议中财产分割条款影响其债权实现，请求参照适用民法典第五百三十八条或者第五百三十九条规定撤销相关条款的，人民法院应当综合考虑夫妻共同财产整体分割及履行情况、子女抚养费负担、离婚过错等因素，依法予以支持。"债权人撤销权制度是针对市场交易中的债务人不当减少责任财产行为的债的保全制度，离婚协议纳入债权人撤销权制度仅为参照适用，非直接适用。对于离婚协议中的财产分割条款是"无偿"还是"不合理价格"的判断，应考虑离婚协议的特殊性。

我们认为，离婚协议中的财产分割条款具有附随性，以婚姻关系解除为前提，往往财产分割会考虑未成年子女由哪一方直接抚养、一方是否存在过错等因素，并非必须均等分割。不能简单以只要不均等分割就损害了一方的债权人利益为由撤销离婚协议。在总结审判实践经验基础上，《解释（二）》明确，在参照适用时，需要考虑夫妻共同财产整体分割及履行情况、子女抚养费负担、离婚过错等事实，严格把握撤销标准，在依法保护债权人合法权益的同时，也要避免损害夫妻另一方和未成年子女利益。

在适用《解释（二）》第三条规定时，需要注意以下三点：第一，债权人的债权应当发生在离婚之前。第二，该债务已认定为夫妻一方的个人债务。如果该债务被认定为夫妻共同债务，夫妻双方均为债务人，债权人可以同时向夫妻双方主张债权，因此若离婚协议中关于夫妻共同财产分割的约定，不存在影响债权人债权实现的情形，则无须动用债权人撤销权制度。第三，在夫妻双方通过离婚恶意逃债的情况下，也可能存在民法典第一百五十四条关于恶意串通的民事法律行为无效之规定的适用余地。从举证责任的角度看，恶意串通的举证证明标准较高，需要达到排除合理怀疑的程度，因此实践中，债权人大部分是以撤销权纠纷提起诉讼。该条规定主要是针对该类案件处理作出的规定，并非否认当事人以恶意串通损害他人合法权益的民事法律行为无效为由提起诉讼的权利。

（三）细化同居析产规则

自 1994 年《婚姻登记管理条例》实施以来，我国不再认可所谓的“事实婚姻”。婚姻家庭受国家保护，是宪法确定的基本原则。只有办理结婚登记，双方具有婚姻关系，才享有夫妻之间的权利义务，包括互相忠实的义务、相互扶养的义务、法定的夫妻共同财产权、相互享有继承权等。近年来，随着社会观念的更新和开放，同居逐渐为一部分人所接受或者默许，但在整个社会中仍远未达成共识。

从司法实践看，近年来，双方因同居引发的析产纠纷有增多趋势，相关纠纷成为审判实践中的疑难问题。同居当事人的财产权利也需要得到法律平等的保护。统一裁判规则和理念，能够更好地回应人民群众的新要求、新期待。基于同居不同于婚姻的基本前提，《解释（二）》根据民法典意思自治原则和民事主体的财产权利受法律平等保护的规定，明确如果同居双方事先就财产问题明确约定，则按照约定处理；在双方无约定的情况下，基于当前大部分人的心理预期和同居不同于婚姻保护的价值理念，规定在财产分割时遵循“各自所得归各自所有”的原则。鉴于共同生活的复杂性和紧密性，同居双方可能因共同出资购置、共同生产经营投资等情况导致财产无法清晰区分，为此，《解释（二）》规定，此种情况，出资比例为首要考虑因素，应以此为基础进行分割，以充分保护当事人个人财产权利。

在此基础上，在财产分割时还需要考虑如下具体因素。

一是共同生活情况，比如，同居生活时间长短、双方的付出情况等，也要考虑一方是否存在暴力行为等严重过错。根据反家庭暴力法第三十七条的规定，同居生活的人虽不属于家庭成员范围，但如果他们之间实施暴力行为，参照适用该法的有关规定。因此，一方存在暴力行为导致分手的，在同居析产时也可以作为考虑因素。

二是有无共同子女。基于最有利于未成年子女的原则，同居期间生育共同子女的，同居结束后，对于直接抚养未成年子女的一方，也要予以特别考虑。

三是双方对财产贡献大小，比如，双方共同投资，财产增值部分主要由一方经营所得，就不能完全按照出资比例分割。

总之，要根据具体案件情况，综合考量上述因素，妥善平衡双方利益。

关于是否需要对同居生活期间因抚育子女、照料老年人、协助对方工作的一方给予适当补偿的问题。《解释（二）》在向社会征求意见稿中，曾对此予以规定，但对该规定的反对意见较多。我们经反复研究认为，应坚持婚姻家庭受国家保护的基本原则，对于同居关系，不能等同于婚姻的保护。现实生活中，同居关系双方生活紧密度较高，也往往存在互相扶助的情况，较为复杂，纠纷产生的原因和背景也不尽相同，相关裁判规则需要继续探索，故删除了该规定。在个案处理中，应当综合考虑共同生活情况，基于诚信原则和权利义务相一致原则，妥善平衡双方利益。

（四）明确父母为子女婚后购房出资的财产分割原则

子女结婚时由父母出资购房，既是我国传统家庭财产代际传承的方式，也是父母对子女婚姻幸福美满的祝福和物质支持，更有父母对晚年安享天伦之乐的期盼，有着广泛的社会基础。基于父母子女间密切的人身关系和特有的中国传统家庭文化影响，父母在出资时，一般未明确或不愿明确出资性质以及具体内容。但是在子女离婚时，父母的希望落空，利益平衡被打破，纠纷也由此产生。如何审理好相关案件，实现出资父母权益与子女配偶一方权益的平衡保护，长期以来是司法实践面临的难题。从《最高人民法院关于适用〈中华人民共和国婚姻法〉若干问题的解释（二）》第二十二条到《最高人民法院关于适用〈中华人民共和国婚姻法〉若干问题的解释（三）》［以下简称《婚姻法解释（三）》］第七条，再到《解释（一）》第二十九条，司法政策也一直在探寻更好的解决方式。

我们认为，保护出资父母一方权益体现的是对个人财产权利的尊重；而维护子女配偶一方合法权益，有助于增强其对家庭的认同，鼓励其对家庭的投入和付出，并协助另一方更好地赡养父母，实际上蕴含着对婚姻家庭的保护，这从根本上有利于保护出资父母一方的权益。审理相关案件要以习近平总书记关于良好家庭家教家风建设论述精神为指导，实现个人财产利益与家庭团体利益的平衡保护。

根据民法典的规定，婚姻关系存续期间受赠的财产，除赠与合同确定只归一方的外，属于夫妻共同财产。因此，在赠与合同未明确约定财产只赠与自己子女的情况下，应按照民法典的规定，认定为财产是赠与夫妻双方。但是，父母给子女出资购房的特定目的应在离婚分割夫妻共同财产时作为重要考量因素。在子女离婚尤其是婚龄较短时，父母出资购房的行为基础丧失，在分割夫妻共同财产时就要考虑个案情况予以平衡。根据民法典第一千零八十七条的规定，夫妻离婚时双方对分割共同财产协议不成时，由人民法院根据财产的具体情况，按照照顾子女、女方和无过错方权益的原则判决。其中，"财产的具体情况"应当包括出资来源情况，在此基础上，还要按照照顾子女、女方和无过错方权益的原则公平合理分割。

鉴于实际生活中出资来源的复杂性，《解释（二）》区分一方父母全额出资与一方父母部分出资（包括双方父母出资）两种情况分别予以规定。

第一，在一方父母全额出资的情况下，赠与合同明确约定只赠与自己子女一方的，应当按照约定处理。没有约定或者约定不明确的，房屋不论是否登记在自己子女名下，都可以判决该房屋归出资人子女一方所有，同时要综合考虑共同生活及孕育共同子女的情况、离婚过错、对家庭的贡献大小以及离婚时房屋市场价格等因素，确定是否由获得房屋一方对另一方予以补偿以及补偿的具体数额。

第二，在一方父母仅部分出资或者双方父母对房屋均有出资的情况下，因不同案件出资来源和各方出资比例不同，无法明确房屋归哪一方所有，需要根据个案情况分别处理。因此，《解释（二）》第八条第二款规定，婚姻关系存续期间，夫妻购置房屋由一方父母部分出资或者双方父母出资，赠与合同明确约定相应出资只赠与自己子女一方的，按照约定处理；没有约定或者约定不明确的，离婚分割夫妻共同财产时，人民法院可以根据当事人诉讼请求，以出资来源及比例为基础，综合考虑共同生活及孕育共同子女情况、离婚过错、对家庭的贡献大小以及离婚时房屋市场价格等因素，判决房屋归其中一方所有，并由获得房屋一方对另一方予以合理补偿。比如，双方父母的出资比例为2∶8，如双方没有明确约定房产归属，具体分割时，一般可以判决房屋归80%出资比例的一方，但是并非一定给另一方20%的补偿，需要在考虑夫妻共同生活及孕育共同子女情况、离婚过错等事实的基础上，按照照顾子女、女方和无过错方权益的原则判决，补偿比例可能高于也可能低于20%。

总之，处理父母为子女婚后出资购房问题，应当以平衡保护个人权益和婚姻家庭团体利益为基本理念，关注婚姻家庭的伦理性、团体性特征，既要引导婚姻当事人注重对家庭的付出，也要防止借短暂婚姻不劳而获大额财物的投机行为，真正实现婚姻家庭的和谐稳定。

（五）调整夫妻间给予房产行为

实践中，男女双方在婚前或者婚姻关系存续期间约定将一方所有的房产给予另一方或者为另一方“加名”的情况比较普遍。对此，《解释（一）》第三十二条［《婚姻法解释（三）》第六条］将该种情形引入民法典合同编赠与合同的规定，实际上承认了在赠与财产权利未转移前，赠与方享有任意撤销权。从审判实践看，有以下两种典型的情况会导致双方当事人利益失衡。

一是双方长期共同生活，虽曾约定将一方房产给予另一方或者为另一方“加名”，但因各种原因未办理不动产转移登记。如果适用赠与合同规则，认可给予方享有任意撤销权，实际上损害了另一方的信赖利益。

二是房产转移登记后，接受方短时间内即提出离婚。在不符合法定撤销权的情况下，认定房产无法返还，对给予方是不公平的。我们经反复研究认为，在一般情况下，夫妻间给予房产的目的是成立或维护婚姻关系并共同享有房产利益，这是该行为的基础，也是该行为与普通赠与合同完全无偿的特征不尽相同之处。

《解释（二）》第五条向社会征求意见后，有两种不同的反馈意见：一种意见认为应当坚持诚信原则，不允许给予方反悔；另一种意见认为，要严厉打击不劳而获的行为，不能因短暂婚姻即获得大额财产。我们认为，上述两种意见在特定案件中均有一定道理，这实际上也是《解释（二）》对此问题予以规范的原因。

为此，《解释（二）》第五条贯彻落实民法典第一千零六十五条规定，根据诚信原则，综合考虑婚姻家庭的特殊情况，区分财产尚未办理转移登记和已经办理转移登记两种情况分别予以规定。

1. 财产尚未办理转移登记的

首先，《解释（二）》第五条第一款明确，双方对房屋归属或者分割有争议且协商不成的，人民法院可以根据当事人诉讼请求，结合给予目的，综合考虑婚姻关系存续时间、共同生活及孕育共同子女情况、离婚过错、对家庭的贡献大小以及离婚时房屋市场价格等因素，判决房屋归其中一方所有，并确定是否由获得房屋一方对另一方予以补偿以及补偿的具体数额。该条规定实际上否定了给予方的任意撤销权，强调了约定对双方均具有法律约束力。对于是继续履行该协议，还是基于行为基础的丧失，变更或者解除该协议，需要综合考虑婚姻家庭关系的特殊情况。

2. 财产已经办理转移登记的

《解释（二）》第五条第二款规定，如果婚姻关系存续时间较短且给予方无重大过错，人民法院可以根据当事人诉讼请求，判决该房屋归给予方所有，并结合给予目的，综合考虑共同生活及孕育共同子女情况、离婚过错、对家庭的贡献大小以及离婚时房屋市场价格等因素，确定是否由获得房屋一方对另一方予以补偿以及补偿的具体数额。这也就意味着，婚姻关系存续时间较长或者给予方有重大过错的，可以由接受方保有该房产，以维护财产秩序的相对稳定，保护接受方合理预期，弘扬诚信价值。当然，在认定接受方保有房产的情况下，还要综合考虑共同生活及孕育共同子女情况、对家庭的贡献大小以及离婚时房屋市场价格等因素，确定获得房屋一方对另一方是否予以补偿以及补偿的具体数额。上述规定有助于实现个案中双方当事人利益的平衡。

实践中还存在一些情况，例如接受方存在欺诈、胁迫或者严重侵害给予方或其近亲属的合法权益、有扶养义务而不履行等情况，为此，《解释（二）》第五条第三款规定："给予方有证据证明另一方存在欺诈、胁迫、严重侵害给予方或者其近亲属合法权益、对给予方有扶养义务而不履行等情形，请求撤销前两款规定的民事法律行为的，人民法院依法予以支持。"根据相关法律规定，此种情形下撤销赠与后，无须给予对方补偿。但需要注意的是，撤销权应在法定期间内行使。

有的意见认为，《解释（二）》的规定赋予法院的自由裁量权过大，不利于司法裁判统一。我们研究认为，在市场交易中，大家按照一定的规则行事就能保持相对可预期的秩序，但婚姻家庭与之不同，婚姻家庭涉及伦理、情感、心理等因素，每个家庭也各有自己的相处模式。家事案件中的"个案"情况较多：有的给予方存在过错，有的接受方存在过错；有的双方已经长久共同生活，而有的则"闪离"；有的已生育共同子女，有的无子女。不同因素叠加更会出现各种不同的"组合"。如果一律适用同样的规则，看似整齐划一，但是，案件处理结果反倒可能损害一方当事人的合法权益。赋予法院一定程度自由裁量权，实现个案中的平衡保护，是实现司法裁判公平正义的要求。下一步，我们将通过发布典型案例、法答网答疑、推荐典型案例入人民法院案例库等方式，进一步细化相关因素的把握尺度，努力实现让人民群众在每一个司法案件中感受到公平正义。

（六）规范夫妻一方对外赠与行为，维护公序良俗

近年来，婚姻家庭领域一类较多的纠纷是因"婚外情"赠与财物产生的纠纷。民法典第一千零四十三条规定："家庭应当树立优良家

风，弘扬家庭美德，重视家庭文明建设。夫妻应当互相忠实、互相尊重、互相关爱；……”婚姻关系存续期间，夫妻一方为重婚、与他人同居以及其他违反夫妻忠实义务等目的，私自将婚内共同财产赠与他人，不仅侵害了夫妻共同财产平等处理权，更是一种严重违背公序良俗的行为，为社会主义核心价值观所不容。审判实践中，对赠与行为性质、效力认定以及返还比例等方面，存在不同认识，需要统一裁判标准，为此，《解释（二）》第七条第一款规定：“夫妻一方为重婚、与他人同居以及其他违反夫妻忠实义务等目的，将夫妻共同财产赠与他人或者以明显不合理的价格处分夫妻共同财产，另一方主张该民事法律行为违背公序良俗无效的，人民法院应予支持并依照民法典第一百五十七条规定处理。”具体说明如下。

1. 认定合同无效的路径主要是违背公序良俗

“婚外情”行为不仅违反了法律规定的夫妻忠实义务，也严重违背公序良俗。鉴于民法典修改了合同法的规定，无权处分不再影响合同效力。夫妻一方未经对方同意处分夫妻共同财产属于广义上的无权处分，在解释上亦不能因此否认合同效力。因此，在路径上应当解释为双方基于维护“婚外情”目的的赠与，该目的违背公序良俗，依据民法典第一百五十三条第二款的规定，民事法律行为应认定为无效。

2. 相应的法律后果应根据民法典第一百五十七条的规定确定

根据民法典第一百五十七条的规定，民事法律行为被认定无效后，行为人因该行为取得的财产，应当返还；不能返还的，应当折价补偿。因此，受赠人应当返还已经接受的财物。如果原物已转让他人且他人构成善意取得等不能返还，应当折价补偿。

3. 该情况不仅包括婚姻关系存续期间，还包括离婚后

有的观点认为，如果配偶起诉时双方还在婚姻关系存续期间，那么其有权要求返还全部财物；但是，如果配偶起诉时，双方已经离婚，共有基础已不存在，那么其只能要求返还其中的一半。我们经研究认为，

不论配偶起诉是在离婚前还是离婚后，都不能改变当事人处分的财物为夫妻共同财产的性质。对夫妻共同财产，双方不分份额地共同享有所有权，而非每人享有一半的所有权。而且，在分割夫妻共同财产时，由于违反夫妻忠实义务一方存在过错，财产并非平均分配，违反夫妻忠实义务一方可能不分或少分财产。因此，另一方应有权要求全部返还。

有意见提出，实践中，存在夫妻合谋以另一方名义要求返还财产的情况，这对存在严重过错的违反夫妻忠实义务一方没有起到惩罚的效果。我们经研究认为，在无过错的配偶与破坏他人家庭的婚外第三者之间，法律保护的是前者，这是必须旗帜鲜明坚持的原则。对于违反夫妻忠实义务的一方，有其他法律制度予以规制，包括可以在不解除婚姻关系的情况下，请求分割夫妻共同财产，也可以在离婚分割夫妻共同财产时要求对违反夫妻忠实义务的一方少分或不分。为此，《解释（二）》第七条也专门增加了第二款，即“夫妻一方存在前款规定情形，另一方以该方存在转移、变卖夫妻共同财产行为，严重损害夫妻共同财产利益为由，依据民法典第一千零六十六条规定请求在婚姻关系存续期间分割夫妻共同财产，或者依据民法典第一千零九十二条规定请求在离婚分割夫妻共同财产时对该方少分或者不分的，人民法院应予支持。”同时，在子女抚养方面，根据《解释（二）》第十四条的规定，离婚诉讼中，父母均要求直接抚养已满两周岁的未成年子女，一方存在重婚、与他人同居或者其他严重违反夫妻忠实义务情形的，作为对其不利因素，优先考虑由另一方直接抚养。此外，根据民法典第一千零九十一条的规定，一方存在重婚、与他人同居等严重过错的，还需要在离婚时对另一方承担离婚损害赔偿责任。

（七）明确离婚协议中约定财产给予子女的裁判规则

在离婚纠纷中，夫妻双方对于大额夫妻共同财产尤其是唯一房产的归属或分割往往难以达成一致，折中的办法常常是双方均同意将该财产给予共同子女。也有的当事人之所以同意离婚，正是因为对方同意将共同财产给予子女。但是，离婚后，基于各种原因，该财产的实际占有一方或者登记一方拒绝履行的现象也时有发生，该方甚至以享有任意撤销权为由主动提起诉讼，要求撤销该协议。对此，实践中存在不同理解。

我们经研究认为，离婚协议中关于财产给予子女的约定，实际上是夫妻双方对共同财产协议处分的具体形式，且与解除夫妻关系、子女抚养等约定构成不可分割的整体，不能单独撤销其中一部分内容。在财产权利未转移前，一方不能根据赠与合同规则单独享有任意撤销权。为此，《解释（二）》第二十条第一款规定："离婚协议约定将部分或者全部夫妻共同财产给予子女，离婚后，一方在财产权利转移之前请求撤销该约定的，人民法院不予支持，但另一方同意的除外。"

离婚协议的当事人为夫妻双方，一方不按照离婚协议约定履行义务时，原则上只能由夫妻另一方主张权利。为此，《解释（二）》第二十条第二款规定："一方不履行前款离婚协议约定的义务，另一方请求其承担继续履行或者因无法履行而赔偿损失等民事责任的，人民法院依法予以支持。"离婚协议的当事人是夫妻双方，子女不是离婚协议的当事人，因此一般情况下，应当由夫妻一方起诉，而不是子女起诉。这也有助于避免亲子关系受到进一步损害。

当然，离婚协议明确约定子女可以请求一方履行的，可以依照约定处理。为此，《解释（二）》第二十条第三款参照民法典合同编中真正利益第三人合同制度的规定，双方在离婚协议中明确约定子女可以就相关财产直接主张权利，一方不履行离婚协议约定的义务，子女参照民法典第五百二十二条第二款规定，请求其承担继续履行或者因无法履行而赔偿损失等民事责任的，人民法院依法予以支持。

此外，实践中，存在当事人将财产给予子女后，发现子女非亲生的情况，为此，《解释（二）》第二十条第四款进一步明确，离婚协议约定将部分或者全部夫妻共同财产给予子女，离婚后，一方有证据证明签订离婚协议时存在欺诈、胁迫等情形，请求撤销该约定的，人民法院依法予以支持。该条精神也与《解释（一）》第七十条规定一脉相承。根据民法典第一百五十五条的规定，无效的或者被撤销的民事法律行为自始没有法律约束力。因此，在相关约定被撤销后，该部分财产又回到了夫妻共有财产的状态，当事人在撤销的同时，请求重新分割的，基于便利当事人的原则，人民法院可以一并处理。同时，该条第四款也规定：当事人同时请求分割该部分夫妻共同财产的，人民法院依照民法典第一千零八十七条规定处理。

（八）规制抢夺、藏匿未成年子女行为

抢夺、藏匿未成年子女不仅侵害了父母另一方对子女依法享有的抚养、教育、保护的权利，更为重要的是，该行为会严重损害未成年子女身心健康，应当坚决预防和制止。未成年人保护法第二十四条第一款明确规定："未成年人的父母离婚时，应当妥善处理未成年子女的抚养、教育、探望、财产等事宜，听取有表达意愿能力未成年人的意见。不得以抢夺、藏匿未成年子女等方式争夺抚养权。"《解释（二）》用以下三个条文对该行为予以规制。

一是快速制止不法行为。《解释（二）》第十二条第一款规定："父母一方或者其近亲属等抢夺、藏匿未成年子女，另一方向人民法院申请人身安全保护令或者参照适用民法典第九百九十七条规定申请人格权侵害禁令的，人民法院依法予以支持。"签发人身安全保护令或者人格权侵害禁令，能够及时让未成年人子女恢复到原来的生活状态。人身安全保护令是反家庭暴力法设立的制度。反家庭暴力法第二十三条第一款规定，当事人因遭受家庭暴力或者面临家庭暴力的现实危险，向人民法院申请人身安全保护令的，人民法院应当受理。

我们经研究认为，抢夺、藏匿未成年子女行为发生在家庭成员之间，也是一种暴力行为，可以通过签发人身安全保护令的方式预防和制

止。人格权侵害禁令是民法典设立的制度。民法典第九百九十七条规定:“民事主体有证据证明行为人正在实施或者即将实施侵害其人格权的违法行为,不及时制止将使其合法权益受到难以弥补的损害的,有权依法向人民法院申请采取责令行为人停止有关行为的措施。”第一千零一条规定:“对自然人因婚姻家庭关系等产生的身份权利的保护,适用本法第一编、第五编和其他法律的相关规定;没有规定的,可以根据其性质参照适用本编人格权保护的有关规定。”父母对未成年子女抚养、教育和保护的义务是基于身份关系,相关身份权利的保护可以参照适用关于人格权保护的有关规定。

此外,基于家庭纠纷的复杂性,一方存在赌博、吸毒、家庭暴力等严重侵害未成年子女利益的情况,另一方紧急带离的,严格来说,并不属于法律禁止的抢夺、藏匿,而是属于一种自助行为。《解释(二)》参照民法典第一千一百七十七条规定精神,在第十二条第二款规定:“抢夺、藏匿未成年子女一方以另一方存在赌博、吸毒、家庭暴力等严重侵害未成年子女合法权益情形,主张其抢夺、藏匿行为有合理事由的,人民法院应当告知其依法通过撤销监护人资格、中止探望或者变更抚养关系等途径解决。当事人对其上述主张未提供证据证明且未在合理期限内提出相关请求的,人民法院依照前款规定处理。”

二是在一方提起的监护权纠纷案件中,明确可以暂时确定未成年子女抚养事宜。监护权纠纷是侵权责任纠纷的类型之一,主要是针对监护权受到侵害产生的纠纷。民法典第二十七条第一款规定:“父母是未成年子女的监护人。”第三十四条第二款规定:“监护人依法履行监护职责产生的权利,受法律保护。”因一方实施抢夺、藏匿未成年子女行为,导致另一方无法对未成年子女进行抚养、教育、保护的,受到侵害的一方有权提起监护权纠纷。根据民法典第一百七十九条的规定,承担民事责任的方式包括停止侵害、排除妨碍等。

但是,判项中如此表述,存在执行内容不明的问题。而且,实践中，一般当事人提起此类诉讼的主要目的是明确分居期间孩子暂由哪一方直接抚养。为此，《解释（二）》第十三条根据当事人诉请和婚姻家庭领域的实际情况，进一步具体化规定为："夫妻分居期间，一方或者其近亲属等抢夺、藏匿未成年子女，致使另一方无法履行监护职责，另一方请求行为人承担民事责任的，人民法院可以参照适用民法典第一千零八十四条第三款关于离婚后子女抚养的有关规定，暂时确定未成年子女的抚养事宜，并明确暂时直接抚养未成年子女一方有协助另一方履行监护职责的义务。"其中的暂时确定未成年子女的抚养事宜并明确其协助义务，实际上是停止侵害、排除妨碍的具体形式，有助于更准确地指导审判实践。

三是在离婚诉讼中，确定未成年子女由哪一方直接抚养时，将抢夺、藏匿未成年子女行为作为对实施一方的不利因素，优先考虑由另一方直接抚养。依据《解释（二）》第十四条的规定，离婚诉讼中，父母均要求直接抚养已满两周岁的未成年子女，一方抢夺、藏匿未成年子女且另一方不存在实施家庭暴力，虐待、遗弃家庭成员或者有赌博、吸毒恶习等严重侵害未成年子女合法权益情形的，人民法院应当按照最有利于未成年子女的原则，优先考虑由另一方直接抚养。需要特别说明的是，在确定未成年子女由哪一方直接抚养时，应当根据最有利于未成年子女原则，综合各种因素进行判断，具体考量因素包括子女的年龄、性别、与双方的情感依赖程度、双方经济状况等，而非绝对适用某一有利因素或者不利因素。

（九）需要特别说明的事项

1. 关于直播打赏款项处理问题

从司法统计数据看，近年来，涉及直播打赏的纠纷主要是未成年人和夫妻一方未经对方同意的直播打赏。为维护未成年人合法权益、保障未成年人健康成长，《解释（二）》征求意见稿明确规定，未成年人打赏的款项，应予退还。该规定精神应予以坚持。但考虑到网信部门已经出台相关规定，限制未成年人账户打赏功能，该问题已经基本得到解决。而且，从司法实践看，目前产生争议的多是未成年人用监护人的账号打赏，甚至也不排除实际上是成年人自己打赏，但恶意以未成年人名义要求返还。因此，需要解决的是如何查清实际打赏者是谁这一事实以及如何合理分配直播平台管理责任和监护人责任的问题。这需要进一步总结审判实践经验，故对该款予以删除。

对于直播内容含有淫秽、色情等低俗信息引诱用户打赏的，《解释（二）》征求意见稿明确，夫妻另一方可要求直播平台返还。该规定的精神对于净化网络空间，践行社会主义核心价值观，督促直播平台履行监管职责具有重要意义。部分反馈意见认为，应进一步细化平台与主播之间的责任划分，明确淫秽、色情的认定标准。我们经慎重研究认为，该意见有一定道理。涉直播打赏纠纷涉及对新业态中各方利益的平衡保护，目前，尚未达成共识。考虑到直播内容的即时性、观众的不特定性等，各主体之间的权利义务关系需要进一步明晰。而且，直播内容涉及淫秽、色情等违法信息的，根据治安管理处罚法的有关规定，还存在收缴等情况，严重的甚至有可能构成刑事犯罪，需要通盘考虑民事、行政、刑事责任的有机衔接，故《解释（二）》对该款予以删除。下一步，我们将继续总结审判实践经验，通过发布典型案例等方式加强监督指导。

2. 关于离婚经济帮助的具体形式

离婚经济帮助是古今中外法治文明的重要体现。1950 年婚姻法就规定了离婚经济帮助制度。此后的婚姻法和民法典均延续该项制度。离婚经济帮助不是劫富济贫或均贫富，而是体现社会主义核心价值观中“友善”的必然要求。离婚经济帮助制度的适用需要满足以下四个条件。

第一，判断时点为离婚之时。一方生活困难必须是在离婚时已经存在的困难，而不是离婚后任何时间所发生的困难都可以要求帮助。因此，《解释（二）》征求意见稿明确是在“离婚纠纷中”。一方如果在离婚判决后提出经济帮助，人民法院则不会受理。这就排除了部分别有用心之人在离婚后大肆挥霍财产最终身无分文，并要求前配偶提供经济帮助之可能。

第二，受帮助的一方生活确有困难。其生活困难是指依靠分得的夫妻共同财产和个人财产仍不能维持合理生活水平。现实生活中，夫妻双方在离婚时一般会通过分割夫妻共同财产获得一定数额的财产，即使是婚姻过错方，一般也不会达到“净身出户”之程度。即使未分割到夫妻共同财产，如果其有退休金、失业保险金、社会救助金等社会保障，已达到满足基本生活之需要，对方也无须给予离婚经济帮助。因而离婚经济帮助的对象实则是不仅没有生活来源，而且同时因为年老、重病、残疾等丧失了劳动能力之群体。

第三，提供帮助的一方应有负担能力。即在满足自己的合理生活需要后仍有剩余。这就意味着，如果离婚双方均只能维持一般的生活水平，也不需要向对方提供经济帮助。对此，《解释（二）》征求意见稿也明确是“有负担能力的一方”。

第四，时间限制。离婚经济帮助，不是夫妻扶养义务的延续，而是解除婚姻关系时的一种善后措施，因此，只能是暂时的帮助，这是该制度的题中应有之义，也是审判实践的通常做法。而且，如果接受帮助的一方已经再婚或与他人同居生活等，帮助也应予以终止。考虑到实践中生活困难的重要方面是无房居住，为落实民法典该项制度，统一法律适用，《解释（二）》征求意见稿明确了具体的帮助形式。该条向社会征求意见过程中，不少意见对离婚经济帮助制度有一定程度的误读。考虑到房屋价值较大，实践中也需要考虑有负担能力一方的后续生活等，《解释（二）》对具体帮助形式不再作规定，实践中可以根据个案情况妥善处理。下一步，我们将继续总结审判实践经验，通过发布典型案例等方式加强监督指导。

（来源：《人民司法》2025年第3期）

最高人民法院

关于适用《中华人民共和国民法典》婚姻家庭编的解释（一）

法释〔2020〕22号

（2020年12月25日最高人民法院审判委员会第1825次会议通过
2020年12月29日最高人民法院公告公布
自2021年1月1日起施行）

为正确审理婚姻家庭纠纷案件，根据《中华人民共和国民法典》《中华人民共和国民事诉讼法》等相关法律规定，结合审判实践，制定本解释。

一、一般规定

第一条 持续性、经常性的家庭暴力，可以认定为民法典第一千零四十二条、第一千零七十九条、第一千零九十一条所称的“虐待”。

第二条 民法典第一千零四十二条、第一千零七十九条、第一千零九十一条规定的“与他人同居”的情形，是指有配偶者与婚外异性，不以夫妻名义，持续、稳定地共同居住。

第三条 当事人提起诉讼仅请求解除同居关系的，人民法院不予受理；已经受理的，裁定驳回起诉。

当事人因同居期间财产分割或者子女抚养纠纷提起诉讼的，人民法院应当受理。

第四条 当事人仅以民法典第一千零四十三条为依据提起诉讼的，人民法院不予受理；已经受理的，裁定驳回起诉。

第五条 当事人请求返还按照习俗给付的彩礼的，如果查明属于以下情形，人民法院应当予以支持：

（一）双方未办理结婚登记手续；

（二）双方办理结婚登记手续但确未共同生活；

（三）婚前给付并导致给付人生活困难。

适用前款第二项、第三项的规定，应当以双方离婚为条件。

二、结婚

第六条 男女双方依据民法典第一千零四十九条规定补办结婚登记的，婚姻关系的效力从双方均符合民法典所规定的结婚的实质要件时起算。

第七条 未依据民法典第一千零四十九条规定办理结婚登记而以夫妻名义共同生活的男女，提起诉讼要求离婚的，应当区别对待：

（一）1994年2月1日民政部《婚姻登记管理条例》公布实施以前，男女双方已经符合结婚实质要件的，按事实婚姻处理。

（二）1994年2月1日民政部《婚姻登记管理条例》公布实施以后，男女双方符合结婚实质要件的，人民法院应当告知其补办结婚登记。未补办结婚登记的，依据本解释第三条规定处理。

第八条 未依据民法典第一千零四十九条规定办理结婚登记而以夫妻名义共同生活的男女，一方死亡，另一方以配偶身份主张享有继承权的，依据本解释第七条的原则处理。

第九条 有权依据民法典第一千零五十一条规定向人民法院就已办

理结婚登记的婚姻请求确认婚姻无效的主体，包括婚姻当事人及利害关系人。其中，利害关系人包括：

（一）以重婚为由的，为当事人的近亲属及基层组织；

（二）以未到法定婚龄为由的，为未到法定婚龄者的近亲属；

（三）以有禁止结婚的亲属关系为由的，为当事人的近亲属。

第十条 当事人依据民法典第一千零五十一条规定向人民法院请求确认婚姻无效，法定的无效婚姻情形在提起诉讼时已经消失的，人民法院不予支持。

第十一条 人民法院受理请求确认婚姻无效案件后，原告申请撤诉的，不予准许。

对婚姻效力的审理不适用调解，应当依法作出判决。

涉及财产分割和子女抚养的，可以调解。调解达成协议的，另行制作调解书；未达成调解协议的，应当一并作出判决。

第十二条 人民法院受理离婚案件后，经审理确属无效婚姻的，应当将婚姻无效的情形告知当事人，并依法作出确认婚姻无效的判决。

第十三条 人民法院就同一婚姻关系分别受理了离婚和请求确认婚姻无效案件的，对于离婚案件的审理，应当待请求确认婚姻无效案件作出判决后进行。

第十四条 夫妻一方或者双方死亡后，生存一方或者利害关系人依据民法典第一千零五十一条的规定请求确认婚姻无效的，人民法院应当受理。

第十五条 利害关系人依据民法典第一千零五十一条的规定，请求人民法院确认婚姻无效的，利害关系人为原告，婚姻关系当事人双方为被告。

夫妻一方死亡的，生存一方为被告。

第十六条 人民法院审理重婚导致的无效婚姻案件时，涉及财产处理的，应当准许合法婚姻当事人作为有独立请求权的第三人参加诉讼。

第十七条　当事人以民法典第一千零五十一条规定的三种无效婚姻以外的情形请求确认婚姻无效的，人民法院应当判决驳回当事人的诉讼请求。

当事人以结婚登记程序存在瑕疵为由提起民事诉讼，主张撤销结婚登记的，告知其可以依法申请行政复议或者提起行政诉讼。

第十八条　行为人以给另一方当事人或者其近亲属的生命、身体、健康、名誉、财产等方面造成损害为要挟，迫使另一方当事人违背真实意愿结婚的，可以认定为民法典第一千零五十二条所称的“胁迫”。

因受胁迫而请求撤销婚姻的，只能是受胁迫一方的婚姻关系当事人本人。

第十九条　民法典第一千零五十二条规定的“一年”，不适用诉讼时效中止、中断或者延长的规定。

受胁迫或者被非法限制人身自由的当事人请求撤销婚姻的，不适用民法典第一百五十二条第二款的规定。

第二十条　民法典第一千零五十四条所规定的“自始没有法律约束力”，是指无效婚姻或者可撤销婚姻在依法被确认无效或者被撤销时，才确定该婚姻自始不受法律保护。

第二十一条　人民法院根据当事人的请求，依法确认婚姻无效或者撤销婚姻的，应当收缴双方的结婚证书并将生效的判决书寄送当地婚姻登记管理机关。

第二十二条　被确认无效或者被撤销的婚姻，当事人同居期间所得的财产，除有证据证明为当事人一方所有的以外，按共同共有处理。

三、夫妻关系

第二十三条　夫以妻擅自中止妊娠侵犯其生育权为由请求损害赔偿的，人民法院不予支持；夫妻双方因是否生育发生纠纷，致使感情确已破裂，一方请求离婚的，人民法院经调解无效，应依照民法典第一千零七十九条第三款第五项的规定处理。

第二十四条 民法典第一千零六十二条第一款第三项规定的“知识产权的收益”，是指婚姻关系存续期间，实际取得或者已经明确可以取得的财产性收益。

第二十五条 婚姻关系存续期间，下列财产属于民法典第一千零六十二条规定的“其他应当归共同所有的财产”：

（一）一方以个人财产投资取得的收益；

（二）男女双方实际取得或者应当取得的住房补贴、住房公积金；

（三）男女双方实际取得或者应当取得的基本养老金、破产安置补偿费。

第二十六条 夫妻一方个人财产在婚后产生的收益，除孳息和自然增值外，应认定为夫妻共同财产。

第二十七条 由一方婚前承租、婚后用共同财产购买的房屋，登记在一方名下的，应当认定为夫妻共同财产。

第二十八条 一方未经另一方同意出售夫妻共同所有的房屋，第三人善意购买、支付合理对价并已办理不动产登记，另一方主张追回该房屋的，人民法院不予支持。

夫妻一方擅自处分共同所有的房屋造成另一方损失，离婚时另一方请求赔偿损失的，人民法院应予支持。

第二十九条 当事人结婚前，父母为双方购置房屋出资的，该出资应当认定为对自己子女个人的赠与，但父母明确表示赠与双方的除外。

当事人结婚后，父母为双方购置房屋出资的，依照约定处理；没有约定或者约定不明确的，按照民法典第一千零六十二条第一款第四项规定的原则处理。

第三十条 军人的伤亡保险金、伤残补助金、医药生活补助费属于个人财产。

第三十一条 民法典第一千零六十三条规定为夫妻一方的个人财

产，不因婚姻关系的延续而转化为夫妻共同财产。但当事人另有约定的除外。

第三十二条 婚前或者婚姻关系存续期间，当事人约定将一方所有的房产赠与另一方或者共有，赠与方在赠与房产变更登记之前撤销赠与，另一方请求判令继续履行的，人民法院可以按照民法典第六百五十八条的规定处理。

第三十三条 债权人就一方婚前所负个人债务向债务人的配偶主张权利的，人民法院不予支持。但债权人能够证明所负债务用于婚后家庭共同生活的除外。

第三十四条 夫妻一方与第三人串通，虚构债务，第三人主张该债务为夫妻共同债务的，人民法院不予支持。

夫妻一方在从事赌博、吸毒等违法犯罪活动中所负债务，第三人主张该债务为夫妻共同债务的，人民法院不予支持。

第三十五条 当事人的离婚协议或者人民法院生效判决、裁定、调解书已经对夫妻财产分割问题作出处理的，债权人仍有权就夫妻共同债务向男女双方主张权利。

一方就夫妻共同债务承担清偿责任后，主张由另一方按照离婚协议或者人民法院的法律文书承担相应债务的，人民法院应予支持。

第三十六条 夫或者妻一方死亡的，生存一方应当对婚姻关系存续期间的夫妻共同债务承担清偿责任。

第三十七条 民法典第一千零六十五条第三款所称“相对人知道该约定的”，夫妻一方对此负有举证责任。

第三十八条 婚姻关系存续期间，除民法典第一千零六十六条规定情形以外，夫妻一方请求分割共同财产的，人民法院不予支持。

四、父母子女关系

第三十九条 父或者母向人民法院起诉请求否认亲子关系，并已提供必要证据予以证明，另一方没有相反证据又拒绝做亲子鉴定的，人民法院可以认定否认亲子关系一方的主张成立。

父或者母以及成年子女起诉请求确认亲子关系，并提供必要证据予以证明，另一方没有相反证据又拒绝做亲子鉴定的，人民法院可以认定确认亲子关系一方的主张成立。

第四十条 婚姻关系存续期间，夫妻双方一致同意进行人工授精，所生子女应视为婚生子女，父母子女间的权利义务关系适用民法典的有关规定。

第四十一条 尚在校接受高中及其以下学历教育，或者丧失、部分丧失劳动能力等非因主观原因而无法维持正常生活的成年子女，可以认定为民法典第一千零六十七条规定的“不能独立生活的成年子女”。

第四十二条 民法典第一千零六十七条所称“抚养费”，包括子女生活费、教育费、医疗费等费用。

第四十三条 婚姻关系存续期间，父母双方或者一方拒不履行抚养子女义务，未成年子女或者不能独立生活的成年子女请求支付抚养费的，人民法院应予支持。

第四十四条 离婚案件涉及未成年子女抚养的，对不满两周岁的子女，按照民法典第一千零八十四条第三款规定的原则处理。母亲有下列情形之一，父亲请求直接抚养的，人民法院应予支持：

（一）患有久治不愈的传染性疾病或者其他严重疾病，子女不宜与其共同生活；

（二）有抚养条件不尽抚养义务，而父亲要求子女随其生活；

（三）因其他原因，子女确不宜随母亲生活。

第四十五条 父母双方协议不满两周岁子女由父亲直接抚养，并对子女健康成长无不利影响的，人民法院应予支持。

第四十六条 对已满两周岁的未成年子女，父母均要求直接抚养，一方有下列情形之一的，可予优先考虑：

（一）已做绝育手术或者因其他原因丧失生育能力；

（二）子女随其生活时间较长，改变生活环境对子女健康成长明显不利；

（三）无其他子女，而另一方有其他子女；

（四）子女随其生活，对子女成长有利，而另一方患有久治不愈的传染性疾病或者其他严重疾病，或者有其他不利于子女身心健康的情形，不宜与子女共同生活。

第四十七条 父母抚养子女的条件基本相同，双方均要求直接抚养子女，但子女单独随祖父母或者外祖父母共同生活多年，且祖父母或者外祖父母要求并且有能力帮助子女照顾孙子女或者外孙子女的，可以作为父或者母直接抚养子女的优先条件予以考虑。

第四十八条 在有利于保护子女利益的前提下，父母双方协议轮流直接抚养子女的，人民法院应予支持。

第四十九条 抚养费的数额，可以根据子女的实际需要、父母双方的负担能力和当地的实际生活水平确定。

有固定收入的，抚养费一般可以按其月总收入的百分之二十至三十的比例给付。负担两个以上子女抚养费的，比例可以适当提高，但一般不得超过月总收入的百分之五十。

无固定收入的，抚养费的数额可以依据当年总收入或者同行业平均收入，参照上述比例确定。

有特殊情况的，可以适当提高或者降低上述比例。

第五十条 抚养费应当定期给付，有条件的可以一次性给付。

第五十一条 父母一方无经济收入或者下落不明的，可以用其财物折抵抚养费。

第五十二条 父母双方可以协议由一方直接抚养子女并由直接抚养方负担子女全部抚养费。但是，直接抚养方的抚养能力明显不能保障子女所需费用，影响子女健康成长的，人民法院不予支持。

第五十三条 抚养费的给付期限，一般至子女十八周岁为止。

十六周岁以上不满十八周岁，以其劳动收入为主要生活来源，并能维持当地一般生活水平的，父母可以停止给付抚养费。

第五十四条 生父与继母离婚或者生母与继父离婚时，对曾受其抚养教育的继子女，继父或者继母不同意继续抚养的，仍应由生父或者生母抚养。

第五十五条 离婚后，父母一方要求变更子女抚养关系的，或者子女要求增加抚养费的，应当另行提起诉讼。

第五十六条 具有下列情形之一，父母一方要求变更子女抚养关系的，人民法院应予支持：

（一）与子女共同生活的一方因患严重疾病或者因伤残无力继续抚养子女；

（二）与子女共同生活的一方不尽抚养义务或有虐待子女行为，或者其与子女共同生活对子女身心健康确有不利影响；

（三）已满八周岁的子女，愿随另一方生活，该方又有抚养能力；

（四）有其他正当理由需要变更。

第五十七条 父母双方协议变更子女抚养关系的，人民法院应予支持。

第五十八条 具有下列情形之一，子女要求有负担能力的父或者母增加抚养费的，人民法院应予支持：

（一）原定抚养费数额不足以维持当地实际生活水平；

（二）因子女患病、上学，实际需要已超过原定数额；

（三）有其他正当理由应当增加。

第五十九条 父母不得因子女变更姓氏而拒付子女抚养费。父或者母擅自将子女姓氏改为继母或继父姓氏而引起纠纷的，应当责令恢复原姓氏。

第六十条 在离婚诉讼期间，双方均拒绝抚养子女的，可以先行裁定暂由一方抚养。

第六十一条 对拒不履行或者妨害他人履行生效判决、裁定、调解书中有关子女抚养义务的当事人或者其他人，人民法院可依照民事诉讼法第一百一十一条的规定采取强制措施。

五、离婚

第六十二条 无民事行为能力人的配偶有民法典第三十六条第一款规定行为，其他有监护资格的人可以要求撤销其监护资格，并依法指定新的监护人；变更后的监护人代理无民事行为能力一方提起离婚诉讼的，人民法院应予受理。

第六十三条 人民法院审理离婚案件，符合民法典第一千零七十九条第三款规定“应当准予离婚”情形的，不应当因当事人有过错而判决不准离婚。

第六十四条 民法典第一千零八十一条所称的“军人一方有重大过错”，可以依据民法典第一千零七十九条第三款前三项规定及军人有其他重大过错导致夫妻感情破裂的情形予以判断。

第六十五条 人民法院作出的生效的离婚判决中未涉及探望权，当事人就探望权问题单独提起诉讼的，人民法院应予受理。

第六十六条 当事人在履行生效判决、裁定或者调解书的过程中，一方请求中止探望的，人民法院在征询双方当事人意见后，认为需要中止探望的，依法作出裁定；中止探望的情形消失后，人民法院应当根据当事人的请求书面通知其恢复探望。

第六十七条 未成年子女、直接抚养子女的父或者母以及其他对未成年子女负担抚养、教育、保护义务的法定监护人，有权向人民法院提出中止探望的请求。

第六十八条 对于拒不协助另一方行使探望权的有关个人或者组织，可以由人民法院依法采取拘留、罚款等强制措施，但是不能对子女的人身、探望行为进行强制执行。

第六十九条 当事人达成的以协议离婚或者到人民法院调解离婚为条件的财产以及债务处理协议，如果双方离婚未成，一方在离婚诉讼中反悔的，人民法院应当认定该财产以及债务处理协议没有生效，并根据实际情况依照民法典第一千零八十七条和第一千零八十九条的规定判决。

当事人依照民法典第一千零七十六条签订的离婚协议中关于财产以及债务处理的条款，对男女双方具有法律约束力。登记离婚后当事人因履行上述协议发生纠纷提起诉讼的，人民法院应当受理。

第七十条 夫妻双方协议离婚后就财产分割问题反悔，请求撤销财产分割协议的，人民法院应当受理。

人民法院审理后，未发现订立财产分割协议时存在欺诈、胁迫等情形的，应当依法驳回当事人的诉讼请求。

第七十一条 人民法院审理离婚案件，涉及分割发放到军人名下的复员费、自主择业费等一次性费用的，以夫妻婚姻关系存续年限乘以年平均值，所得数额为夫妻共同财产。

前款所称年平均值，是指将发放到军人名下的上述费用总额按具体年限均分得出的数额。其具体年限为人均寿命七十岁与军人入伍时实际年龄的差额。

第七十二条 夫妻双方分割共同财产中的股票、债券、投资基金份额等有价证券以及未上市股份有限公司股份时，协商不成或者按市价分配有困难的，人民法院可以根据数量按比例分配。

第七十三条 人民法院审理离婚案件，涉及分割夫妻共同财产中以一方名义在有限责任公司的出资额，另一方不是该公司股东的，按以下情形分别处理：

（一）夫妻双方协商一致将出资额部分或者全部转让给该股东的配偶，其他股东过半数同意，并且其他股东均明确表示放弃优先购买权的，该股东的配偶可以成为该公司股东；

（二）夫妻双方就出资额转让份额和转让价格等事项协商一致后，其他股东半数以上不同意转让，但愿意以同等条件购买该出资额的，人民法院可以对转让出资所得财产进行分割。其他股东半数以上不同意转让，也不愿意以同等条件购买该出资额的，视为其同意转让，该股东的配偶可以成为该公司股东。

用于证明前款规定的股东同意的证据，可以是股东会议材料，也可以是当事人通过其他合法途径取得的股东的书面声明材料。

第七十四条 人民法院审理离婚案件，涉及分割夫妻共同财产中以一方名义在合伙企业中的出资，另一方不是该企业合伙人的，当夫妻双方协商一致，将其合伙企业中的财产份额全部或者部分转让给对方时，按以下情形分别处理：

（一）其他合伙人一致同意的，该配偶依法取得合伙人地位；

（二）其他合伙人不同意转让，在同等条件下行使优先购买权的，可以对转让所得的财产进行分割；

（三）其他合伙人不同意转让，也不行使优先购买权，但同意该合伙人退伙或者削减部分财产份额的，可以对结算后的财产进行分割；

（四）其他合伙人既不同意转让，也不行使优先购买权，又不同意该合伙人退伙或者削减部分财产份额的，视为全体合伙人同意转让，该配偶依法取得合伙人地位。

第七十五条 夫妻以一方名义投资设立个人独资企业的，人民法院分割夫妻在该个人独资企业中的共同财产时，应当按照以下情形分别处理：

（一）一方主张经营该企业的，对企业资产进行评估后，由取得企业资产所有权一方给予另一方相应的补偿；

（二）双方均主张经营该企业的，在双方竞价基础上，由取得企业资产所有权的一方给予另一方相应的补偿；

（三）双方均不愿意经营该企业的，按照《中华人民共和国个人独资企业法》等有关规定办理。

第七十六条 双方对夫妻共同财产中的房屋价值及归属无法达成协议时，人民法院按以下情形分别处理：

（一）双方均主张房屋所有权并且同意竞价取得的，应当准许；

（二）一方主张房屋所有权的，由评估机构按市场价格对房屋作出评估，取得房屋所有权的一方应当给予另一方相应的补偿；

（三）双方均不主张房屋所有权的，根据当事人的申请拍卖、变卖房屋，就所得价款进行分割。

第七十七条 离婚时双方对尚未取得所有权或者尚未取得完全所有权的房屋有争议且协商不成的，人民法院不宜判决房屋所有权的归属，应当根据实际情况判决由当事人使用。

当事人就前款规定的房屋取得完全所有权后，有争议的，可以另行向人民法院提起诉讼。

第七十八条 夫妻一方婚前签订不动产买卖合同，以个人财产支付首付款并在银行贷款，婚后用夫妻共同财产还贷，不动产登记于首付款支付方名下的，离婚时该不动产由双方协议处理。

依前款规定不能达成协议的，人民法院可以判决该不动产归登记一方，尚未归还的贷款为不动产登记一方的个人债务。双方婚后共同还贷支付的款项及其相对应财产增值部分，离婚时应根据民法典第一千零八十七条第一款规定的原则，由不动产登记一方对另一方进行补偿。

第七十九条 婚姻关系存续期间，双方用夫妻共同财产出资购买以一方父母名义参加房改的房屋，登记在一方父母名下，离婚时另一方主张按照夫妻共同财产对该房屋进行分割的，人民法院不予支持。购买该房屋时的出资，可以作为债权处理。

第八十条 离婚时夫妻一方尚未退休、不符合领取基本养老金条件，另一方请求按照夫妻共同财产分割基本养老金的，人民法院不予支持；婚后以夫妻共同财产缴纳基本养老保险费，离婚时一方主张将养老金账户中婚姻关系存续期间个人实际缴纳部分及利息作为夫妻共同财产分割的，人民法院应予支持。

第八十一条 婚姻关系存续期间，夫妻一方作为继承人依法可以继承的遗产，在继承人之间尚未实际分割，起诉离婚时另一方请求分割的，人民法院应当告知当事人在继承人之间实际分割遗产后另行起诉。

第八十二条 夫妻之间订立借款协议，以夫妻共同财产出借给一方从事个人经营活动或者用于其他个人事务的，应视为双方约定处分夫妻共同财产的行为，离婚时可以按照借款协议的约定处理。

第八十三条 离婚后，一方以尚有夫妻共同财产未处理为由向人民法院起诉请求分割的，经审查该财产确属离婚时未涉及的夫妻共同财产，人民法院应当依法予以分割。

第八十四条 当事人依据民法典第一千零九十二条的规定向人民法院提起诉讼，请求再次分割夫妻共同财产的诉讼时效期间为三年，从当事人发现之日起计算。

第八十五条 夫妻一方申请对配偶的个人财产或者夫妻共同财产采取保全措施的，人民法院可以在采取保全措施可能造成损失的范围内，根据实际情况，确定合理的财产担保数额。

第八十六条 民法典第一千零九十一条规定的“损害赔偿”，包括物质损害赔偿和精神损害赔偿。涉及精神损害赔偿的，适用《最高人民法院关于确定民事侵权精神损害赔偿责任若干问题的解释》的有关规定。

第八十七条 承担民法典第一千零九十一条规定的损害赔偿责任的主体，为离婚诉讼当事人中无过错方的配偶。

人民法院判决不准离婚的案件，对于当事人基于民法典第一千零九十一条提出的损害赔偿请求，不予支持。

在婚姻关系存续期间，当事人不起诉离婚而单独依据民法典第一千零九十一条提起损害赔偿请求的，人民法院不予受理。

第八十八条 人民法院受理离婚案件时，应当将民法典第一千零九十一条等规定中当事人的有关权利义务，书面告知当事人。在适用民法典第一千零九十一条时，应当区分以下不同情况：

（一）符合民法典第一千零九十一条规定的无过错方作为原告基于该条规定向人民法院提起损害赔偿请求的，必须在离婚诉讼的同时提出。

（二）符合民法典第一千零九十一条规定的无过错方作为被告的离婚诉讼案件，如果被告不同意离婚也不基于该条规定提起损害赔偿请求的，可以就此单独提起诉讼。

（三）无过错方作为被告的离婚诉讼案件，一审时被告未基于民法典第一千零九十一条规定提出损害赔偿请求，二审期间提出的，人民法院应当进行调解；调解不成的，告知当事人另行起诉。双方当事人同意由第二审人民法院一并审理的，第二审人民法院可以一并裁判。

第八十九条 当事人在婚姻登记机关办理离婚登记手续后，以民法典第一千零九十一条规定为由向人民法院提出损害赔偿请求的，人民法院应当受理。但当事人在协议离婚时已经明确表示放弃该项请求的，人民法院不予支持。

第九十条 夫妻双方均有民法典第一千零九十一条规定的过错情形，一方或者双方向对方提出离婚损害赔偿请求的，人民法院不予支持。

六、附则

第九十一条 本解释自2021年1月1日起施行。

解读《最高人民法院关于适用〈中华人民共和国民法典〉婚姻家庭编的解释（一）》若干重点问题

刘　敏　王　丹*

为贯彻落实习近平总书记在中央政治局第二十次集体学习时的重要讲话精神，更好地贯彻实施民法典，2020 年，最高人民法院除完成 591 件司法解释及相关规范性文件的清理工作外，还新修改制定了第一批与民法典配套的 7 件司法解释，其中之一即为《最高人民法院关于适用〈中华人民共和国民法典〉婚姻家庭编的解释（一）》（以下简称《解释》）。现就其制定背景和相关重要问题介绍如下。

一、《解释》修改制定的背景

婚姻家庭制度是规范夫妻关系和家庭关系的基本准则，婚姻法回归民法体系是此次民法典编纂的重要成果。民法典婚姻家庭编以婚姻法和收养法为基础，结合社会发展需要，修改完善了部分规定，并增加了新的规定。为配合民法典的实施，统一法律适用标准，最高人民法院在民法典通过后即着手婚姻家庭编司法解释的修改制定工作。涉及婚姻家庭方面的司法解释共有 11 个，条文共计达 200 余条，体量庞大。经逐件逐条清理，并经反复研究论证，我们认为，其中，《最高人民法院关于审理涉及夫妻债务纠纷案件适用法律有关问题的解释》《最高人民法院关于人民法院审理离婚案件如何认定夫妻感情确已破裂的若干具体意

* 作者单位：最高人民法院民事审判第一庭。

见》《最高人民法院关于人民法院审理未办结婚登记而以夫妻名义同居生活案件的若干意见》《最高人民法院关于人民法院审理离婚案件处理财产分割问题的若干具体意见》《最高人民法院关于审理离婚案件中公房使用、承租若干问题的解答》5个司法解释或部分条文已被民法典吸收或所规范的情形已不适应当前经济社会实际需要，故可整体予以废止；对《最高人民法院关于适用〈中华人民共和国婚姻法〉若干问题的解释（一）》（以下简称《婚姻法解释一》）、《最高人民法院关于适用〈中华人民共和国婚姻法〉若干问题的解释（二）》（以下简称《婚姻法解释二》）、《最高人民法院关于适用〈中华人民共和国婚姻法〉若干问题的解释（三）》（以下简称《婚姻法解释三》）、《最高人民法院关于适用〈中华人民共和国婚姻法〉若干问题的解释（二）的补充规定》《最高人民法院关于人民法院审理离婚案件处理子女抚养问题的若干具体意见》《最高人民法院关于夫妻离婚后人工授精所生子女的法律地位如何确定的复函》6个司法解释，在废止后按照婚姻家庭编的体例进行体系化整合，并经征求全国人大常委会法工委、国务院妇儿工委、全国妇联、民政部、司法部、最高人民检察院等单位以及各高级人民法院的意见后，由最高人民法院审判委员会第1825次会议通过，于2021年1月1日起施行。

二、《解释》修改制定的原则

在婚姻家庭编司法解释修改制定过程中，主要坚持了以下几个原则。

一是坚持婚姻家庭和谐稳定原则。党的十八大以来，以习近平同志为核心的党中央高度重视家庭文明建设。习近平总书记深刻指出："家庭和睦则社会安定，家庭幸福则社会祥和，家庭文明则社会文明。"[①]

① 习近平：《在会见第一届全国文明家庭代表时的讲话》，载《人民日报》2016年12月16日第2版。

民法典婚姻家庭编中也明确规定“家庭应当树立优良家风，弘扬家庭美德，重视家庭文明建设”。最高人民法院深入学习、坚决贯彻落实党中央决策部署和习近平总书记关于家庭、家教、家风的重要论述，始终坚持将司法为民、维护妇女和儿童合法权益作为重要工作内容，立足自身职能做了大量工作。2016 年以来，最高人民法院持续深入推进家事审判方式和工作机制改革，建立了包括民政部、公安部、全国妇联等 15 个部门共同参与的联席会议制度，抓前端、治未病，坚持将非诉讼纠纷解决机制挺在前面，不断完善家事审判多元化纠纷解决机制。此次婚姻家庭编司法解释清理中，最高人民法院也将维护婚姻家庭和谐稳定作为重要工作统领。清理过程中尤其注重保留了相关司法解释的规定，比如在反家庭暴力法已经明确规定家庭暴力的基础上，继续保留原规定中“持续性、经常性的家庭暴力，可以认定为虐待”的规定，体现了弘扬良好家庭美德、对家庭暴力坚决说“不”的鲜明价值导向。

二是坚持司法为民原则。保护妇女、未成年人、老年人和残疾人的合法权益是婚姻家庭编的基本原则，此次对婚姻家庭方面司法解释的清理尤其注重贯彻该原则。例如，对无民事行为能力人在法定情形下变更监护人并提起离婚诉讼的细化规定；对亲子关系确认、否认之诉的条文进一步完善；贯彻最有利于未成年子女原则，在离婚诉讼中对于未成年子女的抚养纠纷，尊重 8 周岁以上子女的真实意愿，删除了原来 10 周岁的规定；等等。

三是坚持严格依法和分步走原则。此次修改制定的《解释》主要是在对标对表民法典基础上对原有司法解释清理修改后制定。对与民法典抵触的坚决予以废止，确保司法解释符合民法典规定，法律适用标准统一；对已经被民法典吸收的，如关于夫妻共同债务的规定、婚内特定情形分割夫妻共同财产的规定等，因司法解释内容已经上升为法律规定，适用中直接引用法律规定即可，相关规定不再纳入《解释》；对其他与民法典规定不抵触的，以保留为原则，整体思路是不作大的修改。由于原有司法解释在不同年代制定，时间跨度达 30 年，其中也有针对不同问题的重复规定，有的还存在矛盾之处，此次清理中整体上按照婚姻家庭编的体例结构，进行体系化整合，保持司法解释内在统一协调；针对近年来婚姻家庭领域新出现的重大、疑难问题，鉴于司法解释的制定需要更加广泛充分的调研和论证，而且有争议的或者民法典新规定的内容仍需司法实践继续探索，故此次暂未作规定，留待以后专门立项制定新的司法解释。

三、《解释》中的几个主要问题

（一）删除原有司法解释1年期间的规定

关于1年期间的规定，涉及原婚姻法司法解释的条文有4条，分别为：

《婚姻法解释一》第三十条："人民法院受理离婚案件时，应当将婚姻法第四十六条等规定中当事人的有关权利义务，书面告知当事人。在适用婚姻法第四十六条时，应当区分以下不同情况：（一）符合婚姻法第四十六条规定的无过错方作为原告基于该条规定向人民法院提起损害赔偿请求的，必须在离婚诉讼的同时提出。（二）符合婚姻法第四十六条规定的无过错方作为被告的离婚诉讼案件，如果被告不同意离婚也不基于该条规定提起损害赔偿请求的，可以在离婚后一年内就此单独提起诉讼。（三）无过错方作为被告的离婚诉讼案件，一审时被告未基于婚姻法第四十六条规定提出损害赔偿请求，二审期间提出的，人民法院应当进行调解，调解不成的，告知当事人在离婚后一年内另行起诉。"

《婚姻法解释二》第五条："夫妻一方或者双方死亡后一年内，生存一方或者利害关系人依据婚姻法第十条的规定申请宣告婚姻无效的，人民法院应当受理。"

《婚姻法解释二》第九条："男女双方协议离婚后一年内就财产分割问题反悔，请求变更或者撤销财产分割协议的，人民法院应当受理。人民法院审理后，未发现订立财产分割协议时存在欺诈、胁迫等情形的，应当依法驳回当事人的诉讼请求。”

《婚姻法解释二》第二十七条：“当事人在婚姻登记机关办理离婚登记手续后，以婚姻法第四十六条规定为由向人民法院提出损害赔偿请求的，人民法院应当受理。但当事人在协议离婚时已经明确表示放弃该项请求，或者在办理离婚登记手续一年后提出的，不予支持。”

上述 4 个条文中涉及的 1 年期间虽然在审判实践中争议不大，但考虑到期间的设定对当事人利益影响巨大，应当由法律统一作出规定。在征求意见过程中，全国人大常委会法工委也提出对该 4 个条文应当进一步斟酌考虑。故本着严格依法的原则，此次清理过程中，将 4 个条文中的 1 年期间均予以删除。我们认为，删除了 1 年期间的规定，并不意味着上述权利的行使不受任何限制，审判实践中，在具体适用上述条文时要根据相关请求权的性质分别适用不同的规定。具体分述如下：

1. 关于离婚损害赔偿请求权问题

《婚姻法解释一》第三十条和《婚姻法解释二》第二十七条均涉及离婚损害赔偿请求权的行使，并将离婚之日作为期间起算点。损害赔偿请求权本质上属于债权请求权范畴，因此应当受诉讼时效制度的规范。由于婚姻家庭编对离婚损害赔偿请求权没有作出特别规定，根据体系解释原则，应当适用民法典总则编有关诉讼时效的规定。根据民法典第一百八十八条的规定，该请求权的诉讼时效期间为 3 年，以无过错方知道或者应当知道权利受到损害之日起计算。当然，由于离婚损害赔偿请求权是以离婚为前提，故即便在婚姻关系存续期间，已经知道对方存在民法典第一千零九十一条规定的情形，亦不宜以此计算诉讼时效。为尽量维护婚姻家庭的和谐稳定，尊重当事人对婚姻家庭的选择，同时最大限度保障无过错方的权益，将离婚之日作为起算点较为合适。但实践中也存在比如离婚之后才发现对方与他人同居的事实，则不以离婚之日，而以无过错方知道其权利受损害之日起算，能更好地保护无过错方的合法权益。此外，为维护社会秩序的稳定，该权利的行使原则上也应受 20 年最长时效的限制。当然，有特殊情况的，根据当事人申请，人民法院也可以决定予以延长。

2. 关于确认婚姻无效问题

《婚姻法解释二》第五条规定了夫妻一方或双方死亡后，生存一方或利害关系人的婚姻无效确认请求权。婚姻法回归民法体系后，从体系解释角度看，确认婚姻无效应当与确认民事法律行为无效的路径一致。一般认为，民事法律行为的效力是公权力对私法自治的评价，不受诉讼时效制度规制，因此该条不应适用诉讼时效的规定。

3. 关于撤销离婚财产分割协议问题

《婚姻法解释二》第九条涉及的撤销权属于形成权，在婚姻家庭编对该种情况没有特别规定的情况下，应当适用总则编关于撤销权行使除斥期间的有关规定。根据民法典第一百五十二条的规定，虽然权利行使的期间仍为1年，但起算点不同，在受欺诈的情形下，应为当事人知道或者应当知道撤销事由之日，而不是原来规定的离婚之日；在受胁迫的情形下，为胁迫行为终止之日。而且，由于离婚财产分割协议是以离婚为条件，根据民法典第一百五十二条规定的精神，自离婚之日起5年内没有行使撤销权的，撤销权即消灭。

（二）对宣告婚姻无效案件的诉讼程序进行调整

原有婚姻法相关司法解释中涉及婚姻无效案件诉讼程序的条文共有以下5条。

《婚姻法解释一》第九条："人民法院审理宣告婚姻无效案件，对婚姻效力的审理不适用调解，应当依法作出判决；有关婚姻效力的判决一经作出，即发生法律效力。涉及财产分割和子女抚养的，可以调解。调解达成协议的，另行制作调解书。对财产分割和子女抚养问题的判决不服的，当事人可以上诉。"

《婚姻法解释二》第二条："人民法院受理申请宣告婚姻无效案件后，经审查确属无效婚姻的，应当依法作出宣告婚姻无效的判决。原告申请撤诉的，不予准许。"

《婚姻法解释二》第三条："人民法院受理离婚案件后，经审查确属无效婚姻的，应当将婚姻无效的情形告知当事人，并依法作出宣告婚姻无效的判决。"

《婚姻法解释二》第四条："人民法院审理无效婚姻案件，涉及财产分割和子女抚养的，应当对婚姻效力的认定和其他纠纷的处理分别制作裁判文书。"

《婚姻法解释二》第七条："人民法院就同一婚姻关系分别受理了离婚和申请宣告婚姻无效案件的，对于离婚案件的审理，应当待申请宣告婚姻无效案件作出判决后进行。前款所指的婚姻关系被宣告无效后，涉及财产分割和子女抚养的，应当继续审理。"

在制定《婚姻法解释一》和《婚姻法解释二》过程中，基于对婚姻无效案件为非诉案件，非诉案件比照特别程序审理的思路，对于申请宣告婚姻无效的程序用5个条文进行了设计。这次清理中，基于体系化解释和对审判实践理解的深入，我们认为，现有确认合同无效的案件均适用普通程序审理，确认婚姻无效的案件也应当与其他确认民事法律行为效力的案件在程序选择上作一体化处理。而且，审判实践中，婚姻效力问题如果是当事人双方的争议焦点，就应当以充分辩论为前提，适用特别程序一审终审可能损害当事人的程序和实体利益。同时，根据民事诉讼法第一百七十七条①的规定，适用特别程序审理的案件只包括选民资格案件、宣告失踪和宣告死亡案件、认定公民无民事行为能力或者限制民事行为能力案件、认定财产无主案件、确认调解协议案件和实现担保物权案件，没有适用其他案件的解释空间，确认婚姻无效案件适用一审终审的特别程序已不符合民事诉讼法的规定。故此次清理将宣告婚姻无效案件从一审终审的特别程序改为普通程序。相应地，由于程序设计的变化，将原有的5个条文整合成3个条文，即《解释》的第十一条、第十二条和第十三条。

① 现为2023年修正的民事诉讼法第一百八十四条。——编者注

之所以这样规定，出于以下几方面考虑。

1. 将婚姻无效与财产分割、子女抚养一并处理

由于确认婚姻无效案件不再适用特别程序，故删除了《婚姻法解释一》第九条中“有关婚姻效力的判决一经作出，即发生法律效力”和“对财产分割和子女抚养问题的判决不服的，当事人可以上诉”的规定，确认婚姻无效和财产分割、子女抚养的诉讼请求可以一并处理，当事人不服的，均可以上诉，不再对财产分割和子女抚养问题判决可以上诉另行作出特别规定。但是，婚姻效力问题涉及国家对婚姻的评价，不允许当事人撤诉，也不适用调解，故在《解释》第十一条整合了《婚姻法解释二》第二条的规定，明确请求确认婚姻无效案件的基本原则。考虑到财产分割和子女抚养问题可以与婚姻效力问题一并审理，而不需要适用不同程序，因此删去了《婚姻法解释二》第四条关于婚姻效力和其他纠纷处理分别制作裁判文书的规定。但因为婚姻效力的问题不适用调解，只能依法作出判决，而财产分割和子女抚养完全可以由当事人调解解决，故仍保留了原来的对财产分割和子女抚养达成调解协议后，需要另行制作调解书的内容。考虑到如果对财产分割和子女抚养不能达成调解协议的情况下，两项诉讼请求均适用普通程序审理，则可以一并作出判决，而且该判决均可以上诉，因此增加规定：“未达成调解协议的，应当一并作出判决。”同时，由于改变了原来特别程序的制度设计，在文字表述上也将“申请宣告”改为“请求确认”。

2. 离婚诉讼中涉及婚姻效力问题的，应当予以审理

对此，此次清理中保留了《婚姻法解释二》第三条的内容，即当事人提起离婚的诉讼请求，但经审理属于无效婚姻的，应当作出宣告婚姻无效的判决。但在审理相关案件中要注意依法保障当事人的程序利益。一方起诉离婚，另一方主张婚姻无效的，应当根据《最高人民法院关于民事诉讼证据的若干规定》第五十三条的规定，将婚姻的效力问题作为焦点问题进行审理，经过当事人充分辩论后依法认定。当事人因此变更诉讼请求的，人民法院应当准许，并可以根据案件的具体情况

重新指定举证期限。

3. 对同一婚姻关系分别受理离婚和请求确认婚姻无效的，着重考虑当事人的程序利益

为此，对《婚姻法解释二》第七条进行了修改。考虑到离婚案件的当事人只能是夫妻双方，而申请确认婚姻无效的当事人可能是婚姻关系当事人，也可能是利害关系人，合并审理存在一定的障碍，也不利于保护相关当事人合法权益，为稳妥起见，仍保持了原来的制度设计，即在审理离婚诉讼中，就同一婚姻关系，另行受理了请求确认婚姻无效的案件的，应当分别审理。由于离婚须以合法有效的婚姻关系为前提，故在此情况下，离婚案件审理属于民事诉讼法第一百五十条[①]规定的必须以另一案的审理结果为依据，而另一案尚未审结的情形，离婚案件应当中止诉讼，待请求确认婚姻无效的案件判决生效后恢复诉讼。故本次清理中保留了《婚姻法解释二》第七条第一款的规定，即人民法院就同一婚姻关系分别受理了离婚和请求确认婚姻无效案件的，对于离婚案件的审理，应当待请求确认婚姻无效案件作出判决后进行。要特别注意的是，由于请求确认婚姻无效的案件不再实行一审终审，故须待该案件二审判决生效后，离婚案件才可以恢复诉讼。《婚姻法解释二》第七条第二款还规定，婚姻关系被宣告无效后，涉及财产分割和子女抚养的，应当继续审理。此规定是考虑到当事人在申请宣告婚姻无效的同时，请求处理无效婚姻引起的子女抚养和财产分割争议的，因宣告婚姻无效是一审终审，而在宣告婚姻无效后，财产分割和子女抚养仍可以按照普通程序继续审理，故而作出规定。但根据《解释》第十一条的规定，婚姻无效和财产分割、子女抚养问题可以一并适用普通程序审理，因此对于财产分割和子女抚养，不是继续审理的问题，而是一并审理，故删除了该款规定。宣告婚姻无效的案件中没有提出财产分割和子女抚养诉请而在离婚纠纷中提出相关诉请的，在对婚姻效力的案件作出判决后，在离

① 现为2023年修正的民事诉讼法第一百五十三条。——编者注

婚纠纷一案中，对解除婚姻关系的诉讼请求应当予以驳回，对财产分割和子女抚养诉请也需要一并审理。

4. 对相关程序处理的考虑

基于婚姻无效案件适用特别程序的制度设计，《婚姻法解释一》第十一条专门规定，人民法院审理婚姻当事人因受胁迫而请求撤销婚姻的案件，应当适用简易程序或者普通程序。该条规定即是为了区别婚姻无效案件适用特别程序而对撤销婚姻案件适用程序作出的规定。在婚姻无效案件已经统一改为普通程序审理的情况下，该条规定已无存在的意义，故删除此条规定。

（三）关于同居关系问题

民法典第一千零四十九条规定：要求结婚的男女双方应当亲自到婚姻登记机关申请结婚登记。符合本法规定的，予以登记，发给结婚证。完成结婚登记，即确立婚姻关系。未办理结婚登记的，应当补办登记。可见，法律倡导有结婚意愿的男女通过办理结婚登记的方式保护其合法权益，未办理结婚登记的，应当补办登记。虽然单身适婚男女同居是当事人的自主选择，不再被认定为违法行为，但法律对该种行为是持否定态度的，表现在未办理结婚登记的，双方不具有夫妻之间的权利义务关系，相互之间的扶养、继承等有关身份权利无法得到法律的保障。同居关系问题非常复杂，1989 年最高人民法院就曾出台《最高人民法院关于人民法院审理未办结婚登记而以夫妻名义同居生活案件的若干意见》，针对当时同居引发的纠纷进行规范。该意见距今已经 30 余年，经济社会生活以及人们的思想观念发生了巨大变化，同居群体的年龄结构、心理预期、财产形式等均与 30 年前有很大不同，该司法解释确立的规则大部分已经不能适应新的审判实践需要，而新规则的确立需要考量社会、文化、心理等多方面因素，更需要大量的审判实践支持，在进行广泛深入的调研后再出台有针对性的规则更为适宜，因此清理中整体废止了上述关于同居的司法解释。同时，对婚姻法司法解释中的其他相关条文也进行了体系化梳理和修改，具体有以下几个问题需要关注。

1. 关于补办登记是否具有溯及力的问题

民法典第一千零四十九条规定，完成结婚登记，即确立婚姻关系。结婚登记是男女缔结婚姻关系的法定必经程序，因此原则上双方应当将结婚登记作为婚姻关系确立的起点。该条同时规定，未办理结婚登记的，应当补办登记。在编纂民法典时，对该条后半部分是否予以保留有过争议，其中就包括补办登记的情况下婚姻关系自何时确立的问题，最后民法典仍保留了婚姻法的表述，但是，对于补办结婚登记的情况下婚姻关系的效力能否具有溯及力没有明确。我们认为，既然法律规定可以补办登记，那么认定补办登记具有溯及既往的效力更能保护当事人的权益，即不仅认可事实婚姻关系在补办登记后的合法婚姻效力，而且对补办登记前的事实婚姻关系也应予以认可。但对补办登记前婚姻效力的追及认可，是以没有办理结婚登记即以夫妻名义同居生活的男女双方必须具备结婚的法定实质要件为条件的，即补办登记的溯及力自男女双方均符合结婚的实质要件时起算，而不是溯及至男女双方以夫妻名义同居生活时。对于该条规定，全国人大常委会法工委在征求意见的回函中亦未提出不同意见。

2. 关于是否可以诉请解除同居关系的问题

《最高人民法院关于人民法院审理未办结婚登记而以夫妻名义同居生活案件的若干意见》和《婚姻法解释一》第五条均有解除同居关系的规定，《婚姻法解释二》第一条也在但书部分对有配偶者与他人同居的情形规定可以解除同居关系。我们经研究认为，目前法律并未明确规定同居关系，同居关系本身不具有法律上的权利义务内容，故没有必要由人民法院通过判决的方式予以解除。而且，有配偶者与他人同居亦无例外规定的必要。因此，《解释》第三条统一规定，当事人提起诉讼仅请求解除同居关系的，人民法院不予受理。同时，在《解释》第七条关于《婚姻登记管理条例》公布实施以后未补办结婚登记的情况，删除了原来“按解除同居关系处理”的规定，转引至第三条统一处理。

3. 关于婚姻被确认无效或被撤销后的财产问题

民法典第一千零五十四条规定，无效的或者被撤销的婚姻自始没有法律约束力，当事人不具有夫妻的权利和义务。同居期间所得的财产，由当事人协议处理；协议不成的，由人民法院根据照顾无过错方的原则判决。可见，婚姻被确认无效或者被撤销后，对前期同居期间所得的财产，法律并未明确规定为共同共有，而是指引当事人通过协议的方式处理。因此，在婚姻被确认无效或者被撤销后，如果当事人对同居期间所得的财产有协议，应当首先按照协议约定处理，不适用婚姻法有关夫妻法定婚后所得共同制的规定，也不存在依法分割夫妻共同财产的问题。因为无效婚姻或被撤销婚姻的双方在法律上并不是配偶关系而只是同居关系，夫妻财产制所调整的财产关系，是以合法的配偶身份关系为前提的，无效婚姻或被撤销婚姻当事人同居期间并非婚姻关系存续期间，在同居期间所得的财产，不能当然地视为双方当事人共同所有。夫妻共有财产与其他一般共有财产的最大区别在于，夫妻共有财产关系是基于配偶身份，彼此是夫妻的特别关系而产生的，虽然财产的形成也含有共同投资、共同劳动的内容，但法律更强调的是身份关系，并不要求双方付出同等的劳动、智力才能共同所有。而其他财产共有关系主要是基于共同投资、共同经营而形成的，如合伙共有财产、出资合购的共有房屋等都不是基于身份而产生的共有关系。无效婚姻或被撤销的婚姻中，虽没有配偶身份关系，但共同生活期间因紧密联系而共同投资、经营或者共同购置的，也可能形成共有财产。这次司法解释清理中，《解释》第二十二条对《婚姻法解释一》第十五条整体上没有改变，只是文字上作了微调，将除外条款提前，以强调这一理念，即同居期间，有证据证明为一方所有的，即首先认定为个人财产，以更明确地区别于合法的婚姻关系。要特别说明的是，《解释》第二十二条只适用于婚姻被确认无效或者被撤销后同居期间的财产分割问题，而不适用于一般同居关系中的财产纠纷。

（四）关于体系化协调问题

《解释》第十九条第一款来源于《婚姻法解释一》第十二条，该条是对婚姻法第十一条的解释。婚姻法第十一条规定：因胁迫结婚的，受胁迫的一方可以向婚姻登记机关或人民法院请求撤销该婚姻。受胁迫的一方撤销婚姻的请求，应当自结婚登记之日起1年内提出。被非法限制人身自由的当事人请求撤销婚姻的，应当自恢复人身自由之日起1年内提出。该条规定的婚姻撤销权，其性质属于形成权，功能在于权利主体需依其单方之意思表示，干预他人之法律关系，使权利人自己与他人已成立的法律关系发生变更。因撤销权的行使将干预他人的利益，为保护相对人的利益，法律规定形成权的行使应受相应的限制，以避免置相对人和法律关系处于不确定之状态。该条规定中1年的性质属于对形成权行使的限制，即除斥期间。除斥期间是法定权利的存续期间，它是一种不变期间，法定权利因该期间的经过将发生实体权利消灭的法律效果。它与诉讼时效不同，除斥期间不发生中止、中断、延长的问题。故《婚姻法解释一》第十二条明确，该1年不适用诉讼时效中止、中断或者延长的规定。《婚姻法解释一》的规定并无不当，故此次清理中予以保留。但由于此次民法典编纂过程中在总则编第一百五十二条第二款增加了当事人自民事法律行为发生之日起5年内没有行使撤销权，撤销权消灭，因此从体系解释的角度，需要回答该款是否适用于婚姻家庭编中婚姻撤销权这一问题。我们经研究认为，在婚姻法回归民法体系的大前提下，原则上婚姻家庭编作为分编，应当受总则编的规制。但是，根据特别法优于一般法的法律适用基本原则，亦应当作精细化解释。虽然总则编规定了撤销民事法律行为的各种情形，但是对撤销婚姻的具体情形，在婚姻家庭编中有单独的规定，应当适用该特别规定。针对被胁迫或者非法限制人身自由的情况，民法典第一千零五十二条作出了明确规定，而在该规定中，并未如总则编第一百五十二条第二款一样对撤销权消灭的客观标准进行规定；而且，由于胁迫或非法限制人身自由可能一直处于持续状态，如果自被胁迫或者非法限制人身自由之日起5年内没有行使撤销权的，撤销权即消灭，将对当事人的基本人身权益产生重大影响。从最大限度保护当事人婚姻自主权和妇女权益的角度，作此理解更为妥当。故《解释》第十九条在《婚姻法解释一》第十二条的基础上专门增加了一款，明确受胁迫或者被非法限制人身自由的当事人请求撤销婚姻的，不适用民法典第一百五十二条第二款的规定，以体现婚姻家庭编保护当事人婚姻自主权的基本价值取向。

（五）关于父母为子女出资购房问题

近年来，由于房价高企，子女购房财力有限，往往需要父母的资助。为了子女能够安居乐业，很多父母也是倾其大半生积蓄。父母为子女购房出资的性质以及归属关涉各方切身利益，往往成为社会热点。《婚姻法解释二》和《婚姻法解释三》对此问题均有规定。此次清理中对上述规定进行了体系化整合，删除了《婚姻法解释三》第七条。在理解时需要注意以下问题。

1. 严格遵守法律的规定

根据民法典第一千零六十二条第一款第四项和第一千零六十三条第三项的规定，夫妻在婚姻关系存续期间继承或受赠的财产原则上为夫妻共同所有，除非遗嘱或者赠与合同中确定财产只归一方。也即，在我国法定夫妻财产制为婚后所得共同制的前提下，夫妻一方婚后所得的财产原则上均为夫妻共同所有，除非遗嘱或赠与合同中确定只归夫或妻一方的财产。因此，总体上，《婚姻法解释二》第二十二条第二款是符合立法精神的。但考虑到实践中的情形非常复杂，有借款的情形，也有赠与的情形；有只赠与一方的，也有愿意赠与双方的。如果当事人愿意通过事先协议的方式明确出资性质以及房屋产权归属，则能够最大限度减少纠纷的发生。为此，我们对《婚姻法解释二》第二十二条第二款进行了重新表述：规定当事人结婚后，父母为双方购置房屋出资的，依照约定处理；对于没有约定或者约定不明的，严格按照法律规定的精神，直接转引至民法典第一千零六十二条第一款第四项的规定，即没有明确表示是赠与一方的，则按照夫妻共同财产处理。

2. 要明确法律关系的性质

实践中，对父母为子女购房出资的性质是借贷还是赠与，各方可能存在争议，在此情况下，应当将法律关系的性质作为争议焦点进行审理，根据查明的案件事实，准确认定双方的法律关系是借款还是赠与，不能仅依据《解释》第二十九条想当然地认为是赠与法律关系。要特别强调的是，在相关证据的认定和采信上，注意适用《最高人民法院关于适用〈中华人民共和国民事诉讼法〉的解释》第一百零五条的规定，运用逻辑推理和日常生活经验法则，对证据有无证明力和证明力大小进行判断，从而准确认定法律关系的性质。从中国现实国情看，子女刚参加工作时缺乏经济能力，无力独自负担买房费用，而父母基于对子女的亲情，往往自愿出资为子女购置房屋。大多数父母出资的目的是解决或改善子女的居住条件，希望子女生活更加幸福，而不是日后要回这笔出资，因此在父母一方主张为借款的情况下，应当由父母来承担证明责任，这也与一般人的日常生活经验感知一致。

3. 准确认定是赠与一方还是赠与双方

认定父母为子女出资购房为赠与的情况下，根据民法典第一千零六十二条的规定，婚姻关系存续期间受赠的财产原则上为夫妻共同财产，除非赠与合同中确定只归一方的财产。因此，《解释》没有再作出具体规定，而是转引至民法典第一千零六十二条第一款第四项。要特别注意的是第四项中的但书条款，即民法典第一千零六十三条第三项的规定，对于如何认定"赠与合同中确定只归一方"，司法实践中最具争议。如前所述，我们在《解释》中首先引导当事人事先约定，以期尽量减少纠纷的发生。但是，基于父母子女间密切的人身关系和特有的中国传统家庭文化的影响，实践中父母与子女之间一般并没有正式赠与合同的存在，或者说没有一个书面赠与合同的存在，对于是否存在口头的赠与合同以及赠与合同的内容，在夫妻离婚时往往是双方争议的焦点。在一方父母出全资并且在购买不动产后将不动产登记在自己一方子女名下的，考虑到物权法已经实施多年，普通民众对不动产登记的意义已经有较为充分的认识，在出资后将不动产登记在自己一方子女名下，认定为父母将出资确定赠与自己子女一方的意思表示，符合当事人本意，也符合法律规定的精神。

4. 删除双方父母出资情况下房产按份共有的规定

实践中，由于房价高企，一方父母可能无力单独承担购房负担，由双方父母共同出资为子女购房的情形并不鲜见，父母为子女出资购房不仅是家族财产的传递形式之一，也寄托了父母对子女婚姻幸福美满的期望，在双方没有明确约定的情况下，认定为按份共有与家庭的伦理性特征不相符，也与法律规定有一定冲突。根据民法典第一千零六十二条的规定，在没有明确表示赠与一方的情况下，应当归夫妻共同所有。同时，民法典第三百零八条也规定，共有人对共有的不动产或者动产没有约定为按份共有或者共同共有，或者约定不明确的，除共有人具有家庭关系等外，视为按份共有。可见，在双方没有明确约定的情况下，基于家庭关系的特殊身份属性，亦不宜认定为按份共有。

（来源：《人民司法》2021 年第 13 期）

链接：与婚姻家庭相关的法律文件、案例及解读

中华人民共和国妇女权益保障法

（1992 年 4 月 3 日第七届全国人民代表大会第五次会议通过　根据 2005 年 8 月 28 日第十届全国人民代表大会常务委员会第十七次会议《关于修改〈中华人民共和国妇女权益保障法〉的决定》第一次修正　根据 2018 年 10 月 26 日第十三届全国人民代表大会常务委员会第六次会议《关于修改〈中华人民共和国野生动物保护法〉等十五部法律的决定》第二次修正　2022 年 10 月 30 日第十三届全国人民代表大会常务委员会第三十七次会议修订）

目　　录

第一章 总 则

第一条 为了保障妇女的合法权益，促进男女平等和妇女全面发展，充分发挥妇女在全面建设社会主义现代化国家中的作用，弘扬社会主义核心价值观，根据宪法，制定本法。

第二条 男女平等是国家的基本国策。妇女在政治的、经济的、文化的、社会的和家庭的生活等各方面享有同男子平等的权利。

国家采取必要措施，促进男女平等，消除对妇女一切形式的歧视，禁止排斥、限制妇女依法享有和行使各项权益。

国家保护妇女依法享有的特殊权益。

第三条 坚持中国共产党对妇女权益保障工作的领导，建立政府主导、各方协同、社会参与的保障妇女权益工作机制。

各级人民政府应当重视和加强妇女权益的保障工作。

县级以上人民政府负责妇女儿童工作的机构，负责组织、协调、指导、督促有关部门做好妇女权益的保障工作。

县级以上人民政府有关部门在各自的职责范围内做好妇女权益的保障工作。

第四条 保障妇女的合法权益是全社会的共同责任。国家机关、社会团体、企业事业单位、基层群众性自治组织以及其他组织和个人，应当依法保障妇女的权益。

国家采取有效措施，为妇女依法行使权利提供必要的条件。

第五条 国务院制定和组织实施中国妇女发展纲要，将其纳入国民经济和社会发展规划，保障和促进妇女在各领域的全面发展。

县级以上地方各级人民政府根据中国妇女发展纲要，制定和组织实施本行政区域的妇女发展规划，将其纳入国民经济和社会发展规划。

县级以上人民政府应当将妇女权益保障所需经费列入本级预算。

第六条 中华全国妇女联合会和地方各级妇女联合会依照法律和中

华全国妇女联合会章程，代表和维护各族各界妇女的利益，做好维护妇女权益、促进男女平等和妇女全面发展的工作。

工会、共产主义青年团、残疾人联合会等群团组织应当在各自的工作范围内，做好维护妇女权益的工作。

第七条 国家鼓励妇女自尊、自信、自立、自强，运用法律维护自身合法权益。

妇女应当遵守国家法律，尊重社会公德、职业道德和家庭美德，履行法律所规定的义务。

第八条 有关机关制定或者修改涉及妇女权益的法律、法规、规章和其他规范性文件，应当听取妇女联合会的意见，充分考虑妇女的特殊权益，必要时开展男女平等评估。

第九条 国家建立健全妇女发展状况统计调查制度，完善性别统计监测指标体系，定期开展妇女发展状况和权益保障统计调查和分析，发布有关信息。

第十条 国家将男女平等基本国策纳入国民教育体系，开展宣传教育，增强全社会的男女平等意识，培育尊重和关爱妇女的社会风尚。

第十一条 国家对保障妇女合法权益成绩显著的组织和个人，按照有关规定给予表彰和奖励。

第二章 政治权利

第十二条 国家保障妇女享有与男子平等的政治权利。

第十三条 妇女有权通过各种途径和形式，依法参与管理国家事务、管理经济和文化事业、管理社会事务。

妇女和妇女组织有权向各级国家机关提出妇女权益保障方面的意见和建议。

第十四条 妇女享有与男子平等的选举权和被选举权。

全国人民代表大会和地方各级人民代表大会的代表中，应当保证有适当数量的妇女代表。国家采取措施，逐步提高全国人民代表大会和地方各级人民代表大会的妇女代表的比例。

居民委员会、村民委员会成员中，应当保证有适当数量的妇女成员。

第十五条 国家积极培养和选拔女干部，重视培养和选拔少数民族女干部。

国家机关、群团组织、企业事业单位培养、选拔和任用干部，应当坚持男女平等的原则，并有适当数量的妇女担任领导成员。

妇女联合会及其团体会员，可以向国家机关、群团组织、企业事业单位推荐女干部。

国家采取措施支持女性人才成长。

第十六条 妇女联合会代表妇女积极参与国家和社会事务的民主协商、民主决策、民主管理和民主监督。

第十七条 对于有关妇女权益保障工作的批评或者合理可行的建议，有关部门应当听取和采纳；对于有关侵害妇女权益的申诉、控告和检举，有关部门应当查清事实，负责处理，任何组织和个人不得压制或者打击报复。

第三章 人身和人格权益

第十八条 国家保障妇女享有与男子平等的人身和人格权益。

第十九条 妇女的人身自由不受侵犯。禁止非法拘禁和以其他非法手段剥夺或者限制妇女的人身自由；禁止非法搜查妇女的身体。

第二十条 妇女的人格尊严不受侵犯。禁止用侮辱、诽谤等方式损害妇女的人格尊严。

第二十一条 妇女的生命权、身体权、健康权不受侵犯。禁止虐待、遗弃、残害、买卖以及其他侵害女性生命健康权益的行为。

禁止进行非医学需要的胎儿性别鉴定和选择性别的人工终止妊娠。

医疗机构施行生育手术、特殊检查或者特殊治疗时，应当征得妇女本人同意；在妇女与其家属或者关系人意见不一致时，应当尊重妇女本人意愿。

第二十二条 禁止拐卖、绑架妇女；禁止收买被拐卖、绑架的妇女；禁止阻碍解救被拐卖、绑架的妇女。

各级人民政府和公安、民政、人力资源和社会保障、卫生健康等部门及村民委员会、居民委员会按照各自的职责及时发现报告，并采取措施解救被拐卖、绑架的妇女，做好被解救妇女的安置、救助和关爱等工作。妇女联合会协助和配合做好有关工作。任何组织和个人不得歧视被拐卖、绑架的妇女。

第二十三条 禁止违背妇女意愿，以言语、文字、图像、肢体行为等方式对其实施性骚扰。

受害妇女可以向有关单位和国家机关投诉。接到投诉的有关单位和国家机关应当及时处理，并书面告知处理结果。

受害妇女可以向公安机关报案，也可以向人民法院提起民事诉讼，依法请求行为人承担民事责任。

第二十四条 学校应当根据女学生的年龄阶段，进行生理卫生、心理健康和自我保护教育，在教育、管理、设施等方面采取措施，提高其防范性侵害、性骚扰的自我保护意识和能力，保障女学生的人身安全和身心健康发展。

学校应当建立有效预防和科学处置性侵害、性骚扰的工作制度。对性侵害、性骚扰女学生的违法犯罪行为，学校不得隐瞒，应当及时通知受害未成年女学生的父母或者其他监护人，向公安机关、教育行政部门报告，并配合相关部门依法处理。

对遭受性侵害、性骚扰的女学生，学校、公安机关、教育行政部门等相关单位和人员应当保护其隐私和个人信息，并提供必要的保护措施。

第二十五条　用人单位应当采取下列措施预防和制止对妇女的性骚扰：

（一）制定禁止性骚扰的规章制度；

（二）明确负责机构或者人员；

（三）开展预防和制止性骚扰的教育培训活动；

（四）采取必要的安全保卫措施；

（五）设置投诉电话、信箱等，畅通投诉渠道；

（六）建立和完善调查处置程序，及时处置纠纷并保护当事人隐私和个人信息；

（七）支持、协助受害妇女依法维权，必要时为受害妇女提供心理疏导；

（八）其他合理的预防和制止性骚扰措施。

第二十六条　住宿经营者应当及时准确登记住宿人员信息，健全住宿服务规章制度，加强安全保障措施；发现可能侵害妇女权益的违法犯罪行为，应当及时向公安机关报告。

第二十七条　禁止卖淫、嫖娼；禁止组织、强迫、引诱、容留、介绍妇女卖淫或者对妇女进行猥亵活动；禁止组织、强迫、引诱、容留、介绍妇女在任何场所或者利用网络进行淫秽表演活动。

第二十八条　妇女的姓名权、肖像权、名誉权、荣誉权、隐私权和个人信息等人格权益受法律保护。

媒体报道涉及妇女事件应当客观、适度，不得通过夸大事实、过度渲染等方式侵害妇女的人格权益。

禁止通过大众传播媒介或者其他方式贬低损害妇女人格。未经本人同意，不得通过广告、商标、展览橱窗、报纸、期刊、图书、音像制品、电子出版物、网络等形式使用妇女肖像，但法律另有规定的除外。

第二十九条　禁止以恋爱、交友为由或者在终止恋爱关系、离婚之后，纠缠、骚扰妇女，泄露、传播妇女隐私和个人信息。

妇女遭受上述侵害或者面临上述侵害现实危险的，可以向人民法院申请人身安全保护令。

第三十条 国家建立健全妇女健康服务体系，保障妇女享有基本医疗卫生服务，开展妇女常见病、多发病的预防、筛查和诊疗，提高妇女健康水平。

国家采取必要措施，开展经期、孕期、产期、哺乳期和更年期的健康知识普及、卫生保健和疾病防治，保障妇女特殊生理时期的健康需求，为有需要的妇女提供心理健康服务支持。

第三十一条 县级以上地方人民政府应当设立妇幼保健机构，为妇女提供保健以及常见病防治服务。

国家鼓励和支持社会力量通过依法捐赠、资助或者提供志愿服务等方式，参与妇女卫生健康事业，提供安全的生理健康用品或者服务，满足妇女多样化、差异化的健康需求。

用人单位应当定期为女职工安排妇科疾病、乳腺疾病检查以及妇女特殊需要的其他健康检查。

第三十二条 妇女依法享有生育子女的权利，也有不生育子女的自由。

第三十三条 国家实行婚前、孕前、孕产期和产后保健制度，逐步建立妇女全生育周期系统保健制度。医疗保健机构应当提供安全、有效的医疗保健服务，保障妇女生育安全和健康。

有关部门应当提供安全、有效的避孕药具和技术，保障妇女的健康和安全。

第三十四条 各级人民政府在规划、建设基础设施时，应当考虑妇女的特殊需求，配备满足妇女需要的公共厕所和母婴室等公共设施。

第四章 文化教育权益

第三十五条 国家保障妇女享有与男子平等的文化教育权利。

第三十六条 父母或者其他监护人应当履行保障适龄女性未成年人接受并完成义务教育的义务。

对无正当理由不送适龄女性未成年人入学的父母或者其他监护人，由当地乡镇人民政府或者县级人民政府教育行政部门给予批评教育，依法责令其限期改正。居民委员会、村民委员会应当协助政府做好相关工作。

政府、学校应当采取有效措施，解决适龄女性未成年人就学存在的实际困难，并创造条件，保证适龄女性未成年人完成义务教育。

第三十七条 学校和有关部门应当执行国家有关规定，保障妇女在入学、升学、授予学位、派出留学、就业指导和服务等方面享有与男子平等的权利。

学校在录取学生时，除国家规定的特殊专业外，不得以性别为由拒绝录取女性或者提高对女性的录取标准。

各级人民政府应当采取措施，保障女性平等享有接受中高等教育的权利和机会。

第三十八条 各级人民政府应当依照规定把扫除妇女中的文盲、半文盲工作，纳入扫盲和扫盲后继续教育规划，采取符合妇女特点的组织形式和工作方法，组织、监督有关部门具体实施。

第三十九条 国家健全全民终身学习体系，为妇女终身学习创造条件。

各级人民政府和有关部门应当采取措施，根据城镇和农村妇女的需要，组织妇女接受职业教育和实用技术培训。

第四十条 国家机关、社会团体和企业事业单位应当执行国家有关规定，保障妇女从事科学、技术、文学、艺术和其他文化活动，享有与男子平等的权利。

第五章　劳动和社会保障权益

第四十一条　国家保障妇女享有与男子平等的劳动权利和社会保障权利。

第四十二条　各级人民政府和有关部门应当完善就业保障政策措施，防止和纠正就业性别歧视，为妇女创造公平的就业创业环境，为就业困难的妇女提供必要的扶持和援助。

第四十三条　用人单位在招录（聘）过程中，除国家另有规定外，不得实施下列行为：

（一）限定为男性或者规定男性优先；

（二）除个人基本信息外，进一步询问或者调查女性求职者的婚育情况；

（三）将妊娠测试作为入职体检项目；

（四）将限制结婚、生育或者婚姻、生育状况作为录（聘）用条件；

（五）其他以性别为由拒绝录（聘）用妇女或者差别化地提高对妇女录（聘）用标准的行为。

第四十四条　用人单位在录（聘）用女职工时，应当依法与其签订劳动（聘用）合同或者服务协议，劳动（聘用）合同或者服务协议中应当具备女职工特殊保护条款，并不得规定限制女职工结婚、生育等内容。

职工一方与用人单位订立的集体合同中应当包含男女平等和女职工权益保护相关内容，也可以就相关内容制定专章、附件或者单独订立女职工权益保护专项集体合同。

第四十五条　实行男女同工同酬。妇女在享受福利待遇方面享有与男子平等的权利。

第四十六条　在晋职、晋级、评聘专业技术职称和职务、培训等方面，应当坚持男女平等的原则，不得歧视妇女。

第四十七条 用人单位应当根据妇女的特点，依法保护妇女在工作和劳动时的安全、健康以及休息的权利。

妇女在经期、孕期、产期、哺乳期受特殊保护。

第四十八条 用人单位不得因结婚、怀孕、产假、哺乳等情形，降低女职工的工资和福利待遇，限制女职工晋职、晋级、评聘专业技术职称和职务，辞退女职工，单方解除劳动（聘用）合同或者服务协议。

女职工在怀孕以及依法享受产假期间，劳动（聘用）合同或者服务协议期满的，劳动（聘用）合同或者服务协议期限自动延续至产假结束。但是，用人单位依法解除、终止劳动（聘用）合同、服务协议，或者女职工依法要求解除、终止劳动（聘用）合同、服务协议的除外。

用人单位在执行国家退休制度时，不得以性别为由歧视妇女。

第四十九条 人力资源和社会保障部门应当将招聘、录取、晋职、晋级、评聘专业技术职称和职务、培训、辞退等过程中的性别歧视行为纳入劳动保障监察范围。

第五十条 国家发展社会保障事业，保障妇女享有社会保险、社会救助和社会福利等权益。

国家提倡和鼓励为帮助妇女而开展的社会公益活动。

第五十一条 国家实行生育保险制度，建立健全婴幼儿托育服务等与生育相关的其他保障制度。

国家建立健全职工生育休假制度，保障孕产期女职工依法享有休息休假权益。

地方各级人民政府和有关部门应当按照国家有关规定，为符合条件的困难妇女提供必要的生育救助。

第五十二条 各级人民政府和有关部门应当采取必要措施，加强贫困妇女、老龄妇女、残疾妇女等困难妇女的权益保障，按照有关规定为其提供生活帮扶、就业创业支持等关爱服务。

第六章　财产权益

第五十三条　国家保障妇女享有与男子平等的财产权利。

第五十四条　在夫妻共同财产、家庭共有财产关系中，不得侵害妇女依法享有的权益。

第五十五条　妇女在农村集体经济组织成员身份确认、土地承包经营、集体经济组织收益分配、土地征收补偿安置或者征用补偿以及宅基地使用等方面，享有与男子平等的权利。

申请农村土地承包经营权、宅基地使用权等不动产登记，应当在不动产登记簿和权属证书上将享有权利的妇女等家庭成员全部列明。征收补偿安置或者征用补偿协议应当将享有相关权益的妇女列入，并记载权益内容。

第五十六条　村民自治章程、村规民约，村民会议、村民代表会议的决定以及其他涉及村民利益事项的决定，不得以妇女未婚、结婚、离婚、丧偶、户无男性等为由，侵害妇女在农村集体经济组织中的各项权益。

因结婚男方到女方住所落户的，男方和子女享有与所在地农村集体经济组织成员平等的权益。

第五十七条　国家保护妇女在城镇集体所有财产关系中的权益。妇女依照法律、法规的规定享有相关权益。

第五十八条　妇女享有与男子平等的继承权。妇女依法行使继承权，不受歧视。

丧偶妇女有权依法处分继承的财产，任何组织和个人不得干涉。

第五十九条　丧偶儿媳对公婆尽了主要赡养义务的，作为第一顺序继承人，其继承权不受子女代位继承的影响。

第七章 婚姻家庭权益

第六十条 国家保障妇女享有与男子平等的婚姻家庭权利。

第六十一条 国家保护妇女的婚姻自主权。禁止干涉妇女的结婚、离婚自由。

第六十二条 国家鼓励男女双方在结婚登记前，共同进行医学检查或者相关健康体检。

第六十三条 婚姻登记机关应当提供婚姻家庭辅导服务，引导当事人建立平等、和睦、文明的婚姻家庭关系。

第六十四条 女方在怀孕期间、分娩后一年内或者终止妊娠后六个月内，男方不得提出离婚；但是，女方提出离婚或者人民法院认为确有必要受理男方离婚请求的除外。

第六十五条 禁止对妇女实施家庭暴力。

县级以上人民政府有关部门、司法机关、社会团体、企业事业单位、基层群众性自治组织以及其他组织，应当在各自的职责范围内预防和制止家庭暴力，依法为受害妇女提供救助。

第六十六条 妇女对夫妻共同财产享有与其配偶平等的占有、使用、收益和处分的权利，不受双方收入状况等情形的影响。

对夫妻共同所有的不动产以及可以联名登记的动产，女方有权要求在权属证书上记载其姓名；认为记载的权利人、标的物、权利比例等事项有错误的，有权依法申请更正登记或者异议登记，有关机构应当按照其申请依法办理相应登记手续。

第六十七条 离婚诉讼期间，夫妻一方申请查询登记在对方名下财产状况且确因客观原因不能自行收集的，人民法院应当进行调查取证，有关部门和单位应当予以协助。

离婚诉讼期间，夫妻双方均有向人民法院申报全部夫妻共同财产的义务。一方隐藏、转移、变卖、损毁、挥霍夫妻共同财产，或者伪造夫妻共同债务企图侵占另一方财产的，在离婚分割夫妻共同财产时，对该方可以少分或者不分财产。

第六十八条 夫妻双方应当共同负担家庭义务，共同照顾家庭生活。

女方因抚育子女、照料老人、协助男方工作等负担较多义务的，有权在离婚时要求男方予以补偿。补偿办法由双方协议确定；协议不成的，可以向人民法院提起诉讼。

第六十九条 离婚时，分割夫妻共有的房屋或者处理夫妻共同租住的房屋，由双方协议解决；协议不成的，可以向人民法院提起诉讼。

第七十条 父母双方对未成年子女享有平等的监护权。

父亲死亡、无监护能力或者有其他情形不能担任未成年子女的监护人的，母亲的监护权任何组织和个人不得干涉。

第七十一条 女方丧失生育能力的，在离婚处理子女抚养问题时，应当在最有利于未成年子女的条件下，优先考虑女方的抚养要求。

第八章 救济措施

第七十二条 对侵害妇女合法权益的行为，任何组织和个人都有权予以劝阻、制止或者向有关部门提出控告或者检举。有关部门接到控告或者检举后，应当依法及时处理，并为控告人、检举人保密。

妇女的合法权益受到侵害的，有权要求有关部门依法处理，或者依法申请调解、仲裁，或者向人民法院起诉。

对符合条件的妇女，当地法律援助机构或者司法机关应当给予帮助，依法为其提供法律援助或者司法救助。

第七十三条 妇女的合法权益受到侵害的，可以向妇女联合会等妇女组织求助。妇女联合会等妇女组织应当维护被侵害妇女的合法权益，有权要求并协助有关部门或者单位查处。有关部门或者单位应当依法查处，并予以答复；不予处理或者处理不当的，县级以上人民政府负责妇女儿童工作的机构、妇女联合会可以向其提出督促处理意见，必要时可以提请同级人民政府开展督查。

受害妇女进行诉讼需要帮助的，妇女联合会应当给予支持和帮助。

第七十四条 用人单位侵害妇女劳动和社会保障权益的，人力资源和社会保障部门可以联合工会、妇女联合会约谈用人单位，依法进行监督并要求其限期纠正。

第七十五条 妇女在农村集体经济组织成员身份确认等方面权益受到侵害的，可以申请乡镇人民政府等进行协调，或者向人民法院起诉。

乡镇人民政府应当对村民自治章程、村规民约，村民会议、村民代表会议的决定以及其他涉及村民利益事项的决定进行指导，对其中违反法律、法规和国家政策规定，侵害妇女合法权益的内容责令改正；受侵害妇女向农村土地承包仲裁机构申请仲裁或者向人民法院起诉的，农村土地承包仲裁机构或者人民法院应当依法受理。

第七十六条 县级以上人民政府应当开通全国统一的妇女权益保护服务热线，及时受理、移送有关侵害妇女合法权益的投诉、举报；有关部门或者单位接到投诉、举报后，应当及时予以处置。

鼓励和支持群团组织、企业事业单位、社会组织和个人参与建设妇女权益保护服务热线，提供妇女权益保护方面的咨询、帮助。

第七十七条 侵害妇女合法权益，导致社会公共利益受损的，检察机关可以发出检察建议；有下列情形之一的，检察机关可以依法提起公益诉讼：

（一）确认农村妇女集体经济组织成员身份时侵害妇女权益或者侵害妇女享有的农村土地承包和集体收益、土地征收征用补偿分配权益和宅基地使用权益；

（二）侵害妇女平等就业权益；

（三）相关单位未采取合理措施预防和制止性骚扰；

（四）通过大众传播媒介或者其他方式贬低损害妇女人格；

（五）其他严重侵害妇女权益的情形。

第七十八条 国家机关、社会团体、企业事业单位对侵害妇女权益的行为，可以支持受侵害的妇女向人民法院起诉。

第九章 法律责任

第七十九条 违反本法第二十二条第二款规定，未履行报告义务的，依法对直接负责的主管人员和其他直接责任人员给予处分。

第八十条 违反本法规定，对妇女实施性骚扰的，由公安机关给予批评教育或者出具告诫书，并由所在单位依法给予处分。

学校、用人单位违反本法规定，未采取必要措施预防和制止性骚扰，造成妇女权益受到侵害或者社会影响恶劣的，由上级机关或者主管部门责令改正；拒不改正或者情节严重的，依法对直接负责的主管人员和其他直接责任人员给予处分。

第八十一条 违反本法第二十六条规定，未履行报告等义务的，依法给予警告、责令停业整顿或者吊销营业执照、吊销相关许可证，并处一万元以上五万元以下罚款。

第八十二条 违反本法规定，通过大众传播媒介或者其他方式贬低损害妇女人格的，由公安、网信、文化旅游、广播电视、新闻出版或者其他有关部门依据各自的职权责令改正，并依法给予行政处罚。

第八十三条 用人单位违反本法第四十三条和第四十八条规定的，由人力资源和社会保障部门责令改正；拒不改正或者情节严重的，处一万元以上五万元以下罚款。

第八十四条 违反本法规定，对侵害妇女权益的申诉、控告、检举，推诿、拖延、压制不予查处，或者对提出申诉、控告、检举的人进行打击报复的，依法责令改正，并对直接负责的主管人员和其他直接责任人员给予处分。

国家机关及其工作人员未依法履行职责，对侵害妇女权益的行为未及时制止或者未给予受害妇女必要帮助，造成严重后果的，依法对直接负责的主管人员和其他直接责任人员给予处分。

违反本法规定，侵害妇女人身和人格权益、文化教育权益、劳动和社会保障权益、财产权益以及婚姻家庭权益的，依法责令改正，直接负责的主管人员和其他直接责任人员属于国家工作人员的，依法给予处分。

第八十五条　违反本法规定，侵害妇女的合法权益，其他法律、法规规定行政处罚的，从其规定；造成财产损失或者人身损害的，依法承担民事责任；构成犯罪的，依法追究刑事责任。

第十章　附　　则

第八十六条　本法自2023年1月1日起施行。

中华人民共和国民法典（节录）

（2020年5月28日第十三届全国人民代表大会第三次会议通过
2020年5月28日中华人民共和国主席令第45号公布
自2021年1月1日起施行）

第一千零四十条　本编调整因婚姻家庭产生的民事关系。

第一千零四十一条　婚姻家庭受国家保护。

实行婚姻自由、一夫一妻、男女平等的婚姻制度。

保护妇女、未成年人、老年人、残疾人的合法权益。

第一千零四十二条 禁止包办、买卖婚姻和其他干涉婚姻自由的行为。禁止借婚姻索取财物。

禁止重婚。禁止有配偶者与他人同居。

禁止家庭暴力。禁止家庭成员间的虐待和遗弃。

第一千零四十三条 家庭应当树立优良家风，弘扬家庭美德，重视家庭文明建设。

夫妻应当互相忠实，互相尊重，互相关爱；家庭成员应当敬老爱幼，互相帮助，维护平等、和睦、文明的婚姻家庭关系。

第一千零四十四条 收养应当遵循最有利于被收养人的原则，保障被收养人和收养人的合法权益。

禁止借收养名义买卖未成年人。

第一千零四十五条 亲属包括配偶、血亲和姻亲。

配偶、父母、子女、兄弟姐妹、祖父母、外祖父母、孙子女、外孙子女为近亲属。

配偶、父母、子女和其他共同生活的近亲属为家庭成员。

第一千零四十六条 结婚应当男女双方完全自愿，禁止任何一方对另一方加以强迫，禁止任何组织或者个人加以干涉。

第一千零四十七条 结婚年龄，男不得早于二十二周岁，女不得早于二十周岁。

第一千零四十八条 直系血亲或者三代以内的旁系血亲禁止结婚。

第一千零四十九条 要求结婚的男女双方应当亲自到婚姻登记机关申请结婚登记。符合本法规定的，予以登记，发给结婚证。完成结婚登记，即确立婚姻关系。未办理结婚登记的，应当补办登记。

第一千零五十条 登记结婚后，按照男女双方约定，女方可以成为男方家庭的成员，男方可以成为女方家庭的成员。

第一千零五十一条 有下列情形之一的，婚姻无效：

（一）重婚；

（二）有禁止结婚的亲属关系；

（三）未到法定婚龄。

第一千零五十二条 因胁迫结婚的，受胁迫的一方可以向人民法院请求撤销婚姻。

请求撤销婚姻的，应当自胁迫行为终止之日起一年内提出。

被非法限制人身自由的当事人请求撤销婚姻的，应当自恢复人身自由之日起一年内提出。

第一千零五十三条 一方患有重大疾病的，应当在结婚登记前如实告知另一方；不如实告知的，另一方可以向人民法院请求撤销婚姻。

请求撤销婚姻的，应当自知道或者应当知道撤销事由之日起一年内提出。

第一千零五十四条 无效的或者被撤销的婚姻自始没有法律约束力，当事人不具有夫妻的权利和义务。同居期间所得的财产，由当事人协议处理；协议不成的，由人民法院根据照顾无过错方的原则判决。对重婚导致的无效婚姻的财产处理，不得侵害合法婚姻当事人的财产权益。当事人所生的子女，适用本法关于父母子女的规定。

婚姻无效或者被撤销的，无过错方有权请求损害赔偿。

第一千零五十五条 夫妻在婚姻家庭中地位平等。

第一千零五十六条 夫妻双方都有各自使用自己姓名的权利。

第一千零五十七条 夫妻双方都有参加生产、工作、学习和社会活动的自由，一方不得对另一方加以限制或者干涉。

第一千零五十八条 夫妻双方平等享有对未成年子女抚养、教育和保护的权利，共同承担对未成年子女抚养、教育和保护的义务。

第一千零五十九条 夫妻有相互扶养的义务。

需要扶养的一方，在另一方不履行扶养义务时，有要求其给付扶养费的权利。

第一千零六十条 夫妻一方因家庭日常生活需要而实施的民事法律

行为，对夫妻双方发生效力，但是夫妻一方与相对人另有约定的除外。

夫妻之间对一方可以实施的民事法律行为范围的限制，不得对抗善意相对人。

第一千零六十一条 夫妻有相互继承遗产的权利。

第一千零六十二条 夫妻在婚姻关系存续期间所得的下列财产，为夫妻的共同财产，归夫妻共同所有：

（一）工资、奖金、劳务报酬；

（二）生产、经营、投资的收益；

（三）知识产权的收益；

（四）继承或者受赠的财产，但是本法第一千零六十三条第三项规定的除外；

（五）其他应当归共同所有的财产。

夫妻对共同财产，有平等的处理权。

第一千零六十三条 下列财产为夫妻一方的个人财产：

（一）一方的婚前财产；

（二）一方因受到人身损害获得的赔偿或者补偿；

（三）遗嘱或者赠与合同中确定只归一方的财产；

（四）一方专用的生活用品；

（五）其他应当归一方的财产。

第一千零六十四条 夫妻双方共同签名或者夫妻一方事后追认等共同意思表示所负的债务，以及夫妻一方在婚姻关系存续期间以个人名义为家庭日常生活需要所负的债务，属于夫妻共同债务。

夫妻一方在婚姻关系存续期间以个人名义超出家庭日常生活需要所负的债务，不属于夫妻共同债务；但是，债权人能够证明该债务用于夫妻共同生活、共同生产经营或者基于夫妻双方共同意思表示的除外。

第一千零六十五条 男女双方可以约定婚姻关系存续期间所得的财产以及婚前财产归各自所有、共同所有或者部分各自所有、部分共同所有。约定应当采用书面形式。没有约定或者约定不明确的，适用本法第一千零六十二条、第一千零六十三条的规定。

夫妻对婚姻关系存续期间所得的财产以及婚前财产的约定，对双方具有法律约束力。

夫妻对婚姻关系存续期间所得的财产约定归各自所有，夫或者妻一方对外所负的债务，相对人知道该约定的，以夫或者妻一方的个人财产清偿。

第一千零六十六条 婚姻关系存续期间，有下列情形之一的，夫妻一方可以向人民法院请求分割共同财产：

（一）一方有隐藏、转移、变卖、毁损、挥霍夫妻共同财产或者伪造夫妻共同债务等严重损害夫妻共同财产利益的行为；

（二）一方负有法定扶养义务的人患重大疾病需要医治，另一方不同意支付相关医疗费用。

第一千零六十七条 父母不履行抚养义务的，未成年子女或者不能独立生活的成年子女，有要求父母给付抚养费的权利。

成年子女不履行赡养义务的，缺乏劳动能力或者生活困难的父母，有要求成年子女给付赡养费的权利。

第一千零六十八条 父母有教育、保护未成年子女的权利和义务。未成年子女造成他人损害的，父母应当依法承担民事责任。

第一千零六十九条 子女应当尊重父母的婚姻权利，不得干涉父母离婚、再婚以及婚后的生活。子女对父母的赡养义务，不因父母的婚姻关系变化而终止。

第一千零七十条 父母和子女有相互继承遗产的权利。

第一千零七十一条 非婚生子女享有与婚生子女同等的权利，任何组织或者个人不得加以危害和歧视。

不直接抚养非婚生子女的生父或者生母，应当负担未成年子女或者不能独立生活的成年子女的抚养费。

第一千零七十二条 继父母与继子女间，不得虐待或者歧视。

继父或者继母和受其抚养教育的继子女间的权利义务关系，适用本法关于父母子女关系的规定。

第一千零七十三条 对亲子关系有异议且有正当理由的，父或者母可以向人民法院提起诉讼，请求确认或者否认亲子关系。

对亲子关系有异议且有正当理由的，成年子女可以向人民法院提起诉讼，请求确认亲子关系。

第一千零七十四条 有负担能力的祖父母、外祖父母，对于父母已经死亡或者父母无力抚养的未成年孙子女、外孙子女，有抚养的义务。

有负担能力的孙子女、外孙子女，对于子女已经死亡或者子女无力赡养的祖父母、外祖父母，有赡养的义务。

第一千零七十五条 有负担能力的兄、姐，对于父母已经死亡或者父母无力抚养的未成年弟、妹，有扶养的义务。

由兄、姐扶养长大的有负担能力的弟、妹，对于缺乏劳动能力又缺乏生活来源的兄、姐，有扶养的义务。

第一千零七十六条 夫妻双方自愿离婚的，应当签订书面离婚协议，并亲自到婚姻登记机关申请离婚登记。

离婚协议应当载明双方自愿离婚的意思表示和对子女抚养、财产以及债务处理等事项协商一致的意见。

第一千零七十七条 自婚姻登记机关收到离婚登记申请之日起三十日内，任何一方不愿意离婚的，可以向婚姻登记机关撤回离婚登记申请。

前款规定期限届满后三十日内，双方应当亲自到婚姻登记机关申请发给离婚证；未申请的，视为撤回离婚登记申请。

第一千零七十八条 婚姻登记机关查明双方确实是自愿离婚，并已经对子女抚养、财产以及债务处理等事项协商一致的，予以登记，发给离婚证。

第一千零七十九条 夫妻一方要求离婚的，可以由有关组织进行调解或者直接向人民法院提起离婚诉讼。

人民法院审理离婚案件，应当进行调解；如果感情确已破裂，调解无效的，应当准予离婚。

有下列情形之一，调解无效的，应当准予离婚：

（一）重婚或者与他人同居；

（二）实施家庭暴力或者虐待、遗弃家庭成员；

（三）有赌博、吸毒等恶习屡教不改；

（四）因感情不和分居满二年；

（五）其他导致夫妻感情破裂的情形。

一方被宣告失踪，另一方提起离婚诉讼的，应当准予离婚。

经人民法院判决不准离婚后，双方又分居满一年，一方再次提起离婚诉讼的，应当准予离婚。

第一千零八十条 完成离婚登记，或者离婚判决书、调解书生效，即解除婚姻关系。

第一千零八十一条 现役军人的配偶要求离婚，应当征得军人同意，但是军人一方有重大过错的除外。

第一千零八十二条 女方在怀孕期间、分娩后一年内或者终止妊娠后六个月内，男方不得提出离婚；但是，女方提出离婚或者人民法院认为确有必要受理男方离婚请求的除外。

第一千零八十三条 离婚后，男女双方自愿恢复婚姻关系的，应当到婚姻登记机关重新进行结婚登记。

第一千零八十四条 父母与子女间的关系，不因父母离婚而消除。离婚后，子女无论由父或者母直接抚养，仍是父母双方的子女。

离婚后，父母对于子女仍有抚养、教育、保护的权利和义务。

离婚后，不满两周岁的子女，以由母亲直接抚养为原则。已满两周岁的子女，父母双方对抚养问题协议不成的，由人民法院根据双方的具体情况，按照最有利于未成年子女的原则判决。子女已满八周岁的，应当尊重其真实意愿。

第一千零八十五条　离婚后，子女由一方直接抚养的，另一方应当负担部分或者全部抚养费。负担费用的多少和期限的长短，由双方协议；协议不成的，由人民法院判决。

前款规定的协议或者判决，不妨碍子女在必要时向父母任何一方提出超过协议或者判决原定数额的合理要求。

第一千零八十六条　离婚后，不直接抚养子女的父或者母，有探望子女的权利，另一方有协助的义务。

行使探望权利的方式、时间由当事人协议；协议不成的，由人民法院判决。

父或者母探望子女，不利于子女身心健康的，由人民法院依法中止探望；中止的事由消失后，应当恢复探望。

第一千零八十七条　离婚时，夫妻的共同财产由双方协议处理；协议不成的，由人民法院根据财产的具体情况，按照照顾子女、女方和无过错方权益的原则判决。

对夫或者妻在家庭土地承包经营中享有的权益等，应当依法予以保护。

第一千零八十八条　夫妻一方因抚育子女、照料老年人、协助另一方工作等负担较多义务的，离婚时有权向另一方请求补偿，另一方应当给予补偿。具体办法由双方协议；协议不成的，由人民法院判决。

第一千零八十九条　离婚时，夫妻共同债务应当共同偿还。共同财产不足清偿或者财产归各自所有的，由双方协议清偿；协议不成的，由人民法院判决。

第一千零九十条　离婚时，如果一方生活困难，有负担能力的另一方应当给予适当帮助。具体办法由双方协议；协议不成的，由人民法院判决。

第一千零九十一条 有下列情形之一，导致离婚的，无过错方有权请求损害赔偿：

（一）重婚；

（二）与他人同居；

（三）实施家庭暴力；

（四）虐待、遗弃家庭成员；

（五）有其他重大过错。

第一千零九十二条 夫妻一方隐藏、转移、变卖、毁损、挥霍夫妻共同财产，或者伪造夫妻共同债务企图侵占另一方财产的，在离婚分割夫妻共同财产时，对该方可以少分或者不分。离婚后，另一方发现有上述行为的，可以向人民法院提起诉讼，请求再次分割夫妻共同财产。

第一千零九十三条 下列未成年人，可以被收养：

（一）丧失父母的孤儿；

（二）查找不到生父母的未成年人；

（三）生父母有特殊困难无力抚养的子女。

第一千零九十四条 下列个人、组织可以作送养人：

（一）孤儿的监护人；

（二）儿童福利机构；

（三）有特殊困难无力抚养子女的生父母。

第一千零九十五条 未成年人的父母均不具备完全民事行为能力且可能严重危害该未成年人的，该未成年人的监护人可以将其送养。

第一千零九十六条 监护人送养孤儿的，应当征得有抚养义务的人同意。有抚养义务的人不同意送养、监护人不愿意继续履行监护职责的，应当依照本法第一编的规定另行确定监护人。

第一千零九十七条 生父母送养子女，应当双方共同送养。生父母一方不明或者查找不到的，可以单方送养。

第一千零九十八条 收养人应当同时具备下列条件：

（一）无子女或者只有一名子女；

（二）有抚养、教育和保护被收养人的能力；

（三）未患有在医学上认为不应当收养子女的疾病；

（四）无不利于被收养人健康成长的违法犯罪记录；

（五）年满三十周岁。

第一千零九十九条 收养三代以内旁系同辈血亲的子女，可以不受本法第一千零九十三条第三项、第一千零九十四条第三项和第一千一百零二条规定的限制。

华侨收养三代以内旁系同辈血亲的子女，还可以不受本法第一千零九十八条第一项规定的限制。

第一千一百条 无子女的收养人可以收养两名子女；有子女的收养人只能收养一名子女。

收养孤儿、残疾未成年人或者儿童福利机构抚养的查找不到生父母的未成年人，可以不受前款和本法第一千零九十八条第一项规定的限制。

第一千一百零一条 有配偶者收养子女，应当夫妻共同收养。

第一千一百零二条 无配偶者收养异性子女的，收养人与被收养人的年龄应当相差四十周岁以上。

第一千一百零三条 继父或者继母经继子女的生父母同意，可以收养继子女，并可以不受本法第一千零九十三条第三项、第一千零九十四条第三项、第一千零九十八条和第一千一百条第一款规定的限制。

第一千一百零四条 收养人收养与送养人送养，应当双方自愿。收养八周岁以上未成年人的，应当征得被收养人的同意。

第一千一百零五条 收养应当向县级以上人民政府民政部门登记。收养关系自登记之日起成立。

收养查找不到生父母的未成年人的，办理登记的民政部门应当在登记前予以公告。

收养关系当事人愿意签订收养协议的，可以签订收养协议。

收养关系当事人各方或者一方要求办理收养公证的，应当办理收养公证。

县级以上人民政府民政部门应当依法进行收养评估。

第一千一百零六条 收养关系成立后，公安机关应当按照国家有关规定为被收养人办理户口登记。

第一千一百零七条 孤儿或者生父母无力抚养的子女，可以由生父母的亲属、朋友抚养；抚养人与被抚养人的关系不适用本章规定。

第一千一百零八条 配偶一方死亡，另一方送养未成年子女的，死亡一方的父母有优先抚养的权利。

第一千一百零九条 外国人依法可以在中华人民共和国收养子女。

外国人在中华人民共和国收养子女，应当经其所在国主管机关依照该国法律审查同意。收养人应当提供由其所在国有权机构出具的有关其年龄、婚姻、职业、财产、健康、有无受过刑事处罚等状况的证明材料，并与送养人签订书面协议，亲自向省、自治区、直辖市人民政府民政部门登记。

前款规定的证明材料应当经收养人所在国外交机关或者外交机关授权的机构认证，并经中华人民共和国驻该国使领馆认证，但是国家另有规定的除外。

第一千一百一十条 收养人、送养人要求保守收养秘密的，其他人应当尊重其意愿，不得泄露。

第一千一百一十一条 自收养关系成立之日起，养父母与养子女间的权利义务关系，适用本法关于父母子女关系的规定；养子女与养父母的近亲属间的权利义务关系，适用本法关于子女与父母的近亲属关系的规定。

养子女与生父母以及其他近亲属间的权利义务关系，因收养关系的成立而消除。

第一千一百一十二条 养子女可以随养父或者养母的姓氏，经当事人协商一致，也可以保留原姓氏。

第一千一百一十三条 有本法第一编关于民事法律行为无效规定情形或者违反本编规定的收养行为无效。

无效的收养行为自始没有法律约束力。

第一千一百一十四条 收养人在被收养人成年以前，不得解除收养关系，但是收养人、送养人双方协议解除的除外。养子女八周岁以上的，应当征得本人同意。

收养人不履行抚养义务，有虐待、遗弃等侵害未成年养子女合法权益行为的，送养人有权要求解除养父母与养子女间的收养关系。送养人、收养人不能达成解除收养关系协议的，可以向人民法院提起诉讼。

第一千一百一十五条 养父母与成年养子女关系恶化、无法共同生活的，可以协议解除收养关系。不能达成协议的，可以向人民法院提起诉讼。

第一千一百一十六条 当事人协议解除收养关系的，应当到民政部门办理解除收养关系登记。

第一千一百一十七条 收养关系解除后，养子女与养父母以及其他近亲属间的权利义务关系即行消除，与生父母以及其他近亲属间的权利义务关系自行恢复。但是，成年养子女与生父母以及其他近亲属间的权利义务关系是否恢复，可以协商确定。

第一千一百一十八条 收养关系解除后，经养父母抚养的成年养子女，对缺乏劳动能力又缺乏生活来源的养父母，应当给付生活费。因养子女成年后虐待、遗弃养父母而解除收养关系的，养父母可以要求养子女补偿收养期间支出的抚养费。

生父母要求解除收养关系的，养父母可以要求生父母适当补偿收养期间支出的抚养费；但是，因养父母虐待、遗弃养子女而解除收养关系的除外。

中华人民共和国反家庭暴力法

（2015年12月27日第十二届全国人民代表大会常务委员会第十八次会议通过　2015年12月27日中华人民共和国主席令第37号公布　自2016年3月1日起施行）

第一章　总　　则

第一条　为了预防和制止家庭暴力，保护家庭成员的合法权益，维护平等、和睦、文明的家庭关系，促进家庭和谐、社会稳定，制定本法。

第二条　本法所称家庭暴力，是指家庭成员之间以殴打、捆绑、残害、限制人身自由以及经常性谩骂、恐吓等方式实施的身体、精神等侵害行为。

第三条　家庭成员之间应当互相帮助，互相关爱，和睦相处，履行家庭义务。

反家庭暴力是国家、社会和每个家庭的共同责任。

国家禁止任何形式的家庭暴力。

第四条　县级以上人民政府负责妇女儿童工作的机构，负责组织、协调、指导、督促有关部门做好反家庭暴力工作。

县级以上人民政府有关部门、司法机关、人民团体、社会组织、居民委员会、村民委员会、企业事业单位，应当依照本法和有关法律规定，做好反家庭暴力工作。

各级人民政府应当对反家庭暴力工作给予必要的经费保障。

第五条 反家庭暴力工作遵循预防为主，教育、矫治与惩处相结合原则。

反家庭暴力工作应当尊重受害人真实意愿，保护当事人隐私。

未成年人、老年人、残疾人、孕期和哺乳期的妇女、重病患者遭受家庭暴力的，应当给予特殊保护。

第二章 家庭暴力的预防

第六条 国家开展家庭美德宣传教育，普及反家庭暴力知识，增强公民反家庭暴力意识。

工会、共产主义青年团、妇女联合会、残疾人联合会应当在各自工作范围内，组织开展家庭美德和反家庭暴力宣传教育。

广播、电视、报刊、网络等应当开展家庭美德和反家庭暴力宣传。

学校、幼儿园应当开展家庭美德和反家庭暴力教育。

第七条 县级以上人民政府有关部门、司法机关、妇女联合会应当将预防和制止家庭暴力纳入业务培训和统计工作。

医疗机构应当做好家庭暴力受害人的诊疗记录。

第八条 乡镇人民政府、街道办事处应当组织开展家庭暴力预防工作，居民委员会、村民委员会、社会工作服务机构应当予以配合协助。

第九条 各级人民政府应当支持社会工作服务机构等社会组织开展心理健康咨询、家庭关系指导、家庭暴力预防知识教育等服务。

第十条 人民调解组织应当依法调解家庭纠纷，预防和减少家庭暴力的发生。

第十一条 用人单位发现本单位人员有家庭暴力情况的，应当给予批评教育，并做好家庭矛盾的调解、化解工作。

第十二条 未成年人的监护人应当以文明的方式进行家庭教育，依法履行监护和教育职责，不得实施家庭暴力。

第三章　家庭暴力的处置

第十三条　家庭暴力受害人及其法定代理人、近亲属可以向加害人或者受害人所在单位、居民委员会、村民委员会、妇女联合会等单位投诉、反映或者求助。有关单位接到家庭暴力投诉、反映或者求助后，应当给予帮助、处理。

家庭暴力受害人及其法定代理人、近亲属也可以向公安机关报案或者依法向人民法院起诉。

单位、个人发现正在发生的家庭暴力行为，有权及时劝阻。

第十四条　学校、幼儿园、医疗机构、居民委员会、村民委员会、社会工作服务机构、救助管理机构、福利机构及其工作人员在工作中发现无民事行为能力人、限制民事行为能力人遭受或者疑似遭受家庭暴力的，应当及时向公安机关报案。公安机关应当对报案人的信息予以保密。

第十五条　公安机关接到家庭暴力报案后应当及时出警，制止家庭暴力，按照有关规定调查取证，协助受害人就医、鉴定伤情。

无民事行为能力人、限制民事行为能力人因家庭暴力身体受到严重伤害、面临人身安全威胁或者处于无人照料等危险状态的，公安机关应当通知并协助民政部门将其安置到临时庇护场所、救助管理机构或者福利机构。

第十六条　家庭暴力情节较轻，依法不给予治安管理处罚的，由公安机关对加害人给予批评教育或者出具告诫书。

告诫书应当包括加害人的身份信息、家庭暴力的事实陈述、禁止加害人实施家庭暴力等内容。

第十七条　公安机关应当将告诫书送交加害人、受害人，并通知居民委员会、村民委员会。

居民委员会、村民委员会、公安派出所应当对收到告诫书的加害人、受害人进行查访，监督加害人不再实施家庭暴力。

第十八条 县级或者设区的市级人民政府可以单独或者依托救助管理机构设立临时庇护场所，为家庭暴力受害人提供临时生活帮助。

第十九条 法律援助机构应当依法为家庭暴力受害人提供法律援助。

人民法院应当依法对家庭暴力受害人缓收、减收或者免收诉讼费用。

第二十条 人民法院审理涉及家庭暴力的案件，可以根据公安机关出警记录、告诫书、伤情鉴定意见等证据，认定家庭暴力事实。

第二十一条 监护人实施家庭暴力严重侵害被监护人合法权益的，人民法院可以根据被监护人的近亲属、居民委员会、村民委员会、县级人民政府民政部门等有关人员或者单位的申请，依法撤销其监护人资格，另行指定监护人。

被撤销监护人资格的加害人，应当继续负担相应的赡养、扶养、抚养费用。

第二十二条 工会、共产主义青年团、妇女联合会、残疾人联合会、居民委员会、村民委员会等应当对实施家庭暴力的加害人进行法治教育，必要时可以对加害人、受害人进行心理辅导。

第四章 人身安全保护令

第二十三条 当事人因遭受家庭暴力或者面临家庭暴力的现实危险，向人民法院申请人身安全保护令的，人民法院应当受理。

当事人是无民事行为能力人、限制民事行为能力人，或者因受到强制、威吓等原因无法申请人身安全保护令的，其近亲属、公安机关、妇女联合会、居民委员会、村民委员会、救助管理机构可以代为申请。

第二十四条 申请人身安全保护令应当以书面方式提出；书面申请确有困难的，可以口头申请，由人民法院记入笔录。

第二十五条　人身安全保护令案件由申请人或者被申请人居住地、家庭暴力发生地的基层人民法院管辖。

第二十六条　人身安全保护令由人民法院以裁定形式作出。

第二十七条　作出人身安全保护令，应当具备下列条件：

（一）有明确的被申请人；

（二）有具体的请求；

（三）有遭受家庭暴力或者面临家庭暴力现实危险的情形。

第二十八条　人民法院受理申请后，应当在七十二小时内作出人身安全保护令或者驳回申请；情况紧急的，应当在二十四小时内作出。

第二十九条　人身安全保护令可以包括下列措施：

（一）禁止被申请人实施家庭暴力；

（二）禁止被申请人骚扰、跟踪、接触申请人及其相关近亲属；

（三）责令被申请人迁出申请人住所；

（四）保护申请人人身安全的其他措施。

第三十条　人身安全保护令的有效期不超过六个月，自作出之日起生效。人身安全保护令失效前，人民法院可以根据申请人的申请撤销、变更或者延长。

第三十一条　申请人对驳回申请不服或者被申请人对人身安全保护令不服的，可以自裁定生效之日起五日内向作出裁定的人民法院申请复议一次。人民法院依法作出人身安全保护令的，复议期间不停止人身安全保护令的执行。

第三十二条　人民法院作出人身安全保护令后，应当送达申请人、被申请人、公安机关以及居民委员会、村民委员会等有关组织。人身安全保护令由人民法院执行，公安机关以及居民委员会、村民委员会等应当协助执行。

第五章　法律责任

第三十三条　加害人实施家庭暴力，构成违反治安管理行为的，依法给予治安管理处罚；构成犯罪的，依法追究刑事责任。

第三十四条 被申请人违反人身安全保护令，构成犯罪的，依法追究刑事责任；尚不构成犯罪的，人民法院应当给予训诫，可以根据情节轻重处以一千元以下罚款、十五日以下拘留。

第三十五条 学校、幼儿园、医疗机构、居民委员会、村民委员会、社会工作服务机构、救助管理机构、福利机构及其工作人员未依照本法第十四条规定向公安机关报案，造成严重后果的，由上级主管部门或者本单位对直接负责的主管人员和其他直接责任人员依法给予处分。

第三十六条 负有反家庭暴力职责的国家工作人员玩忽职守、滥用职权、徇私舞弊的，依法给予处分；构成犯罪的，依法追究刑事责任。

第六章 附 则

第三十七条 家庭成员以外共同生活的人之间实施的暴力行为，参照本法规定执行。

第三十八条 本法自 2016 年 3 月 1 日起施行。

婚姻登记条例

（2003 年 8 月 8 日中华人民共和国国务院令第 387 号公布
根据 2024 年 12 月 6 日《国务院关于修改和
废止部分行政法规的决定》修订）

第一章 总 则

第一条 为了规范婚姻登记工作，保障婚姻自由、一夫一妻、男女平等的婚姻制度的实施，保护婚姻当事人的合法权益，根据《中华人民共和国民法典》（以下简称民法典），制定本条例。

第二条 内地居民办理婚姻登记的机关是县级人民政府民政部门或者乡（镇）人民政府，省、自治区、直辖市人民政府可以按照便民原则确定农村居民办理婚姻登记的具体机关。

中国公民同外国人，内地居民同香港特别行政区居民（以下简称香港居民）、澳门特别行政区居民（以下简称澳门居民）、台湾地区居民（以下简称台湾居民）、华侨办理婚姻登记的机关是省、自治区、直辖市人民政府民政部门或者省、自治区、直辖市人民政府民政部门确定的机关。

第三条 婚姻登记机关的婚姻登记员应当接受婚姻登记业务培训，经考核合格，方可从事婚姻登记工作。

婚姻登记机关办理婚姻登记，除按收费标准向当事人收取工本费外，不得收取其他费用或者附加其他义务。

第二章 结婚登记

第四条 内地居民结婚，男女双方应当共同到一方当事人常住户口所在地的婚姻登记机关办理结婚登记。

中国公民同外国人在中国内地结婚的，内地居民同香港居民、澳门居民、台湾居民、华侨在中国内地结婚的，男女双方应当共同到内地居民常住户口所在地的婚姻登记机关办理结婚登记。

第五条 办理结婚登记的内地居民应当出具下列证件和证明材料：

（一）本人的户口簿、身份证；

（二）本人无配偶以及与对方当事人没有直系血亲和三代以内旁系血亲关系的签字声明。

办理结婚登记的香港居民、澳门居民、台湾居民应当出具下列证件和证明材料：

（一）本人的有效通行证、身份证；

（二）经居住地公证机构公证的本人无配偶以及与对方当事人没有直系血亲和三代以内旁系血亲关系的声明。

办理结婚登记的华侨应当出具下列证件和证明材料：

（一）本人的有效护照；

（二）居住国公证机构或者有权机关出具的、经中华人民共和国驻该国使（领）馆认证的本人无配偶以及与对方当事人没有直系血亲和三代以内旁系血亲关系的证明，或者中华人民共和国驻该国使（领）馆出具的本人无配偶以及与对方当事人没有直系血亲和三代以内旁系血亲关系的证明。中华人民共和国缔结或者参加的国际条约另有规定的，按照国际条约规定的证明手续办理。

办理结婚登记的外国人应当出具下列证件和证明材料：

（一）本人的有效护照或者其他有效的国际旅行证件；

（二）所在国公证机构或者有权机关出具的、经中华人民共和国驻该国使（领）馆认证或者该国驻华使（领）馆认证的本人无配偶的证明，或者所在国驻华使（领）馆出具的本人无配偶的证明。中华人民共和国缔结或者参加的国际条约另有规定的，按照国际条约规定的证明手续办理。

办理结婚登记的当事人对外国主管机关依据本条第三款、第四款提及的国际条约出具的证明文书的真实性负责，签署书面声明，并承担相应法律责任。

第六条 办理结婚登记的当事人有下列情形之一的，婚姻登记机关不予登记：

（一）未到法定结婚年龄的；

（二）非双方自愿的；

（三）一方或者双方已有配偶的；

（四）属于直系血亲或者三代以内旁系血亲的。

第七条 婚姻登记机关应当对结婚登记当事人出具的证件、证明材料进行审查并询问相关情况。对当事人符合结婚条件的，应当当场予以登记，发给结婚证；对当事人不符合结婚条件不予登记的，应当向当事人说明理由。

第八条 男女双方补办结婚登记的，适用本条例结婚登记的规定。

第九条 因胁迫结婚的，受胁迫的当事人可以依据民法典第一千零五十二条的规定向人民法院请求撤销婚姻。一方当事人患有重大疾病的，应当在结婚登记前如实告知另一方当事人；不如实告知的，另一方当事人可以依据民法典第一千零五十三条的规定向人民法院请求撤销婚姻。

第三章 离婚登记

第十条 内地居民自愿离婚的，男女双方应当共同到一方当事人常住户口所在地的婚姻登记机关办理离婚登记。

中国公民同外国人在中国内地自愿离婚的，内地居民同香港居民、澳门居民、台湾居民、华侨在中国内地自愿离婚的，男女双方应当共同到内地居民常住户口所在地的婚姻登记机关办理离婚登记。

第十一条 办理离婚登记的内地居民应当出具下列证件和证明材料：

（一）本人的户口簿、身份证；

（二）本人的结婚证；

（三）双方当事人共同签署的离婚协议书。

办理离婚登记的香港居民、澳门居民、台湾居民、华侨、外国人除应当出具前款第（二）项、第（三）项规定的证件、证明材料外，香港居民、澳门居民、台湾居民还应当出具本人的有效通行证、身份证，华侨、外国人还应当出具本人的有效护照或者其他有效国际旅行证件。

离婚协议书应当载明双方当事人自愿离婚的意思表示以及对子女抚

养、财产及债务处理等事项协商一致的意见。

第十二条 办理离婚登记的当事人有下列情形之一的，婚姻登记机关不予受理：

（一）未达成离婚协议的；

（二）属于无民事行为能力人或者限制民事行为能力人的；

（三）其结婚登记不是在中国内地办理的。

第十三条 婚姻登记机关应当对离婚登记当事人出具的证件、证明材料进行审查并询问相关情况。对当事人确属自愿离婚，并已对子女抚养、财产、债务等问题达成一致处理意见的，应当当场予以登记，发给离婚证。

第十四条 离婚的男女双方自愿恢复夫妻关系的，应当到婚姻登记机关办理复婚登记。复婚登记适用本条例结婚登记的规定。

第四章 婚姻登记档案和婚姻登记证

第十五条 婚姻登记机关应当建立婚姻登记档案。婚姻登记档案应当长期保管。具体管理办法由国务院民政部门会同国家档案管理部门规定。

第十六条 婚姻登记机关收到人民法院宣告婚姻无效或者撤销婚姻的判决书副本后，应当将该判决书副本收入当事人的婚姻登记档案。

第十七条 结婚证、离婚证遗失或者损毁的，当事人可以持户口簿、身份证向原办理婚姻登记的机关或者一方当事人常住户口所在地的婚姻登记机关申请补领。婚姻登记机关对当事人的婚姻登记档案进行查证，确认属实的，应当为当事人补发结婚证、离婚证。

第五章 罚 则

第十八条 婚姻登记机关及其婚姻登记员有下列行为之一的，对直接负责的主管人员和其他直接责任人员依法给予行政处分：

（一）为不符合婚姻登记条件的当事人办理婚姻登记的；

（二）玩忽职守造成婚姻登记档案损失的；

（三）办理婚姻登记或者补发结婚证、离婚证超过收费标准收取费用的。

违反前款第（三）项规定收取的费用，应当退还当事人。

第六章　附　　则

第十九条　中华人民共和国驻外使（领）馆可以依照本条例的有关规定，为男女双方均居住于驻在国的中国公民办理婚姻登记。

第二十条　本条例规定的婚姻登记证由国务院民政部门规定式样并监制。

第二十一条　当事人办理婚姻登记或者补领结婚证、离婚证应当交纳工本费。工本费的收费标准由国务院价格主管部门会同国务院财政部门规定并公布。

第二十二条　本条例自2003年10月1日起施行。1994年1月12日国务院批准、1994年2月1日民政部发布的《婚姻登记管理条例》同时废止。

外国人在中华人民共和国收养子女登记办法

（1999年5月12日国务院批准　1999年5月25日民政部令第15号发布　根据2024年12月6日《国务院关于修改和废止部分行政法规的决定》修订）

第一条　为了规范涉外收养登记行为，根据《中华人民共和国民法典》（以下简称民法典），制定本办法。

第二条 外国人在中华人民共和国境内收养子女（以下简称外国人在华收养子女），应当依照本办法办理登记。

收养人夫妻一方为外国人，在华收养子女，也应当依照本办法办理登记。

第三条 外国人在华收养子女，应当符合中国有关收养法律的规定，并应当符合收养人所在国有关收养法律的规定；因收养人所在国法律的规定与中国法律的规定不一致而产生的问题，由两国政府有关部门协商处理。

第四条 外国人在华收养子女，应当通过所在国政府或者政府委托的收养组织（以下简称外国收养组织）向中国政府委托的收养组织（以下简称中国收养组织）转交收养申请并提交收养人的家庭情况报告和证明。

前款规定的收养人的收养申请、家庭情况报告和证明，是指由其所在国有权机构出具，经其所在国外交机关或者外交机关授权的机构认证，并经中华人民共和国驻该国使馆或者领馆认证的，或者履行中华人民共和国缔结或者参加的国际条约规定的证明手续的下列文件：

（一）跨国收养申请书；

（二）出生证明；

（三）婚姻状况证明；

（四）职业、经济收入和财产状况证明；

（五）身体健康检查证明；

（六）有无受过刑事处罚的证明；

（七）收养人所在国主管机关同意其跨国收养子女的证明；

（八）家庭情况报告，包括收养人的身份、收养的合格性和适当性、家庭状况和病史、收养动机以及适合于照顾儿童的特点等。

在华工作或者学习连续居住一年以上的外国人在华收养子女，应当提交前款规定的除身体健康检查证明以外的文件，并应当提交在华所在单位或者有关部门出具的婚姻状况证明，职业、经济收入或者财产状况证明，有无受过刑事处罚证明以及县级以上医疗机构出具的身体健康检查证明。

第五条 送养人应当向省、自治区、直辖市人民政府民政部门提交本人的居民户口簿和居民身份证（社会福利机构作送养人的，应当提交其负责人的身份证件）、被收养人的户籍证明等情况证明，并根据不同情况提交下列有关证明材料：

（一）被收养人的生父母（包括已经离婚的）为送养人的，应当提交生父母有特殊困难无力抚养的证明和生父母双方同意送养的书面意见；其中，被收养人的生父或者生母因丧偶或者一方下落不明，由单方送养的，并应当提交配偶死亡或者下落不明的证明以及死亡的或者下落不明的配偶的父母不行使优先抚养权的书面声明；

（二）被收养人的父母均不具备完全民事行为能力，由被收养人的其他监护人作送养人的，应当提交被收养人的父母不具备完全民事行为能力且对被收养人有严重危害的证明以及监护人有监护权的证明；

（三）被收养人的父母均已死亡，由被收养人的监护人作送养人的，应当提交其生父母的死亡证明、监护人实际承担监护责任的证明，以及其他有抚养义务的人同意送养的书面意见；

（四）由社会福利机构作送养人的，应当提交弃婴、儿童被遗弃和发现的情况证明以及查找其父母或者其他监护人的情况证明；被收养人是孤儿的，应当提交孤儿父母的死亡或者宣告死亡证明，以及有抚养孤儿义务的其他人同意送养的书面意见。

送养残疾儿童的，还应当提交县级以上医疗机构出具的该儿童的残疾证明。

第六条 省、自治区、直辖市人民政府民政部门应当对送养人提交的证件和证明材料进行审查，对查找不到生父母的弃婴和儿童公告查找其生父母；认为被收养人、送养人符合民法典规定条件的，将符合民法典规定的被收养人、送养人名单通知中国收养组织，同时转交下列证件和证明材料：

（一）送养人的居民户口簿和居民身份证（社会福利机构作送养人的，为其负责人的身份证件）复制件；

（二）被收养人是弃婴或者孤儿的证明、户籍证明、成长情况报告和身体健康检查证明的复制件及照片。

省、自治区、直辖市人民政府民政部门查找弃婴或者儿童生父母的公告应当在省级地方报纸上刊登。自公告刊登之日起满 60 日，弃婴和儿童的生父母或者其他监护人未认领的，视为查找不到生父母的弃婴和儿童。

第七条 中国收养组织对外国收养人的收养申请和有关证明进行审查后，应当在省、自治区、直辖市人民政府民政部门报送的符合民法典规定条件的被收养人中，参照外国收养人的意愿，选择适当的被收养人，并将该被收养人及其送养人的有关情况通过外国政府或者外国收养组织送交外国收养人。外国收养人同意收养的，中国收养组织向其发出来华收养子女通知书，同时通知有关的省、自治区、直辖市人民政府民政部门向送养人发出被收养人已被同意收养的通知。

第八条 外国人来华收养子女，应当亲自来华办理登记手续。夫妻共同收养的，应当共同来华办理收养手续；一方因故不能来华的，应当书面委托另一方。委托书应当经所在国公证和认证。中华人民共和国缔结或者参加的国际条约另有规定的，按照国际条约规定的证明手续办理。

收养人对外国主管机关依据本办法第四条第二款和前款提及的国际条约出具的证明文书的真实性负责，签署书面声明，并承担相应法律责任。

第九条 外国人来华收养子女，应当与送养人订立书面收养协议。协议一式三份，收养人、送养人各执一份，办理收养登记手续时收养登记机关收存一份。

书面协议订立后，收养关系当事人应当共同到被收养人常住户口所在地的省、自治区、直辖市人民政府民政部门办理收养登记。

第十条 收养关系当事人办理收养登记时，应当填写外国人来华收养子女登记申请书并提交收养协议，同时分别提供有关材料。

收养人应当提供下列材料：

（一）中国收养组织发出的来华收养子女通知书；

（二）收养人的身份证件和照片。

送养人应当提供下列材料：

（一）省、自治区、直辖市人民政府民政部门发出的被收养人已被同意收养的通知；

（二）送养人的居民户口簿和居民身份证（社会福利机构作送养人的，为其负责人的身份证件）、被收养人的照片。

第十一条 收养登记机关收到外国人来华收养子女登记申请书和收养人、被收养人及其送养人的有关材料后，应当自次日起7日内进行审查，对符合本办法第十条规定的，为当事人办理收养登记，发给收养登记证书。收养关系自登记之日起成立。

收养登记机关应当将登记结果通知中国收养组织。

第十二条 收养关系当事人办理收养登记后，各方或者一方要求办理收养公证的，应当到收养登记地的具有办理涉外公证资格的公证机构办理收养公证。

第十三条 被收养人出境前，收养人应当凭收养登记证书到收养登记地的公安机关为被收养人办理出境手续。

第十四条 外国人在华收养子女，应当向登记机关交纳登记费。登记费的收费标准按照国家有关规定执行。

中国收养组织是非营利性公益事业单位，为外国收养人提供收养服务，可以收取服务费。服务费的收费标准按照国家有关规定执行。

为抚养在社会福利机构生活的弃婴和儿童，国家鼓励外国收养人、外国收养组织向社会福利机构捐赠。受赠的社会福利机构必须将捐赠财物全部用于改善所抚养的弃婴和儿童的养育条件，不得挪作它用，并应当将捐赠财物的使用情况告知捐赠人。受赠的社会福利机构还应当接受有关部门的监督，并应当将捐赠的使用情况向社会公布。

第十五条 中国收养组织的活动受国务院民政部门监督。

第十六条 本办法自发布之日起施行。1993 年 11 月 3 日国务院批准，1993 年 11 月 10 日司法部、民政部发布的《外国人在中华人民共和国收养子女实施办法》同时废止。

中国公民收养子女登记办法

（1999 年 5 月 12 日国务院批准　1999 年 5 月 25 日民政部令第 14 号发布
根据 2019 年 3 月 2 日《国务院关于修改部分行政法规的决定》第一次修订
根据 2023 年 7 月 20 日《国务院关于修改和废止
部分行政法规的决定》第二次修订）

第一条 为了规范收养登记行为，根据《中华人民共和国民法典》（以下简称民法典），制定本办法。

第二条 中国公民在中国境内收养子女或者协议解除收养关系的，应当依照本办法的规定办理登记。

办理收养登记的机关是县级人民政府民政部门。

第三条 收养登记工作应当坚持中国共产党的领导，遵循最有利于被收养人的原则，保障被收养人和收养人的合法权益。

第四条 收养社会福利机构抚养的查找不到生父母的弃婴、儿童和孤儿的，在社会福利机构所在地的收养登记机关办理登记。

收养非社会福利机构抚养的查找不到生父母的弃婴和儿童的，在弃婴和儿童发现地的收养登记机关办理登记。

收养生父母有特殊困难无力抚养的子女或者由监护人监护的孤儿的，在被收养人生父母或者监护人常住户口所在地（组织作监护人的，在该组织所在地）的收养登记机关办理登记。

收养三代以内同辈旁系血亲的子女，以及继父或者继母收养继子女的，在被收养人生父或者生母常住户口所在地的收养登记机关办理登记。

第五条 收养关系当事人应当亲自到收养登记机关办理成立收养关系的登记手续。

夫妻共同收养子女的，应当共同到收养登记机关办理登记手续；一方因故不能亲自前往的，应当书面委托另一方办理登记手续，委托书应当经过村民委员会或者居民委员会证明或者经过公证。

第六条 收养人应当向收养登记机关提交收养申请书和下列证件、证明材料：

（一）收养人的居民户口簿和居民身份证；

（二）由收养人所在单位或者村民委员会、居民委员会出具的本人婚姻状况和抚养教育被收养人的能力等情况的证明，以及收养人出具的子女情况声明；

（三）县级以上医疗机构出具的未患有在医学上认为不应当收养子女的疾病的身体健康检查证明。

收养查找不到生父母的弃婴、儿童的，并应当提交收养人经常居住地卫生健康主管部门出具的收养人生育情况证明；其中收养非社会福利机构抚养的查找不到生父母的弃婴、儿童的，收养人应当提交下列证明材料：

（一）收养人经常居住地卫生健康主管部门出具的收养人生育情况证明；

（二）公安机关出具的捡拾弃婴、儿童报案的证明。

收养继子女的，可以只提交居民户口簿、居民身份证和收养人与被收养人生父或者生母结婚的证明。

对收养人出具的子女情况声明，登记机关可以进行调查核实。

第七条 送养人应当向收养登记机关提交下列证件和证明材料：

（一）送养人的居民户口簿和居民身份证（组织作监护人的，提交其负责人的身份证件）；

（二）民法典规定送养时应当征得其他有抚养义务的人同意的，并提交其他有抚养义务的人同意送养的书面意见。

社会福利机构为送养人的，并应当提交弃婴、儿童进入社会福利机构的原始记录，公安机关出具的捡拾弃婴、儿童报案的证明，或者孤儿的生父母死亡或者宣告死亡的证明。

监护人为送养人的，并应当提交实际承担监护责任的证明，孤儿的父母死亡或者宣告死亡的证明，或者被收养人生父母无完全民事行为能力并对被收养人有严重危害的证明。

生父母为送养人，有特殊困难无力抚养子女的，还应当提交送养人有特殊困难的声明；因丧偶或者一方下落不明由单方送养的，还应当提交配偶死亡或者下落不明的证明。对送养人有特殊困难的声明，登记机关可以进行调查核实；子女由三代以内同辈旁系血亲收养的，还应当提交公安机关出具的或者经过公证的与收养人有亲属关系的证明。

被收养人是残疾儿童的，并应当提交县级以上医疗机构出具的该儿童的残疾证明。

第八条 收养登记机关收到收养登记申请书及有关材料后，应当自次日起30日内进行审查。对符合民法典规定条件的，为当事人办理收养登记，发给收养登记证，收养关系自登记之日起成立；对不符合民法典规定条件的，不予登记，并对当事人说明理由。

收养查找不到生父母的弃婴、儿童的，收养登记机关应当在登记前公告查找其生父母；自公告之日起满60日，弃婴、儿童的生父母或者其他监护人未认领的，视为查找不到生父母的弃婴、儿童。公告期间不计算在登记办理期限内。

第九条 收养关系成立后，需要为被收养人办理户口登记或者迁移手续的，由收养人持收养登记证到户口登记机关按照国家有关规定办理。

第十条 收养关系当事人协议解除收养关系的，应当持居民户口簿、居民身份证、收养登记证和解除收养关系的书面协议，共同到被收养人常住户口所在地的收养登记机关办理解除收养关系登记。

第十一条 收养登记机关收到解除收养关系登记申请书及有关材料后，应当自次日起30日内进行审查；对符合民法典规定的，为当事人办理解除收养关系的登记，收回收养登记证，发给解除收养关系证明。

第十二条 为收养关系当事人出具证明材料的组织，应当如实出具有关证明材料。出具虚假证明材料的，由收养登记机关没收虚假证明材料，并建议有关组织对直接责任人员给予批评教育，或者依法给予行政处分、纪律处分。

第十三条 收养关系当事人弄虚作假骗取收养登记的，收养关系无效，由收养登记机关撤销登记，收缴收养登记证。

第十四条 本办法规定的收养登记证、解除收养关系证明的式样，由国务院民政部门制订。

第十五条 华侨以及居住在香港、澳门、台湾地区的中国公民在内地收养子女的，申请办理收养登记的管辖以及所需要出具的证件和证明材料，按照国务院民政部门的有关规定执行。

第十六条 本办法自发布之日起施行。

最高人民法院

关于审理涉彩礼纠纷案件适用法律若干问题的规定

法释〔2024〕1 号

（2023 年 11 月 13 日最高人民法院审判委员会第 1905 次会议通过
2024 年 1 月 17 日最高人民法院公告公布
自 2024 年 2 月 1 日起施行）

为正确审理涉彩礼纠纷案件，根据《中华人民共和国民法典》、《中华人民共和国民事诉讼法》等法律规定，结合审判实践，制定本规定。

第一条 以婚姻为目的依据习俗给付彩礼后，因要求返还产生的纠纷，适用本规定。

第二条 禁止借婚姻索取财物。一方以彩礼为名借婚姻索取财物，另一方要求返还的，人民法院应予支持。

第三条 人民法院在审理涉彩礼纠纷案件中，可以根据一方给付财物的目的，综合考虑双方当地习俗、给付的时间和方式、财物价值、给付人及接收人等事实，认定彩礼范围。

下列情形给付的财物，不属于彩礼：

（一）一方在节日、生日等有特殊纪念意义时点给付的价值不大的礼物、礼金；

（二）一方为表达或者增进感情的日常消费性支出；

（三）其他价值不大的财物。

第四条 婚约财产纠纷中，婚约一方及其实际给付彩礼的父母可以作为共同原告；婚约另一方及其实际接收彩礼的父母可以作为共同被告。

离婚纠纷中，一方提出返还彩礼诉讼请求的，当事人仍为夫妻双方。

第五条 双方已办理结婚登记且共同生活，离婚时一方请求返还按照习俗给付的彩礼的，人民法院一般不予支持。但是，如果共同生活时间较短且彩礼数额过高的，人民法院可以根据彩礼实际使用及嫁妆情况，综合考虑彩礼数额、共同生活及孕育情况、双方过错等事实，结合当地习俗，确定是否返还以及返还的具体比例。

人民法院认定彩礼数额是否过高，应当综合考虑彩礼给付方所在地居民人均可支配收入、给付方家庭经济情况以及当地习俗等因素。

第六条 双方未办理结婚登记但已共同生活，一方请求返还按照习俗给付的彩礼的，人民法院应当根据彩礼实际使用及嫁妆情况，综合考虑共同生活及孕育情况、双方过错等事实，结合当地习俗，确定是否返还以及返还的具体比例。

第七条 本规定自 2024 年 2 月 1 日起施行。

本规定施行后，人民法院尚未审结的一审、二审案件适用本规定。本规定施行前已经终审、施行后当事人申请再审或者按照审判监督程序决定再审的案件，不适用本规定。

解读《最高人民法院关于审理涉彩礼纠纷案件适用法律若干问题的规定》

陈宜芳　吴景丽　王　丹*

移风易俗是社会文明进步的重要标志。党的十八大以来，以习近平同志为核心的党中央高度重视社会主义精神文明建设。习近平总书记深刻指出："家庭是社会的基本细胞，是人生的第一所学校。"① 不论时代发生多大变化、不论生活格局发生多大变化，我们都要重视家庭建设，注重家庭、注重家教、注重家风。最高人民法院一直高度重视婚姻家庭领域矛盾纠纷化解，为深入贯彻落实习近平总书记关于注重家庭家教家风建设的重要论述精神，贯彻落实民法典关于"树立优良家风，弘扬家庭美德，重视家庭文明建设"和"禁止借婚姻索取财物"的规定，最高人民法院制定了《最高人民法院关于审理涉彩礼纠纷案件适用法律若干问题的规定》（以下简称《规定》）。现就其制定背景和相关重要问题介绍如下。

一、《规定》制定的背景

近年来，"高额彩礼"问题受到公众普遍关切，成为社会的一大痛点。尤其是在一些农村偏远地区，这一问题更为突出，彩礼数额持续走

* 作者单位：最高人民法院民事审判第一庭。

① 中共中央党史和文献研究院编：《习近平关于社会主义精神文明建设论述摘编》，中央文献出版社2022年版，第196页。

高，攀比之风蔓延。这不仅背离了彩礼的初衷，使彩礼给付方家庭背上沉重的经济负担，也给婚姻稳定埋下隐患，不利于社会文明新风尚的弘扬。党的二十大报告提出，要提高全社会文明程度。2021年以来，“中央一号文件”连续4年对治理高额彩礼、移风易俗提出工作要求。遏制高价彩礼陋习、培育文明乡风成为社会的共同期盼。从司法实践反映的情况看，涉彩礼纠纷案件数量近年来呈上升趋势，高额彩礼与婚龄偏短问题交织，使得矛盾冲突更为激烈，甚至出现因彩礼返还问题引发的恶性刑事案件。为贯彻落实党的二十大精神和“中央一号文件”的要求，回应人民关切，最高人民法院全面总结近年来司法实践经验，经过充分调研、反复论证、广泛征求意见，制定了《规定》，并征求了全国人大常委会法工委、最高人民检察院、公安部、司法部、民政部、全国妇联、国务院妇女儿童工作委员会以及各高级人民法院的意见，同时，向社会公开征求意见。《规定》已由最高人民法院审判委员会第1905次会议审议通过，自2024年2月1日起施行。

二、《规定》制定的原则

（一）合法性原则

坚持在现有法律制度框架内，遵循法律规定本意，明确审判实践中的具体裁判规则。民法典没有明确规定彩礼问题，根据其第十条规定，法律没有规定的，可以适用习惯，但是不得违背公序良俗。《规定》即将习惯作为彩礼纠纷的法源依据。

（二）问题导向原则

《规定》旗帜鲜明地弘扬社会主义核心价值观，强调禁止借婚姻索取财物，明确以彩礼为名借婚姻索取的财物，当事人可以请求返还。针对彩礼纠纷，紧贴审判工作实践中的热点与难点问题，不务虚，不贪大求全，切实为审判实践提供裁判依据。《规定》主要针对近年来涉彩礼返还纠纷中的彩礼范围界定、返还条件和比例、双方父母是否可以作为当事人等亟须统一相关裁判标准的问题予以规范。同时，注重与原有司法解释规定在逻辑上协调一致。

（三）注重平等保护原则

《规定》一方面切实保护妇女合法权益，明确对于虽未办理结婚登记但已经共同生活的，考虑到对妇女自身的影响，返还时应酌减一定数额（对于生活时间较长的，也可以不予返还）；另一方面也注重平衡保护彩礼给付方合法权益，规定共同生活时间较短且彩礼数额过高的，可以综合考虑彩礼数额、共同生活及孕育情况、双方过错等事实，在双方离婚时予以适当返还。

三、《规定》中的几个主要问题

《规定》共7条，主要解决彩礼范围、彩礼与恋爱期间一般赠与区别、彩礼返还主体、彩礼返还条件等问题，与《最高人民法院关于适用〈中华人民共和国民法典〉婚姻家庭编的解释（一）》［以下简称《解释（一）》］结合，形成逻辑完整的彩礼纠纷法律适用规则。

（一）强调禁止借婚姻索取财物

民法典第一千零四十二条第一款规定，禁止借婚姻索取财物。借婚姻索取财物违反了婚姻自由原则，应当坚决予以打击。《规定》第二条明确，以彩礼为名借婚姻索取财物，另一方要求返还的，人民法院应予支持。本条向社会征求意见过程中，有意见提出，应当以是否有结婚意愿为标准，明确规定借婚姻索取财物的具体情形。还有的意见提出，彩礼就是借婚姻索取财物，应当一律禁止。

我们经研究认为，彩礼是中国婚嫁领域的传统习俗，为广大群众普遍接受，适当数额的彩礼是双方表情达意的重要载体，蕴含着对婚姻的美好祝福，也有的将彩礼作为新家庭的启动资金，是家庭财物传承的重要途径。对于民间习俗，法律不能一律予以禁止，而且，这从实际操作上也是不现实的。

当然，习俗要受到公序良俗原则的检视，以彩礼为名借婚姻索取财物的，可以以违反公序良俗为由认定合同无效，给付方有权要求返还。但是，借婚姻索取财物更侧重主观状态，实践中，很难区分给付彩礼行为是主动自愿还是被索取。给付彩礼最终的目的是维持长期共同生活的婚姻，在当事人目的不达到时，也可能反过来影响其主观状态。

一般来讲，以彩礼为名借婚姻索取财物较多的一方，有的本身就没有结婚的意愿，有的可能有结婚的意愿，只是借机索取财物，因此，既不能以事后结果评判行为时的主观状态，也不宜以接收彩礼一方是否有意愿结婚作为区分标准。因为在有的情况下即使当事人有结婚意愿，也可能存在借机索取财物的情况，且结婚意愿作为主观因素在诉讼中亦需要客观事实证明，实践中当事人很难举证证明。

有意见提出，收受彩礼后携款潜逃或者短期内多次以缔结婚姻为名收取高额彩礼后无正当理由悔婚的，应认定为借婚姻索取财物，我们认为该意见有一定道理，上述两种情形具有一定的典型性，如果有证据证明存在上述情形，一方根据《规定》第二条的规定，请求对方返还的，人民法院应予支持。

就借婚姻索取财物问题，最高人民法院于1993年印发的《最高人民法院关于人民法院审理离婚案件处理财产分割问题的若干具体意见》（以下简称《意见》，已失效）第19条规定：“借婚姻关系索取的财物，离婚时，如结婚时间不长，或者因索要财物造成对方生活困难的，可酌情返还。对取得财物的性质是索取还是赠与难以认定的，可按赠与处理。”《意见》将结婚时间长短、给付一方的生活状况作为考量因素，《规定》第五条与上述《意见》的精神是一致的。

因此，在难以认定是否系借婚姻索取财物的情况下，可以依据《规定》第五条的规定，在综合考虑彩礼数额、共同生活及孕育情况以及是否办理结婚登记等因素的情况下，酌情确定返还比例，这样也能够依法平衡保护双方合法权益。考虑到实践情况较为复杂，需要继续探索总结经验，《规定》对此未予以明确规定。

（二）明确彩礼与恋爱期间一般赠与的区别

司法实践中，对男女双方婚恋过程中一方给予另一方的财物是彩礼还是一般赠与，存在认定难问题。

民法典未对彩礼作出明确界定。根据民法典第十条规定，处理民事纠纷，应当依照法律；法律没有规定的，可以适用习惯，但是不得违背公序良俗。彩礼是我国民间的一种习惯称呼，也称为聘礼等，来源于我国古代婚姻制度中的“六礼”。既然法律没有明确规定彩礼，对涉彩礼纠纷案件审理的主要法源是习惯，那么在确定彩礼范围时，就要以当地群众普遍认可的彩礼内容为基础。

具体来说，彩礼与恋爱期间一般赠与存在以下区别：（1）发生阶段不同。恋爱期间的赠与发生在恋爱阶段，有些尚未谈及结婚。而彩礼发生在谈婚论嫁的特殊阶段，通常已经有较为明确的婚期。（2）发生的原因不同。彩礼与恋爱期间的一般赠与相比，虽然当事人的目的和动机相似，但是彩礼的给付一般是基于当地风俗习惯，直接目的是缔结婚姻关系，有其相对特定的外延范围。而恋爱期间的赠与多是为了联络关系、增进感情，由一方自愿、无偿给予对方。

为此，《规定》明确，在认定某一项给付是否属于彩礼时，可以根据一方给付财物的目的，综合考虑双方当地习俗、给付的时间和方式、财物价值、给付人及收受人等事实认定。《规定》在起草过程中曾经将“一方给付财物的目的”与其他因素并列规定，后考虑该因素是主观因素，其他为客观因素，应予以区分，而且该因素也与《规定》第一条规定的彩礼给付目的性特征相一致，故将“根据一方给付财物的目的”提前。对于其他客观因素，要综合予以考量，比如，可以考察当地是否有给付彩礼的习俗、彩礼是否是以结婚为目的给付、彩礼给付的时间是否是在双方谈婚论嫁阶段、彩礼给付是否有双方父母参与以及给付财物价值大小等事实，在此基础上予以综合判断。

《规定》同时以反向排除的方式明确了几类不属于彩礼的财物，包括：一方在对方节日或者生日等有特殊纪念意义时点给付对方价值不大的财物、一方为表达或者增进感情的日常消费性支出等。此类财物或支出金额较小，主要是为了增进感情的需要，在婚约解除或离婚时，可以不予返还。但是，如果是大额赠与，虽然不属于按照习俗给付的彩礼范围，亦应当考虑赠与的特定目的，参照《规定》理念处理。

（三）明确涉彩礼纠纷的诉讼主体

在彩礼返还纠纷中，程序上存在的主要争议是婚约双方的父母能否作为诉讼当事人。在中国的传统习俗中，儿女的婚姻一般由父母操办，接、送彩礼也大多有双方父母参与。

《规定》充分考虑上述习俗，区分为以下两种情况：

一是婚约财产纠纷。此类案件原则上以婚约双方当事人作为诉讼主体，但考虑到实践中，彩礼的给付方和接收方并非限于婚约当事人，双方父母也可能参与其中，为尊重习俗，同时也有利于查明彩礼数额、彩礼实际使用情况等案件事实，《规定》明确，婚约财产纠纷中，婚约一方及其实际给付彩礼的父母可以作为共同原告，婚约另一方及其实际接收彩礼的父母可以作为共同被告。

二是离婚纠纷。考虑到离婚纠纷的诉讼标的主要是解除婚姻关系，不宜将婚姻之外的其他人作为当事人，故《规定》明确，在离婚纠纷中一方提起返还彩礼诉讼请求的，当事人仍为夫妻双方。

在《规定》征求意见过程中，有意见提出，实践中，有的给付彩礼和接收彩礼的主体不仅包括父母还包括其他近亲属等，应当将上述人员一并纳入诉讼主体范畴。我们经研究认为，在婚约财产纠纷案件中，适当将诉讼主体由婚约当事人扩大到其父母，符合传统习俗，但如果扩大到其他亲属，将导致过多人牵涉诉讼，严重影响诉讼效率，也容易激化矛盾。对于有的婚约当事人父母早亡，由其他亲属抚养长大并在彩礼给付接收中代行父母职责的情况，我们在《规定》起草过程中已对此予以特别关注。但是，考虑到个案千差万别，亦无明确的法律或习俗概念界定该类人员，为保证司法解释准确清晰，《规定》未作扩大表述。实践中，如出现此种特殊情况，可以基于习俗，参照适用《规定》处理。

（四）完善彩礼返还规则

近年来，返还彩礼纠纷数量逐年递增，但法院审判面临无法律依据的困境。《最高人民法院关于适用〈中华人民共和国婚姻法〉若干问题的解释（二）》［以下简称《婚姻法解释（二）》］第十条第一款规定了彩礼返还问题。《解释（一）》沿袭了《婚姻法解释（二）》第十条的规定，未作修改。该条对彩礼返还规定的条件非常严格，仅在未办理结婚登记（司法实践还要求且未共同生活）、办理结婚登记但确未共同生活或者彩礼给付导致给付人生活困难情况下才支持返还的请求。

但是，近些年来，给付了彩礼的男女双方大部分已经办理结婚登记并已共同生活，实践中对导致给付人生活困难掌握的标准又非常严格，使得大多数案件均无法适用上述司法解释规定。对于虽办理结婚登记，但同居生活时间较短，彩礼数额较大，男方无明显过错的情形下，女方提出离婚，是否能根据具体情况，按比例适当返还彩礼，无明确具体的法律依据，这成为审判实践中的难点。我们经研究认为，彩礼问题不仅是法律问题，更是社会问题，要本着实事求是的原则处理，最大限度实现法律效果、社会效果和政治效果的有机统一。此类纠纷如果处理不好，不仅会导致双方利益明显失衡，严重影响社会和谐稳定，甚至可能对乡村振兴等国家重大战略部署产生一定影响。因此，有必要明确特定情形下彩礼的返还条件和比例。

办理结婚登记和共同生活是婚姻的重要内容。结婚登记是婚姻有效成立的法定形式要件，共同生活是婚姻的本质特征，两者都具有重要意义。从逻辑上讲，婚姻的这两个重要方面通过不同形式组合，可能出现以下四种情况：未办理结婚登记且未共同生活；未办理结婚登记但已共同生活；已办理结婚登记但未共同生活；已办理结婚登记且已经共同生活。《解释（一）》第五条沿袭了《婚姻法解释（二）》第十条的规定，其第一款第一项和第二项包括了三种情况，即未办理结婚登记的两种情况和已办理结婚登记但未共同生活的情况。但是，2011 年，最高人民法院曾以《全国民事审判工作会议纪要》（以下简称《纪要》）的形式对此进行明确，《婚姻法解释（二）》第十条第一款第一项中“双方未办理结婚登记手续”，并非针对双方已共同生活的情形；如果未婚男女双方确已共同生活但最终未能办理结婚登记手续，给付彩礼方请求返还彩礼，人民法院可以根据双方共同生活的时间、彩礼数额并结合当地风俗习惯等因素，确定是否返还及具体返还的数额。故此，《解释（一）》规定明确的只有两种情形，未规范已经共同生活的情形(包括未办理结婚登记和已办理结婚登记情况)。

基于此，《规定》在《解释（一）》的基础上扩展了另外两种情况：一是已经结婚并共同生活；二是未办理结婚登记但已经共同生活。《规定》基于彩礼的目的性特征，充分考虑婚姻的丰富内涵，既落实结婚登记的法定要求，同时也关注共同生活的实质内容。

关于第一种情况。一般认为，彩礼给付既然以婚姻为最终目的，那么，在双方已经结婚的情况下，目的已经实现，原则上不应再予以返还。但是，婚姻毕竟是男女两性以永久共同生活为目的，给付彩礼的目的除了办理结婚登记这一法定形式要件外，更重要的是双方长期共同生活。因此，共同生活时间长短应当作为确定彩礼是否返还以及返还比例的重要考量因素。如果婚姻生活时间较短，则永久共同生活的目的并没有全部达成，部分返还亦有其合理性。这也与《规定》第一条的表述呼应。《规定》第一条原为“以缔结婚姻为目的”，后改为“以婚姻为目的”。主要是考虑，缔结婚姻更多地被理解为一个即时行为，而彩礼的目的不仅仅是办理结婚登记，更多的是长久共同生活。实际上，这也是《规定》制定的基础，即彩礼的目的不仅是办理结婚登记一个行为，长久共同生活才是婚姻的本质特征。此外，考虑到目前我国尤其是农村社会高额彩礼引起的一系列社会问题，通过司法手段予以规制亦有其必要性。当然，在已经结婚并共同生活的情形下，司法规制的应是高额彩礼而非一般按照习俗给付的彩礼。因此，《规定》第五条明确，双方已办理结婚登记且共同生活，离婚时一方请求返还按照习俗给付的彩礼的，人民法院一般不予支持。但是，共同生活时间较短且彩礼数额过高的，人民法院可以根据彩礼实际使用及嫁妆情况，综合考虑彩礼数额、共同生活及孕育情况、双方过错等事实，结合当地习俗，确定是否返还以及返还的具体比例。该条明确了在已经结婚并共同生活的情况下，司法调整的是婚龄较短且彩礼数额过高的情况。关于如何认定彩礼数额过高，《规定》没有给出具体的数额标准，主要考虑是彩礼作为习俗，本就千差万别，中国地域辽阔，各地经济发展水平差异也较大，即使在同一地区，不同家庭经济条件也可能差别较大，因此，对高额彩礼确定一个统一的标准是不现实的，反而可能因机械司法损害当事人合法权益。对此，必须通过法官行使适当自由裁量权的方式解决，参考彩礼给付方所在地居民人均可支配收入、给付方家庭经济情况以及当地习俗等事实，由法官在个案中对是否属于高额彩礼作出具体认定。彩礼是一方以结婚为目的给付另一方的财物，因此，在已经结婚且共同生活的情况下，返还彩礼应当以离婚为条件，故本条表述为“离婚纠纷中”。

关于第二种情况。从近些年司法实践反映的情况看，部分地区存在因一方未达法定婚龄等原因，双方未办理结婚登记手续，只是按照当地习俗举办了婚礼即开始共同生活，此种情况下虽无婚姻之法定要件，但已有婚姻之实，如果按照原有司法解释规定一律判决返还彩礼，对接受彩礼一方是不公平的。《规定》在《纪要》基础上进一步完善，对此种情况进行了规范。基本逻辑思路是：该种情况与已经办理结婚登记手续的毕竟有所不同，结婚登记是婚姻有效成立的法定要件，法律目前已经不承认事实婚姻，因此，在双方未办理结婚登记的情况下，彩礼原则上应当返还。但亦不应当忽略共同生活的“夫妻之实”。该共同生活的事实不仅承载着给付彩礼一方的重要目的，也会对接受彩礼一方的女性身心健康产生一定程度的影响，尤其是女性如果有过妊娠经历或生育子女等情况。如果仅因未办理结婚登记而要求接受彩礼一方全部返还，有违公平原则，也不利于保护妇女合法权益，应当根据彩礼实际使用及嫁妆情况，综合考虑共同生活及孕育情况、双方过错等事实，予以酌减。共同生活时间较长，且已经共同孕育子女的，甚至可以不予返还。可见，虽然两种情况考量的因素大体一致，但与已经办理结婚登记原则上不应返还，特定情况下部分返还的思路是不一样的，故分两条规定。同时，这样规定也能与《解释（一）》第五条在逻辑上一致。

此外，需要说明以下两点：

第一，有意见提出，能否规定明确具体的返还标准，比如，共同生活几年返还多少比例，几年以上即可以不用返还。我们经研究认为，现实生活的丰富性和复杂性决定了相关纠纷不能采用“一刀切”的规则处理，尤其是在婚姻家庭领域，所谓“不幸的家庭各有各的不幸”。《规定》通过总结审判实践经验，归纳了几个需要考量的因素，包括共同生活情况、孕育情况、双方过错等，考虑各种因素的不同组合可能产生不同的结果，故难以规定统一的返还比例。实践中，由法官根据个案事实综合判断，更符合案件实际情况。

第二，《规定》第五条和第六条在表述上均将“彩礼实际使用情况”提前单列，主要是考虑其他因素是酌情判断是否返还以及返还比例的考量因素，而“彩礼实际使用情况”是在查明事实基础上需要扣减的事项，比如，不管是已经办理结婚登记还是未办理结婚登记的情况，有证据证明彩礼已经被用于举办婚礼、置办酒席或者已在双方共同生活中消费的，可以在返还时扣减相应数额。这符合不当得利规则的法律后果，即返还剩余部分以及扣除对方受益部分。

（五）健全嫁妆处理规则

嫁妆与彩礼同为中国传统婚嫁习俗的重要组成部分，《诗经》中“以尔车来，以我贿迁”即是有关嫁妆的记载。民间习俗送嫁妆的目的一方面是展现女方家的经济实力，另一方面也是为女方争取在夫家的地位。嫁妆多少依据女方家的实力地位而定。明清以前，嫁妆一般属于女方私有财产，女方有相对独立的处分权。如果因为各种原因女方离开夫家，一般也允许其自行带走。例如，张家山汉简《二年律令·置后律》记载：“女子为户毋后而出嫁者，令夫以妻田宅盈其田宅。宅不比，弗得。其弃妻，及夫死，妻得复取以为户。弃妻，畀之其财。”可见，汉朝就规定了女方对嫁妆的私有权利。《睡虎地秦简》中也有关于嫁妆归属权的记载，当时有犯人违法犯罪需要赔款，有人询问是否可以使用其妻子的嫁妆，官方回复不可以，这说明嫁妆并不会被算入夫家财产，这让嫁妆成为女性生活的依靠。当然，明清之后，女性对嫁妆的控制权逐步减弱。新中国成立后，同彩礼一样，现行法律没有明确规定嫁妆问题，嫁妆归属仍受习俗调整。作为与彩礼相伴相生的婚嫁习俗，嫁妆仍广泛存在，但表现形式也存在差别，有的是女方收到彩礼后，将其中一部分作为嫁妆返还用于新家庭，有的地方嫁妆数额甚至高于彩礼数额。

因此，在处理彩礼返还问题时，需要考虑嫁妆情况，如果有一部分彩礼已通过嫁妆的形式返回到新的家庭中，并已经转化为夫妻共同财产，则在离婚时可在分割夫妻共同财产时一并处理。如果是女方家在彩礼外额外陪送的嫁妆，则对于尚存的部分，应当予以返还。对于已经共同消费的部分或者已经添附到男方财产上的嫁妆数额，可以在返还彩礼时予以扣减。为此，《规定》第五条和第六条均明确在彩礼返还时要考虑嫁妆情况。此外，传统上一般认为，离婚时，尚存的嫁妆应归女方，现实生活中亦对此争议不大，从审判实践情况看，仅就嫁妆返还产生的纠纷极少，故《规定》未就嫁妆返还问题再作单独规定，逻辑上可以参照《规定》处理。下一步，我们将继续总结审判实践经验，通过发布典型案例等方式加强监督指导。

（六）确立共同生活认定规则

《规定》未就具体的生活时间进行规定，实践中应当依据个案具体情况综合认定。比如，在2023年12月最高人民法院、民政部、全国妇联联合发布的四起涉彩礼纠纷典型案例之案例一中，双方共同生活1年多时间，彩礼数额较高，给付方不存在明显过错，女方存在终止妊娠情形，法院综合各种因素判决酌情返还30%的彩礼，较好地平衡了双方当事人的利益。

此外，有意见提出，将是否孕育作为彩礼返还的考量因素，对女性保护不利。最高人民法院一直高度重视对妇女权益的保护，在涉彩礼返还纠纷中亦不例外。正是考虑到了女性在妊娠、分娩、抚育子女等方面的付出，《规定》才明确应当将此作为酌情减少彩礼返还甚至不予返还的考量因素，如果不将其作为考量因素，是对女性付出的漠视，不利于保护妇女合法权益。比如，上述典型案例之案例二中，双方虽未办理结婚登记，但已按照当地习俗举办婚礼后共同生活，并生育子女，法院判决不予返还彩礼。

此外，我们根据反馈意见，对相关条文进行了文字修改，比如，将《规定》征求意见稿中第五条和第六条中的“孕育子女”修改为“孕育情况”，以涵盖终止妊娠等情形。再如，将《规定》征求意见稿中第五条和第六条中的“共同生活时间”修改为“共同生活情况”，以指引法官在考量共同生活事实时，不能简单计算时间长短，还需要综合考虑是否实际一起居住、未实际共同居住的原因等情形，这也恰恰说明简单规定共同生活时间并不符合实际情况。

（七）厘清双方过错认定思路

《规定》第五条和第六条均要求在彩礼返还时要考虑双方过错情况。从比较法的视角考察，基于婚约的赠与物返还是否需要解约人解约的原因无过失，各国做法不一。法国、瑞士民法采否定说。美国有些州依据传统理论认为，只有在双方同意解除婚约关系或者受赠人不正当解除婚约关系时，赠与人才有权要求返还赠与物；有些州则依据现代理论认为，以结婚为条件的赠与物在解除婚约时都应当返还，而不需要考虑是否有过错。主要理由是婚约的破裂没有真正过错的一方，在婚约期间，任何一方都有权利改变主意不与对方结婚，这实际上也是为了防止不幸福的婚姻发生，缔结婚约的目的之一就是给当事人以时间考验对方感情。现代离婚亦都普遍不采取过错原则，而是采取破裂原则。

对此，我们经研究认为，这里需要考察以下两个层次的问题：

一是婚约解除本身不需要考虑过错，任何一方均有权解除婚约，不能因为一方有过错而限制其解除婚约的权利，对于离婚亦是如此，我国民法典对离婚也是采取感情破裂原则，《解释（一）》第六十三条更是明确规定，人民法院审理离婚案件，符合民法典第一千零七十九条第三款规定“应当准予离婚”情形的，不应当因当事人有过错而判决不准离婚。

二是有过错的一方解除婚约的，是否有权要求返还赠与物。对此，我们经研究认为，如果基于婚约的赠与物返还需要解约人就解约的原因无过失，可能会不当限制当事人的解约自由，因此，原则上不应因一方过错而丧失赠与物返还请求权，但是，也不能完全无视双方过错情况，这也是诚信原则的应有之义。给付彩礼一方存在家庭暴力、与他人另行订立婚约或者结婚等严重过错的，彩礼接受方可以酌情减少返还比例；接受彩礼一方存在上述严重过错的，应当加大返还比例。但是，如果只是双方感情不和等原因，不宜认定一方有过错。

此外，鉴于《规定》对于彩礼返还比例、高额彩礼认定标准以及彩礼范围等方面，均仅是规定了参考因素，需要在个案中予以具体判断，因此，在适用《规定》过程中，还要注意参考人民法院案例库中已经发布的典型案例，实现法律适用标准的统一。

最高人民法院

关于办理人身安全保护令案件适用法律若干问题的规定

法释〔2022〕17号

（2022年6月7日最高人民法院审判委员会第1870次会议通过
2022年7月14日最高人民法院公告公布
自2022年8月1日起施行）

为正确办理人身安全保护令案件，及时保护家庭暴力受害人的合法权益，根据《中华人民共和国民法典》《中华人民共和国反家庭暴力法》《中华人民共和国民事诉讼法》等相关法律规定，结合审判实践，制定本规定。

第一条 当事人因遭受家庭暴力或者面临家庭暴力的现实危险，依照反家庭暴力法向人民法院申请人身安全保护令的，人民法院应当受理。

向人民法院申请人身安全保护令，不以提起离婚等民事诉讼为条件。

第二条 当事人因年老、残疾、重病等原因无法申请人身安全保护令，其近亲属、公安机关、民政部门、妇女联合会、居民委员会、村民委员会、残疾人联合会、依法设立的老年人组织、救助管理机构等，根据当事人意愿，依照反家庭暴力法第二十三条规定代为申请的，人民法院应当依法受理。

第三条 家庭成员之间以冻饿或者经常性侮辱、诽谤、威胁、跟踪、骚扰等方式实施的身体或者精神侵害行为，应当认定为反家庭暴力法第二条规定的“家庭暴力”。

第四条 反家庭暴力法第三十七条规定的“家庭成员以外共同生活的人”一般包括共同生活的儿媳、女婿、公婆、岳父母以及其他有监护、扶养、寄养等关系的人。

第五条 当事人及其代理人对因客观原因不能自行收集的证据，申请人民法院调查收集，符合《最高人民法院关于适用〈中华人民共和国民事诉讼法〉的解释》第九十四条第一款规定情形的，人民法院应当调查收集。

人民法院经审查，认为办理案件需要的证据符合《最高人民法院关于适用〈中华人民共和国民事诉讼法〉的解释》第九十六条规定的，应当调查收集。

第六条 人身安全保护令案件中，人民法院根据相关证据，认为申请人遭受家庭暴力或者面临家庭暴力现实危险的事实存在较大可能性的，可以依法作出人身安全保护令。

前款所称“相关证据”包括：

（一）当事人的陈述；

（二）公安机关出具的家庭暴力告诫书、行政处罚决定书；

（三）公安机关的出警记录、讯问笔录、询问笔录、接警记录、报警回执等；

（四）被申请人曾出具的悔过书或者保证书等；

（五）记录家庭暴力发生或者解决过程等的视听资料；

（六）被申请人与申请人或者其近亲属之间的电话录音、短信、即时通讯信息、电子邮件等；

（七）医疗机构的诊疗记录；

（八）申请人或者被申请人所在单位、民政部门、居民委员会、村民委员会、妇女联合会、残疾人联合会、未成年人保护组织、依法设立的老年人组织、救助管理机构、反家暴社会公益机构等单位收到投诉、反映或者求助的记录；

（九）未成年子女提供的与其年龄、智力相适应的证言或者亲友、邻居等其他证人证言；

（十）伤情鉴定意见；

（十一）其他能够证明申请人遭受家庭暴力或者面临家庭暴力现实危险的证据。

第七条 人民法院可以通过在线诉讼平台、电话、短信、即时通讯工具、电子邮件等简便方式询问被申请人。被申请人未发表意见的，不影响人民法院依法作出人身安全保护令。

第八条 被申请人认可存在家庭暴力行为，但辩称申请人有过错的，不影响人民法院依法作出人身安全保护令。

第九条 离婚等案件中，当事人仅以人民法院曾作出人身安全保护令为由，主张存在家庭暴力事实的，人民法院应当根据《最高人民法院关于适用〈中华人民共和国民事诉讼法〉的解释》第一百零八条的规定，综合认定是否存在该事实。

第十条 反家庭暴力法第二十九条第四项规定的“保护申请人人

身安全的其他措施”可以包括下列措施：

（一）禁止被申请人以电话、短信、即时通讯工具、电子邮件等方式侮辱、诽谤、威胁申请人及其相关近亲属；

（二）禁止被申请人在申请人及其相关近亲属的住所、学校、工作单位等经常出入场所的一定范围内从事可能影响申请人及其相关近亲属正常生活、学习、工作的活动。

第十一条 离婚案件中，判决不准离婚或者调解和好后，被申请人违反人身安全保护令实施家庭暴力的，可以认定为民事诉讼法第一百二十七条第七项规定的“新情况、新理由”。

第十二条 被申请人违反人身安全保护令，符合《中华人民共和国刑法》第三百一十三条规定的，以拒不执行判决、裁定罪定罪处罚；同时构成其他犯罪的，依照刑法有关规定处理。

第十三条 本规定自2022年8月1日起施行。

解读《最高人民法院关于办理人身安全保护令案件适用法律若干问题的规定》

吴景丽　王　丹*

家庭是社会的基本细胞。家庭和谐稳定是国家发展、社会进步、民族繁荣的基石。党的十八大以来，以习近平同志为核心的党中央对家庭文明建设作出重要部署。习近平总书记深刻指出：“家庭和睦则社会安

* 作者单位：最高人民法院民事审判第一庭。

定，家庭幸福则社会祥和，家庭文明则社会文明。”① 为深入贯彻落实习近平总书记关于注重家庭家教家风建设的重要论述精神，贯彻落实民法典关于“树立优良家风，弘扬家庭美德，重视家庭文明建设”和“禁止家庭暴力”的规定，最高人民法院制定了《最高人民法院关于办理人身安全保护令案件适用法律若干问题的规定》（以下简称《规定》）。现就其制定背景和相关重要问题介绍如下。

一、《规定》制定的背景

2016年实施的反家庭暴力法表明了国家禁止任何形式家庭暴力的鲜明态度。其中，人身安全保护令是反家庭暴力法创设的重要制度，也是该法的核心内容。反家庭暴力法第二十三条规定，当事人因遭受家庭暴力或者面临家庭暴力的现实危险，向人民法院申请人身安全保护令的，人民法院应当受理。反家庭暴力法实施6年来，各级人民法院积极履职尽责，所作出的人身安全保护令数量逐年上升。据统计，截至2021年12月31日，全国人民法院共作出人身安全保护令10917份，有效预防和制止了家庭暴力的发生或者再次发生，依法保护了家庭暴力受害人的人身安全和人格尊严。但是，近年来，人身安全保护令在作出和执行等环节还存在一定问题，而且逐渐凸显。为此，2021年，最高人民法院就人身安全保护令制度实施问题开展专题调研，主要开展了以下四项工作：一是对人身安全保护令典型案例进行逐个分析，了解家庭暴力的集中发生领域，总结经验；二是在全国范围内进行书面调研；三是对各地有关人身安全保护令的司法文件进行全面、系统的梳理和比较，归纳共性规则；四是邀请全国妇联、中国女法官协会共同开展实地调研。调研中尤其听取了妇联、公安、民政等相关部门意见。在广泛充分调研基础上，2022年3月，最高人民法院会同公安部、全国妇联等六

① 习近平：《在会见第一届全国文明家庭代表时的讲话》，载《人民日报》2016年12月16日第2版。

部委共同发布了《关于加强人身安全保护令制度贯彻实施的意见》，对家庭暴力的发现机制、证据收集机制以及执行联动机制等作了进一步细化和完善。为统一法律适用标准，明晰裁判规则，最高人民法院制定了《规定》，经征求全国人大常委会法工委、最高人民检察院、公安部、司法部、民政部、全国妇联、国务院妇儿工委以及各高级人民法院的意见后，由最高人民法院审判委员会第1870次会议通过，于2022年8月1日起施行。

二、《规定》制定的原则

（一）合法性原则

坚持在现有法律制度框架内，遵循法律规定本意，确定审判实践中的具体法律适用问题。尽管司法实践中关于扩大人身安全保护令适用范围的呼声很高，但为不突破现有的法律框架，依然未将前夫、前妻或者解除同居关系的人员纳入人身安全保护令的适用范围。

（二）注重保护家暴受害人原则

从调研了解的情况看，目前，人身安全保护令制度实施过程中的一个瓶颈问题是证明标准不明确，签发率偏低。《规定》不仅列举了各种证据形式，给予家庭暴力受害人以明确的举证指引，同时，明确了申请人身安全保护令的证明标准为“较大可能性”，而不是“高度可能性”，从而依法减轻家庭暴力受害人的举证负担。

（三）可操作性原则

《规定》以问题为导向，紧贴审判实践中的热点、难点问题，不务虚，不贪大求全，切实为审判实践提供裁判依据。对于争议比较大而司法实践中又较少出现的问题未作规定。

三、《规定》中的几个主要问题

《规定》共13条，以体现人身安全保护令的预防功能为出发点，着力扫清该类案件在受理和作出程序中的各种障碍，突出对家庭暴力受害人权益保护的时效性，明确规则。主要包括以下几个方面的问题。

（一）关于人身安全保护令案件的程序独立性问题

《规定》第一条第二款规定："向人民法院申请人身安全保护令，不以提起离婚等民事诉讼为条件。"通过该规定，明确了向人民法院申请人身安全保护令不需要在先提起离婚诉讼或者其他诉讼，也不需要在申请人身安全保护令后一定期限内提起离婚等诉讼。这主要是考虑人身安全保护令的制度目的是预防和制止家庭暴力，而与是否离婚无关。实践中，不少受害人也只是单纯希望制止家庭暴力行为，并不想解除婚姻关系。

此外，人身安全保护令与诉讼保全也不同，不以后续提起离婚等诉讼为必要。从程序法的角度看，人身安全保护令的申请、审查、执行等均具有高度的独立性，完全可以不依托于家事诉讼而独立存在。这符合人身安全保护令快速、及时制止家庭暴力的基本特征和制度目的。2016年公布的《最高人民法院关于人身安全保护令案件相关程序问题的批复》确定人身安全保护令案件比照民事诉讼法上的特别程序审理，强调了该类案件办理程序的简捷性和经济性，实际上也暗含了人身安全保护令无须依附于其他民事诉讼程序的独立性。

《规定》第一条进一步确认了人身安全保护令案件的独立性，明确人身安全保护令案件不依附于离婚等民事诉讼程序。

（二）家庭暴力的行为种类

反家庭暴力法第二条规定："本法所称家庭暴力，是指家庭成员之间以殴打、捆绑、残害、限制人身自由以及经常性谩骂、恐吓等方式实施的身体、精神等侵害行为。”该条列举了家庭暴力的常见形式，但实践中，除了上述列举的形式外，还存在其他可以归为家庭暴力范畴的行为，需要明确。

《规定》第三条对家庭暴力行为种类作了列举式扩充，明确冻饿以及经常性侮辱、诽谤、威胁、跟踪、骚扰等均属于家庭暴力，从而进一步明晰了人身安全保护令的适用范围，保障家庭成员免受各种形式家庭暴力的侵害。

需要特别说明的是，从现有理论研究成果和国外立法例看，将性暴力和经济控制纳入家庭暴力范畴并无大的争议。《规定》没有明确列举该两种情形，主要考虑是：第一，对于性暴力，一方面，可能涉及目前争议较大的婚内强奸问题；另一方面，基于该类行为发生的时空领域的特殊性，证据收集、留存困难，导致事实认定上也存在一定难度，需要审判实践进一步总结经验；第二，对于经济控制，反家庭暴力法对家庭暴力的界定，主要是以身体和精神暴力为主。从司法实践看，因经济控制原因提出人身安全保护令的案件数量较小，目前的样本数量无法为制定规则提供实践支撑。司法实践中，对于上述两种形式，各地法院可以根据案件实际情况进行探索，积累实践经验，待条件成熟的时候再作进一步明确。

（三）关于代为申请的问题

反家庭暴力法第二十三条第二款规定：“当事人是无民事行为能力人、限制民事行为能力人，或者因受到强制、威吓等原因无法申请人身安全保护令的，其近亲属、公安机关、妇女联合会、居民委员会、村民委员会、救助管理机构可以代为申请。”实践中，除了受到强制、威吓外，还存在因年老、残疾、重病等原因致使受害人不敢或者不能亲自申请的情况。为最大限度保障该类特殊困难群体能够依法及时获得人身安全保护令制度的救济，《规定》第二条在反家庭暴力法基础上进行了适当扩充，将年老、残疾、重病等情况纳入代为申请情形。

但考虑到该类人员生活保障仍需要以家庭为基础，而且，其并非因民事行为能力欠缺而导致意思表示受限，仅仅是因身体状况等现实原因，是否申请人身安全保护令也需要充分尊重其自身意愿，因此，《规定》在扩大代为申请情形时增加了一个限制条件，即“根据其意愿”。

同时，对于代为申请的主体，《规定》结合审判实践，在征求有关部门意见的基础上，根据部门职责分工，增加了民政部门、残疾人联合会、依法设立的老年人组织等，以充分调动全社会力量，进一步织牢织密对该类人员的保护网，合力保障其人身健康和生命安全。本条在征求意见过程中，有部门建议增加学校、幼儿园、医疗机构以及未成年人保护机构、儿童福利机构作为代为申请的主体。

我们经研究认为，学校、幼儿园、医疗机构在工作过程中较容易发现家庭暴力，故法律已经赋予其强制报告的义务，代为申请人身安全保护令与其基本职责关系较远，且实践中不好操作，故未作出明确规定。未成年人属于无民事行为能力人或者限制民事行为能力人，考虑到反家庭暴力法对无民事行为能力人或者限制民事行为能力人代为申请的情形已经有明确规定，因此，司法解释没有重复规定。

在没有规定未成年人的情况下，《规定》相应地也没有增加未成年人保护机构和儿童福利机构作为代为申请的主体。实践中，如果家暴受害人是未成年人，未成年人保护机构或者儿童福利机构代为申请的，法院可以受理。

（四）关于证据形式及证明标准问题

反家庭暴力法第二十条规定：“人民法院审理涉及家庭暴力的案件，可以根据公安机关出警记录、告诫书、伤情鉴定意见等证据，认定家庭暴力事实。”但是，实践中，家庭暴力行为具有封闭性、隐秘性等特点。而且，与一般民事侵权案件不同，受害人往往处于弱势地位，不敢或缺乏收集证据的意识，未及时采取报警、验伤、拍照、住院治疗等方式固定、收集证据。有些家庭暴力发生时，当事人虽第一时间报警，但公安机关仅将其作为一般家事纠纷，只进行口头处理，不记录现场状况，不对加害人做询问笔录，甚至也不给受害人做询问笔录，未留存证据或者虽留存有证据但不允许当事人自己查看。

此外，经常性谩骂、恐吓等精神侵害行为更是难以留存证据，实践中往往只有当事人陈述。上述原因常导致家庭暴力受害人的申请因证据不足而被驳回，限制了人身安全保护令作用的发挥。法院还可以根据哪些证据作出人身安全保护令，是审判实践中亟待明确的问题。

我们经研究认为，根据民事诉讼法第六十六条①的规定，证据形式包括当事人的陈述、书证、物证、视听资料、电子数据、证人证言、鉴定意见、勘验笔录等。具体到申请人身安全保护令案件中的证据，根据家庭暴力发生特点，总结审判实践经验，《规定》细化列举了 10 种证据形式，比较常见的如当事人的陈述（包括申请人的陈述和被申请人的陈述）、被申请人曾出具的悔过书或者保证书、双方之间的电话录音、短信，医疗机构的诊疗记录，妇联组织等收到反映或者求助的记录，公安机关的出警记录、讯问笔录、询问笔录、接警记录、报警回执等。

这不仅能够明确指导审判实践，也为家庭暴力受害人留存、收集证据提供了清晰的行为指引。法院在审查申请人身安全保护令案件中，可以综合上述证据中的一种或者几种对家庭暴力事实进行认定。

人身安全保护令案件中，对家庭暴力事实的证明标准把握不准，是制约签发率的重要原因。当事人为证明自己的请求或者申请能够成立，应当提供相应的证据予以证明，这一点并无异议，问题是当事人提供的证据达到何种证明程度，法院即可作出人身安全保护令，实践中采用的标准并不一致。

---

① 现为 2023 年修正的民事诉讼法第六十六条。——编者注

不论大陆法系国家和地区，还是英美法系国家和地区，对于证明标准均作层次性的多元化区分，如德国，证明标准被确定为三级：第一级为原则性证明标准，要求法官对真相形成全面心证，达到很高的盖然性，适用于通常的实体事实的证明；第二级为降低的证明标准，要求达到令人相信的程度，相当于英美法系国家和地区盖然性占优的标准，适用于程序性事实的证明；第三级为提高的证明标准，要求达到显而易见的程度，适用于如显失公平的证明等特殊场合。人身安全保护令案件的证明标准，要根据人身安全保护令的性质、功能等作出合理认定。从内容上看，人身安全保护令可以包括禁止实施家庭暴力，禁止骚扰、跟踪、接触以及责令迁出居所等措施，主要是对被申请人行为的控制，类似于行为保全，因此，严格来说，人身安全保护令案件并不是独立的诉讼案件。从程序上看，根据反家庭暴力法第二十八条规定："人民法院受理申请后，应当在七十二小时内作出人身安全保护令或者驳回申请；情况紧急的，应当在二十四小时内作出。"可见，人身安全保护令的作用是快捷、高效地制止已经发生或者可能发生的家庭暴力行为，更多的是追求效率，而不是通过判断是非确定民事责任承担。

人身安全保护令不对申请人与被申请人的权利和义务作出终局性的判断，不对当事人的亲属关系、财产分配、子女监护权和探望权等人身财产关系作出终局决定，也不是对被申请人的惩罚措施。人身安全保护令的目的是制止正在发生的家庭暴力，给受害人提供一道"隔离墙"，故应当与民事案件实体事实的证明标准有所区分。

修正后的《最高人民法院关于民事诉讼证据的若干规定》第八十六条第二款对于降低证明标准的情形作了规定，降低证明标准的情形主要针对民事诉讼程序中的程序性事项，从保障当事人诉讼权利、推进诉讼程序出发，对于程序性事项降低证明标准，符合审判实际的需要。

参照上述规定精神，《规定》根据人身安全保护令非诉程序特点，明确签发人身安全保护令的证明标准是"较大可能性"，而不需要达到

“高度可能性”，从而减轻了当事人的举证负担，有助于充分发挥人身安全保护令的作用。

同时，《规定》还进一步重申了人民法院依职权调查取证的规定。这些规定完善了人身安全保护令案件的证据规则体系，进一步消除了家庭暴力受害人的举证困难，为保护家庭暴力受害人合法权益提供了更加坚强有力的制度支撑，从而保障人民群众更安全更有尊严地生活。

（五）人身安全保护令适用的人员范围

反家庭暴力法第三十七条规定：“家庭成员以外共同生活的人之间实施的暴力行为，参照本法规定执行。”民法典实施之前，对于家庭成员的范围，没有明确的法律规定。民法典实施后，其第一千零四十五条对家庭成员进行了界定。该条规定，亲属包括配偶、血亲和姻亲。配偶、父母、子女、兄弟姐妹、祖父母、外祖父母、孙子女、外孙子女为近亲属。配偶、父母、子女和其他共同生活的近亲属为家庭成员。也即，配偶、父母、子女以及共同生活的兄弟姐妹、祖父母、外祖父母、孙子女、外孙子女为家庭成员。

但是“家庭成员以外共同生活的人”都包括哪些，实践中存在一定的模糊认识。现实生活中比较常见的共同生活的人主要是儿媳、女婿、公婆、岳父母，也包括其他一些因监护、扶养、寄养等关系共同生活的人。这类人员与家庭成员一样，具有相似的生活紧密度和情感连接性，因为共同生活的事实，参照适用反家庭暴力法，争议不大，《规定》对此进行了明确。

需要特别说明的是，离婚后或恋爱、同居关系终止后的暴力行为，能否参照适用反家庭暴力法，对此实践中最具争议。该类情况在现实生活中并不鲜见，甚至由此产生极端恶性事件，引起舆论广泛关注。从调研了解的情况看，很多地方法院倾向于将该种暴力行为纳入参照适用范围，依当事人申请作出了人身安全保护令。

对此，我们也进行了深入研究。从反家庭暴力法的规定看，人身安全保护令适用的情形是家庭成员，家庭成员以外共同生活的人可以参照适用。而离婚后或恋爱、同居关系终止后的人员既不属于家庭成员，也未共同生活，因此，不适宜通过司法解释的方式将其纳入人身安全保护令的适用范围。目前，正在修改的妇女权益保障法征求意见稿规定，该类人员可以参照反家庭暴力法规定申请人身安全保护令。如果最终法律保留该条规定，则该类人员参照适用反家庭暴力法规定向法院申请人身安全保护令就有了明确的法律依据。在现行法律没有明确规定的情况下，该类人员之间发生的暴力行为可以通过民法典第九百九十七条规定的人格权禁令予以解决。民法典第九百九十七条规定，民事主体有证据证明行为人正在实施或者即将实施侵害其人格权的违法行为，不及时制止将使其合法权益受到难以弥补的损害的，有权依法向法院申请采取责令行为人停止有关行为的措施。

人身安全保护令是人格权行为禁令针对家庭暴力行为的具体化特殊化适用，是为有效保护受害人的生命权、身体权、健康权等人格权，由法院依法责令行为人停止家庭暴力侵害行为的一种命令制度。虽然从法律施行时间看，规定人身安全保护令的反家庭暴力法先于规定人格权行为禁令的民法典，但从两者内在逻辑关系看，人格权行为禁令与人身安全保护令属于一般与特殊的关系。人格权行为禁令是一般化普遍化适用于保护所有人格权主体免于所有人格权侵害的制度，具有适用主体、适用客体上的一般性，而原本规定在先的人身安全保护令反而成了人格权禁令的一种特殊适用程序。家庭暴力虽然广义上也属于人格权侵权范畴，但人身安全保护令属于特别法规定，在反家庭暴力法明确规定的人员范围内，应优先适用。但对于该范围以外人员之间实施的暴力行为，则应当适用民法典第九百九十七条的规定。

《规定》之所以没有就该部分人员申请人格权禁令作出指引性规定，主要考虑是，如果最终通过的妇女权益保障法能够保留征求意见稿的相关规定，则该类人员可以直接根据妇女权益保障法，参照适用反家庭暴力法规定，向法院申请人身安全保护令，而不需要再适用人格权禁令制度。

（六）被申请人辩称受害人有过错如何处理的问题

实践中，被申请人对自己实施的家庭暴力行为往往提出各种辩解，以对方“有错在先”为由为自己的行为寻找借口，借机通过暴力的方式控制对方，是比较常见的情形之一，甚至有些法官在决定是否作出人身安全保护令时也会考虑对方过错情况。

为纠正上述对家庭暴力的错误认识，着重体现对家庭暴力“零容忍”的态度和原则，《规定》第八条明确规定，被申请人认可存在家庭暴力行为，但辩称受害人有过错的，法院应当依法作出人身安全保护令。该条规定明确了这样一个观念，即任何理由都不是实施家庭暴力的借口。家庭暴力是违法行为，甚至有可能构成犯罪，要坚决予以制止和打击。那种认为家庭暴力情有可原的想法是完全错误的。实践中，受害人可能存在虐待老人或出轨等过错行为，但民法典等法律已对相应情形作出了规定，比如，根据民法典第一千零八十七条规定，离婚时夫妻共同财产分割在双方协议不成时要考虑照顾无过错方权益的原则。再比如，根据民法典第一千零九十一条规定，如果一方构成虐待、遗弃家庭成员或者存在与他人同居等重大过错的，要承担损害赔偿责任。

（七）人身安全保护令案件与离婚等案件中对家庭暴力事实认定的关系问题

据调研了解，很多基层法院法官之所以对签发人身安全保护令持谨慎态度，证据标准把握过严，一个很大的担心是，如果当事人将来提起离婚诉讼，并以法院曾作出人身安全保护令为由主张存在家庭暴力事实的，将给离婚案件审理造成被动。而在离婚案件中，一旦认定家庭暴力事实存在，就必须依法判决离婚和支持离婚损害赔偿的诉讼请求。

我们经研究认为，基层法院法官的担心有一定道理，尤其对于普通民众来讲，盖有法院印章的人身安全保护令是最好的家庭暴力证明。但该种观念在诉讼法意义上确实需要一定程度的澄清。尤其是，如果将两者捆绑，将使得法官签发人身安全保护令瞻前顾后，反倒限制了该制度作用的有效发挥，不能及时保护家庭暴力受害人。

为此，《规定》第九条从证明标准的角度对两者关系进行了澄清。主要思路是：人身安全保护令的目的在于制止正在发生或者可能发生的家庭暴力行为，要求便捷、快速，与诉讼中经过当事人举证质证程序采信证据认定事实，存在本质不同。根据《规定》第六条规定，人身安全保护令案件的证明标准是“较大可能性”，而非“高度可能性”，故同样是对家庭暴力事实的认定，由于人身安全保护令案件证明标准相较离婚案件中对涉及实体权利义务关系事实的证明标准低，如果只要作出人身安全保护令，就必须在离婚纠纷中认定家庭暴力事实，则实际上变相降低了实体权利义务关系的证明标准。

因此，仅以法院曾签发人身安全保护令为由，即在离婚案件中认定家庭暴力事实，这样的事实认定可能是不扎实的。根据反家庭暴力法规定，向法院申请人身安全保护令有两种情形：一种是面临家庭暴力的现实危险；一种是遭受了家庭暴力。如果系因面临家庭暴力现实危险作出的人身安全保护令，当然不能以人身安全保护令作为认定家庭暴力事实的证据。

实际上，《规定》第九条要规范的也并不主要是该种情形。该条主要解决的是，即便当事人以实际遭受家庭暴力为由申请人身安全保护令，但是，由于签发人身安全保护令的证明标准较低，仅为“较大可能性”即可，而不需要达到涉及实体权利义务事实的“高度可能性”证明标准。而且，在72小时甚至24小时内即必须签发，相关证据一般未经法定的举证质证程序，人身安全保护令裁定书中亦没有法院查明事实部分，故离婚纠纷中，对涉及实体权利义务内容的家庭暴力事实，还不能仅以曾签发人身安全保护令为由直接认定。

但是，签发人身安全保护令一般有一些基础证据，根据《规定》第六条规定，包括当事人陈述、被申请人曾出具的悔过书或者保证书、记录家庭暴力发生或者解决过程等的视听资料以及医疗机构的诊疗记录等。此种情况下，既要考虑法院曾作出人身安全保护令的事实，也要进一步对基础证据进行审查和质证，并根据《最高人民法院关于适用〈中华人民共和国民事诉讼法〉的解释》第一百零八条的规则对家庭暴力事实进行认定。人身安全保护令属于非诉程序，应当适用适当的职权干预和职权探知。审判实践中，考虑到家庭暴力受害人普遍举证能力比较弱，法院应当进行适当的释明，告知当事人补充提供有关证据。

（八）违反人身安全保护令构成拒不执行判决、裁定罪的问题

法院作出人身安全保护令后，被申请人理应严格遵守，不再实施家庭暴力。如果被申请人在保护期内仍然实施家庭暴力，则不仅是对家庭成员人格权的再次侵害，也是对司法权威的漠视，应当坚决依法惩治。根据反家庭暴力法第三十四条规定，被申请人违反人身安全保护令，构成犯罪的，依法追究刑事责任；尚不构成犯罪的，人民法院应当给予训诫，可以根据情节轻重处以 1000 元以下罚款或者 15 日以下拘留。

据调研了解，人身安全保护令制度实施中存在的主要问题之一是违反后受到的惩罚力度较弱，一般只能是训诫、1000 元以下罚款或者十五日以下拘留，对施暴方起不到足够的威慑作用。反家庭暴力法第三十四条虽然规定“构成犯罪的，依法追究刑事责任”，但实践中对于违反人身安全保护令的，能否构成拒不执行判决、裁定罪，存在不同认识，需要对构成何种犯罪进一步明确。

经研究，我们认为，违反人身安全保护令的，可以构成拒不执行判决、裁定罪，主要理由是以下几点。

第一，从适用对象看。根据刑法第三百一十三条规定，拒不执行判

决、裁定罪针对的是“对人民法院的判决、裁定有能力执行而拒不执行”的行为，人身安全保护令是法院依法作出的裁定，属于拒不执行判决、裁定罪的适用范畴。

第二，从体系解释的角度看。反家庭暴力法第三十三条和第三十四条均规定了刑事责任的承担问题，第三十三条规定了加害人实施家庭暴力，构成犯罪的，依法追究刑事责任，第三十四条规定了被申请人违反人身安全保护令，构成犯罪的，依法追究刑事责任。可见，第三十四条主要是对人身安全保护令本身的保障。当然，违反人身安全保护令的，一般情况下是再次实施了家庭暴力。如果通过实施家庭暴力的方式违反人身安全保护令，则可能同时构成虐待罪、故意伤害罪甚至故意杀人罪等，具体定罪量刑还要考虑犯罪竞合的问题。

第三，违反人身安全保护令本身情节严重的，可以按照拒不执行判决、裁定罪定罪处罚，这是反家庭暴力法第三十四条规定的立法初衷，不存在破坏刑法谦抑性问题。

第四，根据《最高人民法院关于审理拒不执行判决、裁定刑事案件适用法律若干问题的解释》第二条规定，违反人民法院限制高消费及有关消费令等拒不执行行为，经采取罚款或者拘留等强制措施后仍拒不执行的，可以拒不执行判决、裁定罪定罪量刑。第三条规定，申请执行人有证据证明同时具有下列情形，人民法院认为符合刑事诉讼法第二百零四条第三项规定的，以自诉案件立案审理：(1) 负有执行义务的人拒不执行判决、裁定，侵犯了申请执行人的人身、财产权利，应当依法追究刑事责任的；(2) 申请执行人曾经提出控告，而公安机关或者人民检察院对负有执行义务的人不予追究刑事责任的。被申请人违反人身安全保护令的，与上述情形相比，在行为特点上有相似之处，可以作一定程度的类比。

据此，《规定》明确，被申请人违反人身安全保护令，符合刑法第三百一十三条规定的，以拒不执行判决、裁定罪定罪处罚，从而将违反人身安全保护令行为本身纳入拒不执行判决、裁定罪适用范围，更有针对性地加大刑事打击力度，增强人身安全保护令的权威性，回应社会关切。

需要特别说明的是，该条只解决违反人身安全保护令本身能否构成拒不执行判决、裁定罪的问题，至于是否与其他犯罪构成竞合，需要根据案件具体情况确定。为避免产生歧义，《规定》第十条后半段规定，同时构成其他犯罪的，按照刑法有关规定处理。之所以作此笼统规定，主要考虑是《规定》并非刑事法律适用司法解释，具体的刑事裁判规则，比如，犯罪竞合等问题，在相关刑事司法解释中均有明确规定，故在条文表述上仅笼统性地作出转引性规定，未作具体规定。实践中，在构成犯罪竞合的情况下，应当依照处罚较重的规定定罪处罚。

（来源：《人民司法》2022 年第 22 期）

最高人民法院

关于内地与香港特别行政区法院相互认可和执行婚姻家庭民事案件判决的安排

法释〔2022〕4 号

（2017 年 5 月 22 日最高人民法院审判委员会第 1718 次会议通过
2022 年 2 月 14 日最高人民法院公告公布
自 2022 年 2 月 15 日起施行）

根据《中华人民共和国香港特别行政区基本法》第九十五条的规

定，最高人民法院与香港特别行政区政府经协商，现就婚姻家庭民事案件判决的认可和执行问题作出如下安排。

第一条 当事人向香港特别行政区法院申请认可和执行内地人民法院就婚姻家庭民事案件作出的生效判决，或者向内地人民法院申请认可和执行香港特别行政区法院就婚姻家庭民事案件作出的生效判决的，适用本安排。

当事人向香港特别行政区法院申请认可内地民政部门所发的离婚证，或者向内地人民法院申请认可依据《婚姻制度改革条例》（香港法例第178章）第V部、第VA部规定解除婚姻的协议书、备忘录的，参照适用本安排。

第二条 本安排所称生效判决：

（一）在内地，是指第二审判决，依法不准上诉或者超过法定期限没有上诉的第一审判决，以及依照审判监督程序作出的上述判决；

（二）在香港特别行政区，是指终审法院、高等法院上诉法庭及原讼法庭和区域法院作出的已经发生法律效力的判决，包括依据香港法律可以在生效后作出更改的命令。

前款所称判决，在内地包括判决、裁定、调解书，在香港特别行政区包括判决、命令、判令、讼费评定证明书、定额讼费证明书，但不包括双方依据其法律承认的其他国家和地区法院作出的判决。

第三条 本安排所称婚姻家庭民事案件：

（一）在内地是指：

1. 婚内夫妻财产分割纠纷案件；

2. 离婚纠纷案件；

3. 离婚后财产纠纷案件；

4. 婚姻无效纠纷案件；

5. 撤销婚姻纠纷案件；

6. 夫妻财产约定纠纷案件；

7. 同居关系子女抚养纠纷案件；

8. 亲子关系确认纠纷案件；

9. 抚养纠纷案件；

10. 扶养纠纷案件（限于夫妻之间扶养纠纷）；

11. 确认收养关系纠纷案件；

12. 监护权纠纷案件（限于未成年子女监护权纠纷）；

13. 探望权纠纷案件；

14. 申请人身安全保护令案件。

（二）在香港特别行政区是指：

1. 依据香港法例第 179 章《婚姻诉讼条例》第 III 部作出的离婚绝对判令；

2. 依据香港法例第 179 章《婚姻诉讼条例》第 IV 部作出的婚姻无效绝对判令；

3. 依据香港法例第 192 章《婚姻法律程序与财产条例》作出的在讼案待决期间提供赡养费令；

4. 依据香港法例第 13 章《未成年人监护条例》、第 16 章《分居令及赡养令条例》、第 192 章《婚姻法律程序与财产条例》第 II 部、第 IIA 部作出的赡养令；

5. 依据香港法例第 13 章《未成年人监护条例》、第 192 章《婚姻法律程序与财产条例》第 II 部、第 IIA 部作出的财产转让及出售财产令；

6. 依据香港法例第 182 章《已婚者地位条例》作出的有关财产的命令；

7. 依据香港法例第 192 章《婚姻法律程序与财产条例》在双方在生时作出的修改赡养协议的命令；

8. 依据香港法例第 290 章《领养条例》作出的领养令；

9. 依据香港法例第 179 章《婚姻诉讼条例》、第 429 章《父母与子女条例》作出的父母身份、婚生地位或者确立婚生地位的宣告；

10. 依据香港法例第 13 章《未成年人监护条例》、第 16 章《分居令及赡养令条例》、第 192 章《婚姻法律程序与财产条例》作出的管养令；

11. 就受香港法院监护的未成年子女作出的管养令；

12. 依据香港法例第 189 章《家庭及同居关系暴力条例》作出的禁制骚扰令、驱逐令、重返令或者更改、暂停执行就未成年子女的管养令、探视令。

第四条 申请认可和执行本安排规定的判决：

（一）在内地向申请人住所地、经常居住地或者被申请人住所地、经常居住地、财产所在地的中级人民法院提出；

（二）在香港特别行政区向区域法院提出。

申请人应当向符合前款第一项规定的其中一个人民法院提出申请。向两个以上有管辖权的人民法院提出申请的，由最先立案的人民法院管辖。

第五条 申请认可和执行本安排第一条第一款规定的判决的，应当提交下列材料：

（一）申请书；

（二）经作出生效判决的法院盖章的判决副本；

（三）作出生效判决的法院出具的证明书，证明该判决属于本安排规定的婚姻家庭民事案件生效判决；

（四）判决为缺席判决的，应当提交法院已经合法传唤当事人的证明文件，但判决已经对此予以明确说明或者缺席方提出申请的除外；

（五）经公证的身份证件复印件。

申请认可本安排第一条第二款规定的离婚证或者协议书、备忘录的，应当提交下列材料：

（一）申请书；

（二）经公证的离婚证复印件，或者经公证的协议书、备忘录复印件；

（三）经公证的身份证件复印件。

向内地人民法院提交的文件没有中文文本的，应当提交准确的中文译本。

第六条 申请书应当载明下列事项：

（一）当事人的基本情况，包括姓名、住所、身份证件信息、通讯方式等；

（二）请求事项和理由，申请执行的，还需提供被申请人的财产状况和财产所在地；

（三）判决是否已在其他法院申请执行和执行情况。

第七条 申请认可和执行判决的期间、程序和方式，应当依据被请求方法律的规定。

第八条 法院应当尽快审查认可和执行的请求，并作出裁定或者命令。

第九条 申请认可和执行的判决，被申请人提供证据证明有下列情形之一的，法院审查核实后，不予认可和执行：

（一）根据原审法院地法律，被申请人未经合法传唤，或者虽经合法传唤但未获得合理的陈述、辩论机会的；

（二）判决是以欺诈方法取得的；

（三）被请求方法院受理相关诉讼后，请求方法院又受理就同一争议提起的诉讼并作出判决的；

（四）被请求方法院已经就同一争议作出判决，或者已经认可和执行其他国家和地区法院就同一争议所作出的判决的。

内地人民法院认为认可和执行香港特别行政区法院判决明显违反内地法律的基本原则或者社会公共利益，香港特别行政区法院认为认可和执行内地人民法院判决明显违反香港特别行政区法律的基本原则或者公共政策的，不予认可和执行。

申请认可和执行的判决涉及未成年子女的，在根据前款规定审查决定是否认可和执行时，应当充分考虑未成年子女的最佳利益。

第十条 被请求方法院不能对判决的全部判项予以认可和执行时，可以认可和执行其中的部分判项。

第十一条 对于香港特别行政区法院作出的判决，一方当事人已经提出上诉，内地人民法院审查核实后，可以中止认可和执行程序。经上诉，维持全部或者部分原判决的，恢复认可和执行程序；完全改变原判决的，终止认可和执行程序。

内地人民法院就已经作出的判决裁定再审的，香港特别行政区法院审查核实后，可以中止认可和执行程序。经再审，维持全部或者部分原判决的，恢复认可和执行程序；完全改变原判决的，终止认可和执行程序。

第十二条 在本安排下，内地人民法院作出的有关财产归一方所有的判项，在香港特别行政区将被视为命令一方向另一方转让该财产。

第十三条 被申请人在内地和香港特别行政区均有可供执行财产的，申请人可以分别向两地法院申请执行。

两地法院执行财产的总额不得超过判决确定的数额。应对方法院要求，两地法院应当相互提供本院执行判决的情况。

第十四条 内地与香港特别行政区法院相互认可和执行的财产给付范围，包括判决确定的给付财产和相应的利息、迟延履行金、诉讼费，不包括税收、罚款。

前款所称诉讼费，在香港特别行政区是指讼费评定证明书、定额讼费证明书核定或者命令支付的费用。

第十五条 被请求方法院就认可和执行的申请作出裁定或者命令后，当事人不服的，在内地可以于裁定送达之日起十日内向上一级人民法院申请复议，在香港特别行政区可以依据其法律规定提出上诉。

第十六条 在审理婚姻家庭民事案件期间，当事人申请认可和执行另一地法院就同一争议作出的判决的，应当受理。受理后，有关诉讼应当中止，待就认可和执行的申请作出裁定或者命令后，再视情终止或者恢复诉讼。

第十七条 审查认可和执行判决申请期间，当事人就同一争议提起诉讼的，不予受理；已经受理的，驳回起诉。

判决获得认可和执行后，当事人又就同一争议提起诉讼的，不予受理。

判决未获认可和执行的，申请人不得再次申请认可和执行，但可以就同一争议向被请求方法院提起诉讼。

第十八条 被请求方法院在受理认可和执行判决的申请之前或者之后，可以依据其法律规定采取保全或者强制措施。

第十九条 申请认可和执行判决的，应当依据被请求方有关诉讼收费的法律和规定交纳费用。

第二十条 内地与香港特别行政区法院自本安排生效之日起作出的判决，适用本安排。

第二十一条 本安排在执行过程中遇有问题或者需要修改的，由最高人民法院和香港特别行政区政府协商解决。

第二十二条 本安排自 2022 年 2 月 15 日起施行。

关于内地与香港婚姻家庭案件判决互认的若干问题

司艳丽*

2017年6月20日，最高人民法院与香港特别行政区政府律政司签署了《关于内地与香港特别行政区法院相互认可和执行婚姻家庭民事案件判决的安排》（以下简称《婚姻家事安排》）。该安排在内地将转化为司法解释，且已经最高人民法院审判委员会审议通过；在香港将转换为本地立法。2021年5月5日，香港立法会已通过《内地婚姻家庭案件判决（相互承认及强制执行）条例草案》，标志着香港的本地立法程序亦已完成。最高人民法院与香港特别行政区政府律政司已协商一致，该安排于2022年初同时在两地生效实施。该安排被业界誉为两地司法协助领域最聚焦民意、最贴近民生、最合乎民心的一项创举，是以法律文件形式落实和丰富“一国两制”方针的重大举措。为及时回应业界关切，本文拟介绍《婚姻家事安排》的几个重点问题。

一、《婚姻家事安排》的签署背景

近年来，随着内地与香港联系日益紧密，人员流动频繁，跨境婚姻越来越多，每年均达2万余件。根据香港司法机构的统计数据，2017年至2019年，当事人向香港家事法庭提出的共68374宗离婚案件中，涉及内地婚姻的案件数约占18%，即平均每年超过4000宗。

* 作者单位：最高人民法院研究室。

在跨境婚姻中，当事人往往在内地和香港均有财产，且婚姻双方在两地的流动性也较高。香港法院颁布的离婚令及赡养令涉及分割内地财产时，则需要获得内地人民法院的认可和执行。同时，如果赡养令的付款人其后迁到内地工作或者居住，并停止在香港向对方支付赡养费，以及香港法院作出的有关子女管养权的命令，也需要获得内地人民法院的认可和执行，否则，当事人一方只能向内地人民法院重新提起诉讼。然而，根据内地法律相关规定，只能通过个案方式认可香港法院的离婚判令，且仅限于认可离婚判令中有关离婚的效力，涉及财产和子女抚养的部分只能另诉。比如，香港居民林某兴与周某荣等监护权案即是典型案例。香港居民林某兴 1989 年与案外人周某华结婚，生育两个孩子（均为香港居民）。2002 年，周某华将两个孩子由香港带到重庆，将孩子交由本案被告周某荣（周某华之父）、周某卫（周某华之妹）抚养。2004 年，香港法院判令林某兴取得两个孩子的管养权，并解除林某兴与周某华的婚姻关系。随后，林某兴向重庆市九龙坡区人民法院申请认可香港法院作出的管养权命令。本案经一审、二审，法院裁判认为，在内地与香港就相互认可民商事判决事宜未达成协议前，人民法院对于林某兴申请认可香港法院命令效力的申请不予受理，但林某兴就子女抚养问题，可以另行向内地人民法院提请民事诉讼，并确认被告周某荣侵犯了原告林某兴的监护权。同样，根据香港法律相关规定，香港法院曾依据香港法例第 179 章《婚姻诉讼条例》规定，以个案方式认可内地诉讼离婚效力，但离婚判决所涉财产部分，因缺乏认可和执行的法律依据，也只能由当事人一方向香港法院重新提起诉讼。

因此，为保护跨境婚姻双方及家庭的利益，内地与香港有必要建立机制性安排，让有关婚姻家庭案件判决在两地之间可以相互认可和执行，避免当事人重复起诉，从而节省时间和费用，并且减轻当事人的精神压力。关于机制性安排的建立，曾有两种解决方案。一种方案是两地签署全面的相互认可和执行民商事案件判决的框架安排，一揽子解决民商事案件判决认可和执行问题，既包括婚姻家庭案件，也包括其他民商事案件；既包括协议管辖的案件，也包括非协议管辖的案件。另一种方案是就相互认可和执行婚姻家庭案件判决签署专门的安排，以及时回应社会的迫切需要。经最高人民法院与香港特别行政区政府律政司协商，双方本着先易后难、循序渐进的原则，先商签《婚姻家事安排》，并商定力争2017年6月底前签署，将其作为两地司法法律界庆祝香港回归二十周年的献礼。

二、相互认可和执行的婚姻家庭案件范围

由于两地法律规定的婚姻家庭案件范围有所不同，故并非所有的婚姻家庭案件均能适用《婚姻家事安排》。为最大程度便利两地当事人，最大范围相互认可和执行，最高人民法院与香港特别行政区政府律政司反复协商，一致同意采取最大公约数原则，将两地同属婚姻家庭纠纷的案件纳入该安排。同时，鉴于同一类纠纷在两地的称谓和具体内涵有所不同，比如内地的抚养在香港被称为赡养，内地的监护在香港被称为管养，故《婚姻家事安排》第三条采取分别列举的方式，规定两地婚姻家庭案件的范围。

（一）关于纳入《婚姻家事安排》的内地婚姻家庭案件

适用《婚姻家事安排》的内地婚姻家庭案件范围，以最高人民法院2011年《民事案件案由规定》“婚姻家庭纠纷”中的案件为基础，同时将反家庭暴力法中的申请人身安全保护令案件列入，共14类。也就是说，当事人就内地人民法院作出的这14类案件判决，可以请求香港法院认可和执行。以案由确定内地婚姻家庭案件范围，主要是考虑案由是判决书的必备记载事项，香港法院透过内地人民法院的生效判决，即可一目了然判断此类纠纷是否属于《婚姻家事安排》适用范围。

这14类案件具体包括：婚内夫妻财产分割纠纷案件、离婚纠纷案

件、离婚后财产纠纷案件、婚姻无效纠纷案件、撤销婚姻纠纷案件、夫妻财产约定纠纷案件、同居关系子女抚养纠纷案件、亲子关系确认纠纷案件、抚养纠纷案件、扶养纠纷案件（限于夫妻之间扶养纠纷）、确认收养关系纠纷案件、监护权纠纷案件（限于未成年子女监护权纠纷）、探望权纠纷案件、申请人身安全保护令案件。

需要说明的是，在《婚姻家事安排》起草过程中，关于是否限定离婚纠纷案件当事人的籍属，有两种观点。一种观点认为，根据香港法律规定，应限定离婚纠纷当事人的籍属。比如，在内地提起离婚诉讼，那么在提起离婚诉讼的当日，任何一方配偶应为内地公民；如在香港提起离婚诉讼，那么在提起离婚诉讼的当日，任何一方配偶应为香港永久性居民。只有符合这些条件，相关离婚判决才能得到对方法院的认可和执行。另一种观点认为，应参照最高人民法院与香港特别行政区政府律政司 2006 年签署的《关于内地与香港特别行政区法院相互认可和执行当事人协议管辖的民商事案件判决的安排》（以下简称《协议管辖安排》）的做法，在相互认可和执行时无须考虑当事人双方的籍属。经研究，《婚姻家事安排》采纳了第二种观点。主要考虑，如果限定当事人的籍属，将导致一部分离婚案件无法相互认可和执行，不能更好地满足实践需要。比如，夫妻双方原为内地居民，在内地结婚登记，婚后取得香港永久居留权，后又向内地人民法院提起离婚诉讼，内地人民法院可否受理？如果可以受理，内地人民法院作出的离婚判决可否向香港法院申请认可和执行？首先，根据最高人民法院相关司法解释的规定，对于夫妻双方均居住在港澳的同胞，原在内地登记结婚的，现在发生离婚诉讼，如果他们向内地人民法院起诉，内地原结婚登记地或原户籍地人民法院可以受理。那么，内地人民法院作出离婚判决后，可否申请香港法院认可和执行？若按第一种观点，香港法院将不能认可和执行；若按第二种观点，当事人籍属并非不予认可和执行的情形。综上，第二种观点有利于最大范围便利当事人。

（二）关于纳入《婚姻家事安排》的香港婚姻家庭案件

香港婚姻家庭案件的规定散见于《婚姻诉讼条例》《婚姻法律程序与财产条例》《已婚者地位条例》《领养条例》《未成年人监护条例》等香港法例中。根据这些规定，向香港法院提起离婚诉讼，一般包括三个相对独立的部分：第一，离婚诉讼程序，即夫妻双方围绕是否应当解除婚姻关系展开争讼；第二，子女安排程序，即夫妻双方对子女的监护、抚养、探望等问题作出安排；第三，财产争议程序，即在婚姻关系解除之时或之后，法庭以附属济助命令的方式，对婚姻财产的分配作出裁决。在离婚诉讼程序中，香港法官可能会先后作出一项或者多项命令。比如在袁某诉吕某的离婚案件中，诉讼双方于 1992 年结婚，于 2004 年开始分居，丈夫于 2007 年 1 月基于双方分居超过 2 年提出离婚呈请。诉讼双方有一个子女，系未成年人。对于这起离婚案件，香港法院作出如下处理：第一，关于婚姻关系，香港法庭于 2008 年 8 月颁发暂准离婚令，后又在符合条件的情况下，颁发了绝对离婚令；第二，关于子女安排，香港法庭于 2009 年 6 月颁令儿子的管养权归妻子，丈夫有合理的探视权；第三，关于附属济助（财产分配），香港法庭于 2011 年 3 月颁发附属济助命令：在绝对离婚令颁发的 6 个月内，双方作出相关物业的转名，比如丈夫将北京某公寓转名给妻子、妻子将广州某大厦转名给丈夫等，所有转名的费用及支出（包括税项及物业的有关欠款）由最终得到全部业权的一方负责；第四，香港法庭最后发出满意的子女安排声明。

从以上案例可以看出，两地法律关于离婚程序的规定不尽相同。另外，两地婚姻家庭案件范围亦不尽相同，因此，根据选取两地法律最大公约数的原则，纳入《婚姻家事安排》的香港婚姻家庭案件共 12 类。也就是说，当事人就香港法院作出的这 12 类案件判令，可以申请内地人民法院认可和执行。

1. 离婚绝对判令

此类案件类似于内地的离婚纠纷。依据香港法例第179章《婚姻诉讼条例》第Ⅲ部第11条至第18B条的规定，当事人向法院提起离婚诉讼之后，若法院认为当事人的婚姻已破裂至无可挽救，可颁布离婚暂准判令。需注意的是，离婚暂准判令并非最终的离婚判令，其可以按照香港法院命令撤销，故不能向内地人民法院申请认可和执行。在离婚暂准判令颁布一段时间以后，当事人认为已就家庭、子女的福利作出了令人满意的安排，可向法庭申请转为离婚绝对判令。

2. 婚姻无效绝对判令

此类案件类似于内地的婚姻无效纠纷和撤销婚姻纠纷。依据香港法例第179章《婚姻诉讼条例》第Ⅳ部的规定，香港婚姻无效有两种情形：一种是“绝对无效”，包括近亲结婚、未到法定婚龄、重婚、同性婚姻；另一种是“可使无效”，比如婚姻是出于威迫等。

3. 在讼案待决期间提供赡养费令

此类案件类似于内地的婚内夫妻财产分割纠纷。依据香港法例第192章《婚姻法律程序与财产条例》第3条的规定，当事人提起离婚诉讼或者婚姻无效诉讼期间，法庭可命令婚姻的任何一方在法庭认为合理的期间内，向另一方作出法庭认为合理的定期付款作为赡养费，但该段期间开始之日不得早于提起诉讼的日期，并须于该讼案裁定当日结束。

4. 赡养令

此类案件类似于内地的抚养纠纷和夫妻扶养纠纷。根据香港《赡养令（交互强制执行）条例》（第188章）和《外地判决（交互强制执行）条例》（第319章），在其他司法管辖区作出的婚姻命令，如符合某些条件，便可在香港执行，但这两个条例均不适用于在内地作出的婚姻命令。因此，赡养令的受款人不能根据这两个条例，寻求在香港执行内地人民法院所作的判决。同样，根据内地相关法律规定，在内地以外其他地方法院所作的婚姻财产分割、附属济助及子女管养命令，也不能得到认可。为此，将赡养令纳入相互认可和执行范围，有助于填补法律空白，使在内地或者香港任何一地作出的赡养令，受款人可以从速寻求法院认可和执行，让他们得到较好的保障。赡养令包括向配偶、婚生或者非婚生子女支付定期付款及整笔款项的命令。根据香港法律规定，赡养令散见于香港法例第 13 章《未成年人监护条例》、第 16 章《分居令及赡养令条例》、第 192 章《婚姻法律程序与财产条例》第Ⅱ部和第ⅡA 部的规定。

5. 财产转让及出售财产令

此类案件类似于内地的离婚纠纷和离婚后财产纠纷，散见于香港法例第 13 章《未成年人监护条例》、第 192 章《婚姻法律程序与财产条例》第Ⅱ部和第ⅡA 部的规定，即法院在颁布离婚判令、婚姻无效判令或者裁判分居判令时或者在其后的任何时候，可以颁布一项或者多项有关财产转让及出售财产的命令。比如，命令婚姻一方将指明的财产转让给另一方或者任何家庭子女，或者为该子女的利益而转让给命令中指明的人；再比如，香港法庭在离婚等案件中作出经济给养命令时，可以同时或者在其后的任何时候，进一步作出出售财产的命令，命令一方出售指定的财产；还比如，应未成年人的监护人申请，香港法庭可以发出命令，命令该未成年人的父亲或母亲将某项财产移转给该未成年人或为该未成年人的利益而移转给该申请人。

6.《已婚者地位条例》下有关财产的命令

此类案件类似于内地的婚内夫妻财产分割纠纷，系法庭就夫妻间因财产所有权或者管有权发生的争议而作出的命令。需要注意的是，尽管婚姻已解除或者无效，也不影响婚姻任何一方就财产所有权或者管有权争议向法院提出申请，只要申请是在婚姻解除或者无效之日起 3 年内提出即可。

7. 双方在生时修改赡养协议的命令

此类案件类似于内地的夫妻财产约定纠纷。“赡养协议”指婚姻双方在婚姻持续期间或者在婚姻解除、废止后达成的载有财务安排的协议；或在该婚姻双方并无订立任何载有财务安排的其他书面协议下，达成的一份载有财务安排的分居协议。双方在生且均以香港为居籍或在香港居住时，法庭可经任一方申请，基于情况出现变化而对原有财务安排作出修改；没有适当财务安排的，法庭可以更改、撤销任何财务安排条文，或增加为协议一方或家庭子女的利益而作出的财务安排条文。

8. 领养令

此类案件类似于内地的确认收养关系纠纷。根据香港《领养条例》的规定，法院可依符合规定的申请作出命令，授权申请人领养某幼年人。需要注意的是，领养关系一旦成立，则成为拟制血亲，不允许解除。因此，在香港没有解除收养关系的纠纷。

9. 父母身份、婚生地位或者确立婚生地位的宣告

此类案件类似于内地的亲子关系确认纠纷，系香港法庭依据香港法例第179章《婚姻诉讼条例》、第429章《父母与子女条例》作出的宣告。需要注意的是，向香港法院提出此宣告申请的，申请人需要符合下列条件：在申请之日需以香港为其居籍；在提出申请当日之前的1年期间内，申请人一直惯常居于香港或者申请人与香港有密切联系。若宣告内容的真实性经证明而为法院所信纳，则除非作出该项宣告明显地有违公共政策，否则法院须作出该项宣告。

10. 管养令

此类案件类似于内地的监护权纠纷、探望权纠纷、抚养权纠纷等，散见于香港法例第13章《未成年人监护条例》、第16章《分居令及赡养令条例》、第192章《婚姻法律程序与财产条例》。主要包括以下几种情形。

（1）应未成年人的父或母或社会福利署署长的申请，香港法庭可就未成年人的管养及父母其中一方探视未成年人的权利，发出其认为适当的命令。法院在作出命令时，须以未成年人的最佳利益为首要考虑

事项。

（2）任何已婚人士符合特定情况时，婚姻另一方可向香港区域法院提出申请，请求法院发出命令，将子女的法定管养权交付予丈夫或妻子，直至该子女年满18周岁为止。

（3）在任何离婚、婚姻无效或裁判分居的法律程序中，香港法庭于作出最后判令之当时、之前或之后，可以作出其认为是适宜的命令，为任何18周岁以下的子女提供管养及教育。并且，基于未成年人的最佳利益考虑，在该子女年满18周岁之前，法庭可以解除或者更改其作出的命令。

11. 就受香港法院监护的未成年子女作出的管养令

香港法庭可以针对特定情况，为保障未成年子女福利发出法庭认为合适的命令，包括探视子女、将子女交还或交付一方父母等。

在磋商过程中，香港律政司提出，实践中，有些香港当事人为规避离婚及相关诉讼程序，将儿童视为货物或者筹码带到内地，不仅影响了儿童正常的学习和生活，也损害了夫妻另一方对子女的监护权和探视权。为此，香港律政司建议将子女管养令纳入两地法院相互认可和执行的范围，以交还被父母掳拐的子女。经研究认为，两地法院相互认可和执行管养令，在实践中有其需要，目的是确保将在父母掳拐案中被不当迁移的子女交还其惯常居住地，符合儿童利益最大化原则。国际社会亦认为此等交还符合子女的最佳利益，比如海牙《国际掳拐儿童民事方面公约（1980年）》的基本原则是，除非情况特殊，将子女不当迁移或者扣留，并不符合其最佳利益，而把子女交还其惯常居住的司法管辖区，则可维护子女与父母双方联系的权利、协助子女安稳地生活。比如，前面所述的香港居民林某兴与周某荣案。香港法院判令两个孩子的管养权，若两地当时已有《婚姻家事安排》，林某兴可直接向内地人民法院请求认可和执行香港法院的管养令。内地人民法院一旦认可林某兴的申请，则可以要求周某荣将藏匿的孩子交给林某兴带回香港。如果周某荣拒不执行的，内地人民法院可以依法对周某荣拘留、罚款，情节严重的，可以拒不执行判决、裁定罪定罪处罚。

12.《家庭及同居关系暴力条例》下的强制令

此类案件类似于内地的申请人身安全保护令纠纷，包括香港法庭依据香港法例第189章《家庭及同居关系暴力条例》作出的禁制骚扰令、驱逐令、重返令或者更改、暂停执行就未成年子女的管养令、探视令。

（三）关于未纳入《婚姻家事安排》的婚姻家庭案件判决的相互认可和执行问题

如前所述，并非所有的婚姻家庭案件均适用《婚姻家事安排》，对比最高人民法院《民事案件案由规定》，未纳入《婚姻家事安排》的内地婚姻家庭案件有两类：一是香港法律没有规定的纠纷，包括赡养纠纷、解除收养关系纠纷、兄弟姐妹间的扶养关系纠纷、成年人监护纠纷；二是香港法律中有类似规定但不属于婚姻家庭纠纷的，包括婚约财产纠纷、离婚后损害责任纠纷、分家析产纠纷、同居关系析产纠纷。

当事人就内地人民法院针对这两类纠纷作出的判决，不能依据《婚姻家事安排》请求香港法院认可和执行，那么，可否依据其他法律和司法解释规定请求香港法院认可和执行，是实践中无法回避的问题。对此问题的处理，应当把握以下原则：一是对于婚约财产纠纷、分家析产纠纷，可以依据2019年1月18日最高人民法院与香港特别行政区政府律政司签署的《关于内地与香港特别行政区法院相互认可和执行民商事案件判决的安排》，请求香港法院认可和执行；二是对于赡养纠纷、解除收养关系纠纷、兄弟姐妹间的扶养关系纠纷、成年人监护纠纷、离婚后损害责任纠纷、同居关系析产纠纷，既不能适用《婚姻家事安排》，也不能适用《关于内地与香港特别行政区法院相互认可和执行民商事案件判决的安排》，但是，可以按照个案协助的原则和程序根据具体情况来判断。

三、婚姻家庭案件生效判决的认定

根据《婚姻家事安排》第一条规定，当事人可以向香港特别行政区法院申请认可和执行内地人民法院就婚姻家庭案件作出的生效判决，也可以向内地人民法院申请认可和执行香港特别行政区法院就婚姻家庭案件作出的生效判决。可见，对“生效判决”的判断，是认可和执行的基础和前提。

在磋商过程中，对于两地法院认可和执行的对象，曾拟沿用《协议管辖安排》的规定，使用“终审判决”的概念。值得注意的是，《协议管辖安排》所称“具有执行力的终审判决”，将原审法院依照审判监督程序作出的判决排除在外。也就是说，依据内地法律规定，原审法院依照审判监督程序作出的再审判决，在内地虽然属于具有执行力的终审判决，但在《协议管辖安排》中却未被承认。这主要是基于香港普通法所秉持的“最终及不可推翻的原则”，认为作出判决的法院不能对其作出的判决撤销或者改判。对此认识，可以追溯至香港法院审理的集友银行案：原告集某银行在内地向客户某公司提供贷款，由被告香港居民陈某提供担保。1994 年 3 月，原告在福建省某市中级人民法院起诉被告，并于 1995 年 1 月取得了一审胜诉判决。一审判决后，被告向福建省人民高级人民法院提起上诉而被驳回。随后，原告向香港高等法院起诉，请求执行内地人民法院的判决。1995 年 10 月，被告向福建省人民检察院提出再审申请。1996 年 3 月，福建省人民检察院向最高人民检察院提交了请求抗诉的报告。基于此，被告以避免重复诉讼为由，向香港高等法院提出了搁置诉讼程序的申请，并且认为内地判决仅为“暂时的”“最终及不可推翻”的判决。香港高等法院承办法官认为，本案在内地的抗诉虽尚未正式提出，但有关程序已启动，若检察院正式提起抗诉，原审法院可能在再审中变更其判决，即原审法院保留了变更其原判决的权力，故原审法院作出的判决并不符合“最终及不可推翻”的要求，从而不应被执行。此后，香港多个案件受本案影响，导致内地判决在香港难以获得认可和执行。

需要特别说明的是，对于两地法院认可和执行的对象，经两地反复研究，《婚姻家事安排》以“生效判决”取代了“终审判决”。其主要理由如下：第一，“终审判决”的概念在两地法律中差异较大。此外，“最终及不可推翻的原则”也并非适用于香港法律中所有的命令，比如，就香港法院作出的附属济助命令而言，法律容许法院保留司法管辖权，在向婚姻一方或者家庭子女作出经济给养命令后，也可基于情况的变化而更改、解除、暂停执行或者恢复执行该命令；第二，民事诉讼法修改后，当事人对已经发生法律效力的判决、裁定，认为有错误的，原则上应向上一级人民法院申请再审，即原审人民法院作出再审判决的比例在实践中很小；第三，香港司法法律界对内地判决终局性的理解经过漫长曲折的过程后，态度也发生了转变。比如在香港高等法院上诉法庭处理的李某荣诉李某群案（案号：CACV159/2005）中，钟安德法官认为，内地审判监督程序的启动需要具备法定情形，与香港法律规定的上诉理由，实质上并无不同，仅因审判监督制度的存在，并不足以认定内地判决不属于“最终及不可推翻”的判决，且法庭之友在本案上诉聆讯时也同意，在裁定内地判决是否属于“最终及不可推翻”的判决时，香港法院不应只从纯理论的角度考虑重审的可能性，而应兼顾涉案事实是否显示有合理的可能性。尽管钟安德法官的观点在该案中属于少数意见，但对于香港司法法律界全面客观理解内地人民法院判决是否为“最终及不可推翻”判决，具有非常重要的意义。基于以上几点考虑，《婚姻家事安排》使用了“生效判决”的概念，将判决在原审法院地是否具有效力并可予执行作为判断是否认可和执行的关键，而无须考虑是否为“终审判决”。这样规定，一方面，体现出对对方法律的充分尊重；另一方面，可以在更大范围相互认可和执行，相较于《协议管辖安排》，双方更加开放务实。

关于“生效判决”的范围，依据原审法院地的法律来判断，在内地包括第二审判决，依法不准上诉或者超过法定期限没有上诉的第一审判决，以及依照审判监督程序作出的上述判决；在香港，包括终审法院、高等法院上诉法庭及原讼法庭和区域法院作出的已经发生法律效力的判决，包括依据香港法律可以在生效后作出更改的命令。其中，依据香港法律可以在生效后作出更改的命令，是指香港法院在离婚诉讼期间作出赡养费令、分期整笔付款或定期付款令、赡养令、管养令之后，经当事人申请，有权根据实际情况变化就此前作出的命令作出更改。

关于“判决”的种类，在内地，包括判决书、裁定书、调解书，但不包括内地人民法院依据内地法律承认的其他国家和地区法院作出的判决；在香港，包括判决书、命令、判令、诉讼费评定证明书、定额讼费证明书，但不包括香港法院依据香港法律承认的其他国家和地区法院作出的判决。其中，依据香港法律规定，判决书、命令、判令具有不同的含义。在香港离婚诉讼中，当事人如果无法对财产分割或者子女管养达成一致意见，则由法庭作出判决书，判决书中的判项即为命令；当事人如果自行达成协议交由法庭核准，则由法庭直接签发命令。判令是原衡平法上的概念，在普通法诉讼与衡平法诉讼程序合一后，一般用判决代替判令。但是，在香港法例中，解除婚姻关系或者宣布婚姻无效时仍采用判令。诉讼费评定证明书，是指当事人双方就诉讼费未协商一致时，由法庭结合案件具体情况确定合理费用后，作出支付命令。定额讼费证明书，是香港婚姻诉讼中特有的一种讼费方式，如一方律师选择收取定额讼费，由司法常务官审查该律师提交的申请核准金额，经律师再次确认后，发出定额讼费证明书。需要注意的是，无论以上哪种“判决”，必须是法院就实质问题作出的决定，财产保全裁定等针对临时性救济措施作出的裁定不属于此处规定的判决。

四、协议离婚是否适用《婚姻家事安排》

依据《婚姻家事安排》第一条第一款规定，当事人向香港特别行政区法院申请认可内地民政部门所发的离婚证，或者向内地人民法院申请认可依据《婚姻制度改革条例》（香港法例第178章）第V部、第VA部规定解除婚姻的协议书、备忘录的，参照适用本安排。

（一）将在内地取得的“离婚证”纳入认可范围

内地的离婚制度分为协议离婚和诉讼离婚。协议离婚也叫“双方自愿离婚”。其主要特征：一是当事人双方在离婚以及子女和财产问题上意愿一致，达成协议；二是按照婚姻登记程序办理离婚登记，取得离婚证，即解除婚姻关系。协议离婚充分尊重当事人的意愿，且程序简便，因此，越来越多的当事人选择协议离婚。关于内地协议离婚的效力在香港可否获得认可，有不同的认识。一种观点认为，依据香港《婚姻诉讼条例》第55条的规定，外地离婚如要在香港获承认为有效，必须“在香港以外的任何地方藉司法或者其他法律程序而获准”，以及根据该地方的法律具有效力。此处的“其他法律程序”包括在内地民政部门登记离婚的程序。另一种观点认为，内地登记离婚程序属于行政程序，在没有任何法院批准的情况下，通过登记程序而获准的离婚，不能构成本条中所讲的“其他法律程序”。经研究，双方均认为，《婚姻家事安排》应涵盖内地的协议离婚，以使协议离婚与诉讼离婚在法律上更为平等，也可以使更多人受惠于《婚姻家事安排》。

（二）将香港协议离婚纳入《婚姻家事安排》

1930年以前，香港大多数华人沿用清代一夫一妻多妾的礼俗，此为“旧式婚姻”。1930年南京国民政府颁布民法，规定了一种新型婚姻方式，需有两名以上见证人在场并以公开仪式举行婚礼，此为“新式婚姻”。1970年7月10日，港英当局公布《婚姻制度改革条例》（香港法例第178章），以1971年10月7日为指定日期，自此日起实行一夫一妻婚姻制度，不再承认旧式婚姻，但有条件地认可新式婚姻，符合法律规定条件的新式婚姻被称为“认可婚姻”。旧式婚姻中的夫妻（不包括妾）以及认可婚姻的双方可以补办婚姻登记手续。

第178章第V部规定的是上述认可婚姻和在香港举行婚礼的旧式婚姻的解除。因1971年10月7日以后，不论一方申请抑或双方共同申请的离婚，必须经过司法程序。所以，《婚姻制度改革条例》第V部规定，认可婚姻的双方可以在1971年10月7日以前，以两名以上见证人在场、签署协议书或备忘录的方式解除婚姻，此后的婚姻须经司法程序解除。

第178章第VA部规定的是1931年5月4日至1950年5月1日、按照当时有效的法律在内地举行婚礼的旧式婚姻在香港的解除，解除程序与上述认可婚姻的解除程序相同。

为解决以上历史遗留问题，依据《婚姻制度改革条例》（香港法例第178章）第V部、第VA部规定解除婚姻的协议书、备忘录，可以参照适用《婚姻家事安排》，向内地人民法院申请认可。

需要注意的是，通过协议离婚而取得的离婚证、协议书、备忘录等，不能等同于法院作出的离婚判决。对于协议离婚的效力，两地法院仅相互认可“离婚”的身份关系，不涉及子女抚养、财产处分等事项的认可和执行。比如，当事人在内地协议离婚的，双方需就子女抚养和财产分割达成书面协议，但该协议不能直接作为执行依据。一旦履行协议出现争议，属于抚养纠纷或者离婚后财产纠纷，双方应另诉解决，法院就另诉作出相应判决之后，当事人可依据《婚姻家事安排》向香港法院申请认可和执行。

五、有关财产判项的认可和执行

实践中，不少婚姻家庭案件判决包括财产调整的判项。对于是否将财产调整的判项纳入《婚姻家事安排》，有两种观点。一种观点认为，婚姻家庭案件判决的相互认可和执行，应参照海牙《承认离婚和分居公约》的规定，仅限于身份关系的认可。其主要理由是，财产所在地的法院往往有专属管辖权，与此同时，财产的转让及分配由财产所在地的法律所规管，财产的转让亦需要通过注册或者其他形式的财产转移程序方为有效。因此，那些在境外作出的命令还需要财产所在地法院的合作才能执行，而这已超出婚姻家事法的范畴，鉴于其复杂性，建议将财产调整的命令摒除在《婚姻家事安排》之外。另一种观点认为，内地与香港同属"一国"，其协助力度应超过国际公约。两地婚姻家庭案件判决的相互认可和执行，应立足实践需要，不应限于身份关系。实践中，跨境离婚诉讼中，往往会涉及异地财产的处分，比如，香港区域法院审理的CL诉LMP及另二人案，女方提出离婚呈请，争议的财产包括四处物业及现金，其中一处物业位于武汉市（以下简称武汉物业）。基于案件事实，法院判令男方无偿转让给女方其于武汉物业的全部法定权益和实益权益。如果该财产判项不能得到内地人民法院的认可和执行，将导致当事人就财产分割问题在内地重新提起诉讼，势必增加当事人的讼累。鉴于此，双方同意将财产调整的判项纳入《婚姻家事安排》。同时，考虑到内地人民法院有关财产调整的判项通常表述为归夫妻一方"所有"，这与香港法律规定和审判实践存在较大差异，为此，《婚姻家事安排》创新表述技术，第十二条规定"在本安排下，内地人民法院作出的有关财产归一方所有的判项，在香港特别行政区将被视为命令一方向另一方转让该财产"，有效实现了两地法律制度的对接，将大量涉及财产分割的判决成功纳入《婚姻家事安排》适用范围，实现了"一国"之内的紧密协助，协助范围和力度远超国家与国家之间的司法协助。

六、申请认可和执行判决的具体程序

依据《婚姻家事安排》第七条规定，申请认可和执行判决的期间、程序和方式，应当依据被请求方法律的规定。

（一）向内地人民法院申请认可和执行香港法院判决的具体程序

申请认可和执行香港法院判决的，按照民事诉讼法第二百四十六条[①]规定，申请执行的期间为2年。期间的计算，具体分为以下几种情形：一是法律文书载明履行期间的，从法律文书规定履行期间的最后一日起计算；二是法律文书规定分期履行的，从规定的每次履行期间的最后一日起计算；三是法律文书未规定履行期间的，从法律文书生效之日起计算；四是当事人仅申请认可而未同时申请执行的，申请执行的期间自人民法院对认可申请作出的裁定生效之日起重新计算；五是申请认可有关身份关系的判决，不受执行期间限制，比如解除婚姻关系的离婚判决不受申请执行期间限制。

（二）向香港法院申请认可和执行内地人民法院判决的具体程序

香港《内地婚姻家庭案件判决（相互承认及强制执行）条例草案》将《婚姻家事安排》第三条规定的内地人民法院作出的十四类案件判决分为三大类：一是看顾相关命令，包括针对抚养权纠纷、监护权纠纷、探望权纠纷、申请人身安全保护令等作出的判决或者判项；二是状况相关命令，包括针对离婚纠纷、婚姻无效纠纷、撤销婚姻纠纷、亲子关系确认纠纷、确认收养关系纠纷等作出的判决或者判项；三是赡养相关命令，包括针对抚养费纠纷、夫妻之间扶养纠纷、财产分割纠纷等作出的判决或者判项。

这三类命令的认可和执行程序，有其共性，也有不同。共性是指，当事人申请认可和执行的，首先向香港区域法院（家事法庭设在区域法院）申请登记，由法官颁发登记命令。此后，申请人应当通知被申请人在法庭规定的期限内（一般是2周，具体的时间根据案件不同由法

① 现为2023年修正的民事诉讼法第二百五十条。——编者注

官确定）向法庭提出登记作废申请。在规定的期限内，被申请人未提出登记作废申请，或者被申请人提出登记作废申请而被驳回的，申请人可以向法院申请强制执行。需要说明的是，申请人向区域法院提出登记申请，区域法院如果认为由高等法院原讼法庭处理该登记申请将更加便捷，则可以颁发移交令，将该登记申请移交给高等法院原讼法庭处理。

三类命令的认可和执行程序的区别之一，在于申请的条件有所不同。一是对于状况相关命令，比如离婚判决、婚姻无效判决、撤销婚姻判决、亲子关系确认判决、收养关系确认判决等，其登记申请没有时效的限制。二是对于看顾相关命令，比如有关监护权判决、抚养权判决、探望权判决、人身安全保护令等，提出登记申请的先决条件有两种情形：第一，截至申请日，并无不遵从该命令的情况；第二，截至申请日，如有不遵从该命令的情况，申请人应当在该情况首次出现之日起 2 年内提出登记申请。三是对于赡养相关命令，即有关支付款项或者履行行为，申请人提出登记申请的先决条件大概分为两种情形：第一，支付款项或者履行行为有明确期限的，被申请人若逾期未履行，应在期限届满之日起 2 年内提出登记申请；第二，支付款项或者履行行为没有明确期限的，应在判决生效之日起二年内提出登记申请。总之，对于看顾相关命令和赡养相关命令的申请执行时效，一般是 2 年，法官批准可以延期的除外。

（来源：《法律适用》2021 年第 11 期）

最高人民法院

关于人民法院受理申请承认外国法院离婚判决案件有关问题的规定

（1999 年 12 月 1 日最高人民法院审判委员会第 1090 次会议通过　根据 2020 年 12 月 23 日最高人民法院审判委员会第 1823 次会议通过的《最高人民法院关于修改〈最高人民法院关于人民法院民事调解工作若干问题的规定〉等十九件民事诉讼类司法解释的决定》修正）

1998 年 9 月 17 日，我院以法〔1998〕86 号通知印发了《关于人民法院受理申请承认外国法院离婚判决案件几个问题的意见》，现根据新的情况，对人民法院受理申请承认外国法院离婚判决案件的有关问题重新作如下规定：

一、中国公民向人民法院申请承认外国法院离婚判决，人民法院不应以其未在国内缔结婚姻关系而拒绝受理；中国公民申请承认外国法院在其缺席情况下作出的离婚判决，应同时向人民法院提交作出该判决的外国法院已合法传唤其出庭的有关证明文件。

二、外国公民向人民法院申请承认外国法院离婚判决，如果其离婚的原配偶是中国公民的，人民法院应予受理；如果其离婚的原配偶是外国公民的，人民法院不予受理，但可告知其直接向婚姻登记机关申请结婚登记。

三、当事人向人民法院申请承认外国法院离婚调解书效力的，人民法院应予受理，并根据《关于中国公民申请承认外国法院离婚判决程序问题的规定》进行审查，作出承认或不予承认的裁定。

自本规定公布之日起，我院法〔1998〕86号通知印发的《关于人民法院受理申请承认外国法院离婚判决案件几个问题的意见》同时废止。

最高人民法院

关于当事人申请承认澳大利亚法院出具的离婚证明书人民法院应否受理问题的批复

（2005年7月11日最高人民法院审判委员会第1359次会议通过　根据2008年12月16日公布的《最高人民法院关于调整司法解释等文件中引用〈中华人民共和国民事诉讼法〉条文序号的决定》第一次修正　根据2020年12月23日最高人民法院审判委员会第1823次会议通过的《最高人民法院关于修改〈最高人民法院关于人民法院民事调解工作若干问题的规定〉等十九件民事诉讼类司法解释的决定》第二次修正）

广东省高级人民法院：

你院报送的粤高法民一他字〔2004〕9号“关于当事人申请承认澳大利亚法院出具的离婚证明书有关问题”的请示收悉。经研究，答复如下：

当事人持澳大利亚法院出具的离婚证明书向人民法院申请承认其效力的，人民法院应予受理，并依照《中华人民共和国民事诉讼法》第二百八十一条和第二百八十二条以及最高人民法院《关于中国公民申请承认外国法院离婚判决程序问题的规定》的有关规定进行审查，依法作出承认或者不予承认的裁定。

此复。

最高人民法院
关于办理涉夫妻债务纠纷案件有关工作的通知

2018 年 2 月 7 日　　　　法明传〔2018〕71 号

《最高人民法院关于审理涉及夫妻债务纠纷案件适用法律有关问题的解释》（以下简称《解释》），已自 2018 年 1 月 18 日起施行，为依法平等保护各方当事人合法权益，现就有关工作通知如下：

一、正在审理的一审、二审案件，适用《解释》的规定。

二、已经终审的案件，甄别时应当严格把握认定事实不清、适用法律错误、结果明显不公的标准。比如，对夫妻一方与债权人恶意串通坑害另一方，另一方在毫不知情的情况下无端背负巨额债务的案件等，应当依法予以纠正。再审案件改判引用法律条文时，尽可能引用婚姻法第十七条、第四十一条等法律。

三、对于符合改判条件的终审案件，要加大调解力度，尽可能消化在再审审查阶段或者再审调解阶段。案件必须改判的，也要尽量做好当事人服判息诉工作。

四、对于符合上述改判条件的终审案件，也可由执行部门尽量通过执行和解等方式，解决对利益严重受损的配偶一方权益保护问题。

特此通知。

最高人民法院
关于依法妥善审理涉及夫妻债务案件有关问题的通知

2017 年 2 月 28 日　　法〔2017〕48 号

各省、自治区、直辖市高级人民法院，解放军军事法院，新疆维吾尔自治区高级人民法院生产建设兵团分院：

家事审判工作是人民法院审判工作的重要内容。在家事审判工作中，正确处理夫妻债务，事关夫妻双方和债权人合法权益的保护，事关婚姻家庭稳定和市场交易安全的维护，事关和谐健康诚信经济社会建设的推进。为此，最高人民法院审判委员会第 1710 次会议讨论通过《最高人民法院关于适用〈中华人民共和国婚姻法〉若干问题的解释（二）的补充规定》，对该司法解释第二十四条增加规定了第二款和第三款。2017 年 2 月 28 日，最高人民法院公布了修正的《最高人民法院关于适用〈中华人民共和国婚姻法〉若干问题的解释（二）》。为依法妥善审理好夫妻债务案件，现将有关问题通知如下：

一、坚持法治和德治相结合原则。在处理夫妻债务案件时，除应当依照婚姻法等法律和司法解释的规定，保护夫妻双方和债权人的合法权益，还应当结合社会主义道德价值理念，增强法律和司法解释适用的社会效果，以达到真正化解矛盾纠纷、维护婚姻家庭稳定、促进交易安全、推动经济社会和谐健康发展的目的。

二、保障未具名举债夫妻一方的诉讼权利。在审理以夫妻一方名义举债的案件中，原则上应当传唤夫妻双方本人和案件其他当事人本人到庭；需要证人出庭作证的，除法定事由外，应当通知证人出庭作证。在庭审中，应当按照《最高人民法院关于适用〈中华人民共和国民事诉讼法〉的解释》的规定，要求有关当事人和证人签署保证书，以保证当事人陈述和证人证言的真实性。未具名举债一方不能提供证据，但能够提供证据线索的，人民法院应当根据当事人的申请进行调查取证；对伪造、隐藏、毁灭证据的要依法予以惩处。未经审判程序，不得要求未举债的夫妻一方承担民事责任。

三、审查夫妻债务是否真实发生。债权人主张夫妻一方所负债务为夫妻共同债务的，应当结合案件的具体情况，按照《最高人民法院关于审理民间借贷案件适用法律若干问题的规定》第十六条第二款、第十九条规定，结合当事人之间关系及其到庭情况、借贷金额、债权凭证、款项交付、当事人的经济能力、当地或者当事人之间的交易方式、交易习惯、当事人财产变动情况以及当事人陈述、证人证言等事实和因素，综合判断债务是否发生。防止违反法律和司法解释规定，仅凭借条、借据等债权凭证就认定存在债务的简单做法。

在当事人举证基础上，要注意依职权查明举债一方作出有悖常理的自认的真实性。对夫妻一方主动申请人民法院出具民事调解书的，应当结合案件基础事实重点审查调解协议是否损害夫妻另一方的合法权益。对人民调解协议司法确认案件，应当按照《最高人民法院关于适用〈中华人民共和国民事诉讼法〉的解释》要求，注重审查基础法律关系的真实性。

四、区分合法债务和非法债务，对非法债务不予保护。在案件审理中，对夫妻一方在从事赌博、吸毒等违法犯罪活动中所负的债务，不予法律保护；对债权人知道或者应当知道夫妻一方举债用于赌博、吸毒等违法犯罪活动而向其出借款项，不予法律保护；对夫妻一方以个人名义举债后用于个人违法犯罪活动，举债人就该债务主张按夫妻共同债务处理的，不予支持。

五、把握不同阶段夫妻债务的认定标准。依照婚姻法第十七条、第十八条、第十九条和第四十一条有关夫妻共同财产制、分别财产制和债务偿还原则以及有关婚姻法司法解释的规定，正确处理夫妻一方以个人名义对外所负债务问题。

六、保护被执行夫妻双方基本生存权益不受影响。要树立生存权益高于债权的理念。对夫妻共同债务的执行涉及到夫妻双方的工资、住房等财产权益，甚至可能损害其基本生存权益的，应当保留夫妻双方及其所扶养家属的生活必需费用。执行夫妻名下住房时，应保障生活所必需的居住房屋，一般不得拍卖、变卖或抵债被执行人及其所扶养家属生活所必需的居住房屋。

七、制裁夫妻一方与第三人串通伪造债务的虚假诉讼。对实施虚假诉讼的当事人、委托诉讼代理人和证人等，要加强罚款、拘留等对妨碍民事诉讼的强制措施的适用。对实施虚假诉讼的委托诉讼代理人，除依法制裁外，还应向司法行政部门、律师协会或者行业协会发出司法建议。对涉嫌虚假诉讼等犯罪的，应依法将犯罪的线索、材料移送侦查机关。

以上通知，请遵照执行。执行中有何问题，请及时报告我院。

最高人民法院指导案例229号
沙某某诉袁某某探望权纠纷案

（最高人民法院审判委员会讨论通过　2024年5月30日发布）

关键词　民事　探望权　未成年人　隔代探望　丧子老人

裁判要点

未成年人的父、母一方死亡，祖父母或者外祖父母向人民法院提起诉讼请求探望孙子女或者外孙子女的，人民法院应当坚持最有利于未成年人、有利于家庭和谐的原则，在不影响未成年人正常生活和身心健康的情况下，依法予以支持。

基本案情

沙某某系丁某某的母亲，其独生子丁某某与袁某某于2016年3月结婚，于2018年1月生育双胞胎男孩丁某甲、丁某乙。2018年7月丁某某因病去世。丁某甲、丁某乙一直与袁某某共同生活。沙某某多次联系袁某某想见孩子，均被袁某某拒绝。沙某某遂起诉请求每月1日、20日探望孩子，每次2小时。

裁判结果

陕西省西安市新城区人民法院于2021年6月18日作出民事判决：

原告沙某某每月第一个星期探望丁某甲、丁某乙一次，每次不超过两小时，袁某某应予配合。宣判后，袁某某不服，提起上诉。陕西省西安市中级人民法院于 2021 年 9 月 28 日作出民事判决：驳回上诉，维持原判。

裁判理由

沙某某系丁某甲、丁某乙的祖母，对两个孩子的探望属于隔代探望。虽然我国法律并未对祖父母或者外祖父母是否享有隔代探望权作出明确规定，但探望权系与人身关系密切相关的权利，通常基于血缘关系产生；孩子的父、母一方去世的，祖父母与孙子女的近亲属关系不因父或母去世而消灭。祖父母隔代探望属于父母子女关系的延伸，符合我国传统家庭伦理观念，符合社会主义核心价值观及公序良俗。隔代探望除满足成年亲属对未成年人的情感需求外，也是未成年人获得更多亲属关爱的一种途径。特别是在本案沙某某的独生子丁某某已经去世的情况下，丁某甲、丁某乙不仅是丁某某和袁某某的孩子，亦系沙某某的孙子，沙某某通过探望孙子，获得精神慰藉，延续祖孙亲情，也会给两个孩子多一份关爱，有利于未成年人健康成长，袁某某应予配合。同时，隔代探望应当在有利于未成年人成长和身心健康，不影响未成年人及其母亲袁某某正常生活的前提下进行，探望前应当做好沟通。

相关法条

《中华人民共和国民法典》第 10 条、第 1043 条、第 1045 条、第 1086 条

最高人民法院指导案例228号
张某诉李某、刘某监护权纠纷案

（最高人民法院审判委员会讨论通过 2024年5月30日发布）

关键词 民事 监护权 未成年人 婚姻关系存续期间 平等监护权

裁判要点

1. 在夫妻双方分居期间，一方或者其近亲属擅自带走未成年子女，致使另一方无法与未成年子女相见的，构成对另一方因履行监护职责所产生的权利的侵害。

2. 对夫妻双方分居期间的监护权纠纷，人民法院可以参照适用民法典关于离婚后子女抚养的有关规定，暂时确定未成年子女的抚养事宜，并明确暂时直接抚养未成年子女的一方有协助对方履行监护职责的义务。

基本案情

张某（女）与李某于2019年5月登记结婚，婚后在河北省保定市某社区居住。双方于2020年11月生育一女，取名李某某。2021年4月19日起，张某与李某开始分居，后协议离婚未果。同年7月7日，李某某之父李某及祖母刘某在未经李某某之母张某允许的情况下擅自将李某某带走，回到河北省定州市某村。此时李某某尚在哺乳期内，张某多次要求探望均被李某拒绝。张某遂提起离婚诉讼，法院于2022年1月13日判决双方不准离婚。虽然双方婚姻关系依旧存续，但已实际分居，其间李某某与李某、刘某共同生活，张某长期未能探望孩子。2022年1月5日，张某以监护权纠纷为由提起诉讼，请求判令李某、刘某将李某某送回，并由自己依法继续行使对李某某的监护权。

裁判结果

河北省定州市人民法院于2022年3月22日作出民事判决：驳回原告张某的诉讼请求。宣判后，张某不服，提起上诉，河北省保定市中级人民法院于2022年7月13日作出民事判决：一、撤销河北省定州市人民法院一审民事判决；二、李某某暂由上诉人张某直接抚养；三、被上诉人李某可探望李某某，上诉人张某对被上诉人李某探望李某某予以协助配合。

裁判理由

本案的争议焦点是：李某某之父李某、祖母刘某擅自带走李某某的行为是否构成侵权，以及如何妥善处理夫妻双方虽处于婚姻关系存续期间但已实际分居时，李某某的抚养监护问题。

第一，关于李某某之父李某、祖母刘某擅自带走李某某的行为是否对李某某之母张某构成侵权。民法典第三十四条第二款规定："监护人依法履行监护职责产生的权利，受法律保护。"第一千零五十八条规定："夫妻双方平等享有对未成年子女抚养、教育和保护的权利，共同承担对未成年子女抚养、教育和保护的义务。"父母是未成年子女的监护人，双方平等享有对未成年子女抚养、教育和保护的权利。本案中，李某、刘某擅自将尚在哺乳期的李某某带走，并拒绝将李某某送回张某身边，致使张某长期不能探望孩子，亦导致李某某被迫中断母乳、无法得到母亲的呵护。李某和刘某的行为不仅不利于未成年人身心健康，也构成对张某因履行监护职责所产生的权利的侵害。一审法院以张某没有证据证明李某未抚养保护好李某某为由，判决驳回诉讼请求，系适用法律不当。

第二，关于婚姻关系存续期间，李某某的抚养监护应当如何处理。本案中，李某某自出生起直至被父亲李某、祖母刘某带走前，一直由其母亲张某母乳喂养，至诉前未满两周岁，属于低幼龄未成年人。尽管父母对孩子均有平等的监护权，但监护权的具体行使应符合最有利于被监护人的原则。现行法律和司法解释对于婚内监护权的行使虽无明确具体规定，考虑到双方当事人正处于矛盾较易激化的分居状态，为最大限度保护未成年子女的利益，参照民法典第一千零八十四条“离婚后，不满两周岁的子女，以由母亲直接抚养为原则”的规定，李某某暂由张某直接抚养为宜。张某在直接抚养李某某期间，应当对李某探望李某某给予协助配合。

相关法条

《中华人民共和国民法典》第 34 条、第 1058 条、第 1084 条、第 1086 条

《中华人民共和国未成年人保护法》第 4 条、第 24 条

最高人民检察院指导案例 123 号
胡某祥、万某妹与胡某平赡养纠纷支持起诉案

（2021 年 11 月 29 日）

关键词 老年人权益保障 支持起诉 不履行赡养义务 多元化解机制

【要旨】

老年人依法起诉要求成年子女履行赡养义务，但是缺乏起诉维权能力的，检察机关可以依老年人提出的申请，支持其起诉维权。支持起诉的检察机关可以运用多元化解纠纷机制，修复受损家庭关系。案件办结后，可以开展案件回访，巩固办案效果。

【基本案情】

胡某祥、万某妹系夫妻。胡某祥现年 84 岁，基本丧失劳动能力。万某妹现年 75 岁，2019 年 7 月因出血性脑梗死、高血压、糖尿病等先后住院两次，丧失自理能力。胡某祥、万某妹夫妇育有 5 名子女且均已成家，其中长女胡某玉患有精神疾病无赡养能力，次子胡某平有赡养能力但拒绝赡养父母，其余三子女不同程度地承担赡养义务。胡某祥、万某妹夫妻每月收入不足 1400 元，无力支付医疗费、护理费，生活陷入困境。

【检察机关履职过程】

受理情况。2019年12月17日，胡某祥、万某妹夫妇因次子胡某平不履行赡养义务，生活陷入困境，就起诉维权事宜向江西省南昌市青山湖区罗家镇司法所申请法律援助，并向江西省南昌市青山湖区人民检察院（以下简称青山湖区检察院）申请支持起诉，该院审查后予以受理。

审查过程。青山湖区检察院经询问当事人、实地走访等了解到，胡某祥、万某妹夫妇生活基本不能自理，次子胡某平以其父母不抚养孙辈、财产分配不均等为由拒不分担老人医疗费、护理费，经村民委员会调解未果。考虑到本案系家事纠纷，应联合司法所、村民委员会等引导调处缓解家庭矛盾，青山湖区检察院开展了一系列有针对性的矛盾化解工作。一是主动约谈胡某平夫妇，向其宣讲老年人权益保障法等相关法律，阐明拒绝赡养老人的法律后果；二是主动邀请胡某平亲戚邻居参与矛盾化解，帮助胡某平夫妇认识到拒绝赡养老人带来的亲情损害，与社会主义核心价值观相悖。经多次调解，胡某平夫妇对父母的态度发生较大变化，愿意花钱请人护理，但其同意承担的费用与客观需要尚有一定差距，无法达成和解协议。

支持起诉意见。2019年12月23日，胡某祥、万某妹向江西省南昌市青山湖区人民法院（以下简称青山湖区法院）提起诉讼，青山湖区检察院同日发出支持起诉意见书。检察机关认为，敬老爱老自古以来就是中华民族的传统美德。成年子女应当履行对父母经济供养、生活照料和精神慰藉的赡养义务，使患病的父母及时得到治疗和护理。胡某平作为胡某祥、万某妹之子，拒不履行赡养义务，有违法律规定。

裁判结果。青山湖区法院受理本案后，青山湖区检察院主动就前期矛盾纠纷化解情况与法院沟通，配合开展调解工作。在法院、检察院、派出所、司法所等共同努力下，当事人达成调解协议。2019年12月26日，青山湖区法院作出民事调解书：一、胡某祥、万某妹的生活费由其

自理，子女胡会某、胡和某、胡某包及胡某平每月按顺序轮流负责护理父母胡某祥、万某妹，胡某平支付相应的护理费；二、胡某祥、万某妹的医疗费用由子女胡某平、胡某包各负担一半。

本案办结后，青山湖区检察院与青山湖区法院会签《关于加强民事支持起诉工作的协作意见》、与江西省南昌市青山湖区司法局会签《关于建立支持起诉和法律援助工作联系机制的规定》。青山湖区检察院联合当地村委会，开展“送法进乡村”活动，结合本案及其他相关案例开展普法宣传，教育引导村民知法守法，促进村风改善和乡村治理。2020年12月30日，青山湖区检察院联合法院、妇联、民政局、司法所以及村委会等相关单位，再次回访了胡某祥、万某妹夫妇。胡某祥反映，其子胡某平不仅及时给付医药费、护理费，还经常上门探望。胡某祥对检察机关等单位帮助修复受损家庭关系，实现家庭和睦表示衷心感谢。

【指导意义】

（一）**运用多元化解纠纷机制，修复受损家庭关系。**支持老年人追索赡养费案件，属于家事纠纷，要把化解矛盾、消除对立、修复受损家庭关系作为价值追求，坚持和发展新时代“枫桥经验”，将多元化解纠纷机制贯穿于支持起诉工作始终。要与司法行政机关、村委会、居委会基层群众性自治组织及人民调解组织等紧密合作，找准纠纷症结所在，做实做深矛盾化解工作，促使当事人达成和解协议。当事人未能达成和解协议诉至人民法院的，积极配合人民法院开展诉讼调解工作。通过人民调解、诉讼调解，最大限度地修复受损的家庭关系，树立优良家风，弘扬家庭美德。

（二）**老年人缺乏起诉维权能力的，检察机关可以支持老年人起诉。**百善孝为先。让老年人老有所养、老有所依是践行社会主义核心价值观的必然要求，是弘扬家庭美德的主要途径。成年子女不履行赡养义务的，缺乏劳动能力或者生活困难的父母有权要求成年子女给付赡养费。维护保障老年人合法权益是全社会的共同责任，县级以上人民政府负责老龄工作的机构，负责组织、协调、指导、督促有关部门做好老年人权益保障工作。基层群众性自治组织和依法设立的老年人组织亦负有维护老年人合法权益，为老年人服务的职责。检察机关履职中发现老年人合法权益受到侵害的，应当先行联系政府有关部门、基层群众性组织等为老年人维权提供帮助。老年人因年龄、身体、文化等原因不能独立提起诉讼追索赡养费而陷入生活困境的，其维权获得帮助后尚未解困的，检察机关可以支持老年人起诉，帮助老年人行使诉权，维护老年人的合法权益。

（三）**积极开展案件回访，巩固办案效果。**赡养包括经济帮助与亲情慰藉，缺一不可。新矛盾、新问题的出现可能造成已修复的家庭关系再次破裂。办理此类案件，不能一诉了之，而要持续关注并巩固办案效果。灵活采取电话回访、实地回访、联合回访等形式，跟踪了解生效裁判执行情况和家庭关系现状，及时化解新矛盾、解决新问题。

【相关规定】

《中华人民共和国民事诉讼法》第十五条

《中华人民共和国民法总则》第二十六条第二款

《中华人民共和国老年人权益保障法》第十四条、第十五条第一款、第十九条第二款

最高人民检察院指导案例第 121 号 姚某诉福建省某县民政局撤销婚姻登记检察监督案

（2021 年 8 月 17 日）

关键词 行政争议实质性化解　超过起诉期限　调查核实　公开听证　撤销冒名婚姻登记　刑事立案监督

【要旨】

人民检察院对于人民法院以超过起诉期限为由不予立案或者驳回起诉，当事人通过诉讼途径未能实现正当诉求的行政案件，应当发挥法律监督职能，通过促进行政机关依法履职，维护当事人合法权益。人民检察院办理行政诉讼监督案件，应当综合运用调查核实、公开听证、专家论证、检察建议、司法救助等多种方式，促进行政争议实质性化解。人民检察院办理婚姻登记行政诉讼监督案件，对确属冒名婚姻登记的应当建议民政部门依法撤销，发现有关个人涉嫌犯罪的，应当依法监督有关部门立案侦查。

【基本案情】

2013 年 12 月 11 日，一女子使用广西“莫某某”的姓名和身份证明与姚某登记结婚，并收取礼金 7 万余元。登记次日，该女子失踪。姚某向福建省某县民政局申请撤销婚姻登记，民政局认为根据法律规定只有受胁迫登记的才予以撤销，但姚某与“莫某某”的婚姻登记不存在胁迫情形，故未予受理。2019年5月24日，姚某向广西壮族自治区某县人民法院提起离婚诉讼，人民法院经审理查明，莫某某于2010年7月26日已与戚某登记结婚，该莫某某非2013年与姚某登记结婚的“莫某某”，在人民法院释明后，姚某撤回起诉。2019年8月21日，姚某再次向广西壮族自治区某县人民法院提起诉讼，要求宣告其与“莫某某”的婚姻无效。莫某某本人出庭应诉，经人民法院审理查明，结婚证照片上的女子并非该莫某某，莫某某并未与姚某办理结婚登记，故姚某的诉讼请求没有事实依据，人民法院遂裁定驳回姚某的起诉。

2020年1月3日，姚某向人民法院提起行政诉讼，请求撤销某县民政局于2013年12月颁发的结婚证。法院审查后认为，该结婚证系2013年12月11日登记颁发，姚某于2020年1月3日就此提起诉讼，已逾5年起诉期限，不符合立案条件，依法裁定不予立案。姚某不服，随后向某市中级人民法院提起上诉、向福建省高级人民法院申请再审，均未获得支持。

【检察机关履职情况】

案件来源。2020年7月，姚某向福建省某市人民检察院申请监督，检察机关初步审查后认为，姚某的起诉确已超过起诉期限，人民法院裁定不予立案并无不当，但姚某要求撤销婚姻登记诉求合法合理，提起民事诉讼、行政诉讼均未获人民法院裁判支持，行政机关又表示无权主动撤销，姚某的正当诉求无法通过其他途径实现，检察机关决定对此案开展行政争议实质性化解。

调查核实。为查明案涉婚姻是否应当被撤销，检察机关重点围绕案涉婚姻是否存在冒名登记开展调查核实。一是向某县民政局调取《婚姻登记档案》及婚姻登记信息等材料，查明与姚某登记合影照片中的

"莫某某"与身份证上的莫某某长相出入较大。且"莫某某"名下共有 5 次婚姻登记信息同时存续，依次在广西、浙江、山西、福建、安徽五省份。二是多次询问姚某及相关证人了解案情和诉讼过程，初步查明"莫某某"收取姚某 7 万元彩礼，冒用他人身份登记结婚并于次日出走等事实。三是福建省三级检察机关组成办案组赴山西跨省开展调查，走访多个相关单位和当事人，查明"莫某某"在山西省某县婚姻登记档案材料中的签名及照片与在福建省某县民政局办理婚姻登记的"莫某某"高度相似；山西某县同"莫某某"办理结婚登记的张某陈述其亦受骗并曾向公安机关报案。检察机关同时查明，姚某撤销婚姻登记的诉求持续 7 年未能得到解决，致使姚某不能与未婚妻登记结婚，两个子女难以落户就学。

公开听证与专家论证。为进一步厘清案件事实、统一认识分歧，检察机关决定进行公开听证。2020 年 9 月 16 日，检察机关邀请人大代表、政协委员、法学专家、政府法律顾问等参与公开听证。听证会重点围绕县民政局是否应当撤销姚某的婚姻登记展开，姚某和行政机关发表了意见，听证员对案涉有关问题进行询问并发表评议意见，多数意见认为县民政局应主动撤销婚姻登记。针对"冒名登记婚姻"应否撤销的法律适用问题，检察机关又邀请法学专家召开论证会。与会专家认为，1994 年《婚姻登记管理条例》规定，婚姻登记机关发现申请婚姻登记的当事人弄虚作假、骗取婚姻登记的，应当撤销婚姻登记，并宣布婚姻无效。虽然此后颁布的婚姻法（2001 年）和民法典均未再将"冒名结婚""假结婚"等明确规定为当事人可请求撤销婚姻的情形，但在检察机关充分调查核实认定骗婚事实的基础上，民政部门主动纠正错误的颁证行为符合立法精神。

监督意见。检察机关认为，根据婚姻法第八条、《婚姻登记条例》第七条的规定，进行结婚登记的，男女双方必须亲自到婚姻登记机关进行结婚登记，婚姻登记机关应当对申请结婚登记当事人出具的证件、证明材料进行审查并询问相关情况，对于当事人符合结婚条件的，予以登记，发给结婚证。县民政局在“莫某某”系冒名的情况下为其与姚某办理结婚登记，缺乏婚姻登记的合法要件。基于已查明的事实，婚姻登记行为存在错误且对姚某造成重大影响，县民政局应予以纠正。2020年9月1日，检察机关向县民政局发出检察建议，建议其重新审查姚某的婚姻登记程序，并及时作出相关处理决定。针对“莫某某”冒用他人身份证明结婚、骗取财物涉嫌犯罪的行为，福建省某县人民检察院启动立案监督程序，通知县公安局依法立案侦查。目前“莫某某”已被抓获，该案正在侦办中。

争议化解。2020年10月10日，某县民政局注销了姚某与“莫某某”的婚姻登记，姚某的诉求得以实现，持续7年的行政争议得到实质性化解。同年10月14日，某县民政局为姚某和其未婚妻岳某某办理了婚姻登记。鉴于因撤销婚姻登记一案，姚某长期奔波申诉，生活陷入困境，某县人民检察院决定给予姚某司法救助4万元，并帮助姚某解决子女就学等实际困难。

【指导意义】

（一）对于因超过起诉期限被人民法院裁定不予立案或者驳回起诉，当事人通过诉讼途径难以维护合法权益的案件，检察机关应当发挥法律监督职能，促进行政争议实质性化解。人民法院以超过法定起诉期限裁定不予立案或者驳回起诉并无不当的行政案件，并不意味着被诉行政行为当然合法。对这类案件，检察机关不能简单作出不支持监督申请决定，而应当从促进依法行政、推动行政争议实质性化解的角度，进一步审查行政行为的合法性，通过检察建议的方式，督促行政机关依法履行职责，保护公民合法权利，解决好群众身边的操心事、烦心事、揪心事。

（二）**人民检察院办理行政诉讼监督案件，应当加大调查核实、公开听证、专家论证、司法救助力度，促进行政争议实质性化解。**不少行政争议持续时间长、当事人双方矛盾深。化解行政争议应当以精准化为导向，加强精细化审查，通过调查核实、公开听证等方式查明案件事实，辨明是非，为化解争议奠定基础。针对法律适用的争议，可以邀请专家参与分析论证，统一法律适用分歧。对于行政行为存在违法或瑕疵的，应当有针对性地提出检察建议，促使行政争议从根本上解决。对于当事人因多年诉讼确有生活困难，符合司法救助条件的，检察机关应积极协调司法救助，纾解当事人的生活窘困，体现司法温暖，促进社会和谐。

（三）**人民检察院办理婚姻登记行政诉讼监督案件，对确属冒名婚姻登记的应当建议民政部门依法撤销，发现有关个人涉嫌犯罪的，应当依法监督公安机关立案侦查。**婚姻法及民法典未规定冒名登记结婚、假结婚可撤销情形，但结婚自愿是婚姻法的基本原则，提供虚假身份信息的一方当事人不具备缔结婚姻的真实意思表示，缺乏基本的结婚合意要件。人民检察院办理婚姻登记行政诉讼监督案件，经调查核实有证据证明婚姻登记一方当事人确属“骗婚”的，应当建议婚姻登记机关依法撤销婚姻登记。发现涉嫌犯罪的，应当监督公安机关依法立案查处。

【相关规定】

《中华人民共和国行政诉讼法》第一条、第十一条

《中华人民共和国人民检察院组织法》第二十一条

《中华人民共和国刑事诉讼法》第一百一十三条

《中华人民共和国婚姻法》第八条

《婚姻登记条例》第七条

《人民检察院行政诉讼监督规则（试行）》第十三条、第三十四条、第三十六条

《人民检察院检察建议工作规定》第十一条

最高人民检察院指导案例第126号 张某云与张某森离婚纠纷支持起诉案

（2021年8月17日）

关键词 妇女权益保障 支持起诉 反家庭暴力 尊重家暴受害人真实意愿

【要旨】

反家庭暴力是国家、社会和每个家庭的共同责任，检察机关应当加强与公安机关、人民法院、工会、共产主义青年团、妇女联合会、残疾人联合会、居民委员会、村民委员会等单位、组织的协作配合，形成维护家庭暴力受害人合法权益的合力。在充分尊重家庭暴力受害人真实意愿的前提下，对惧于家庭暴力不敢起诉，未获得妇女联合会等单位帮助的，检察机关可依申请支持家庭暴力受害人起诉维权。

【基本案情】

2006年3月9日，张某云与张某森登记结婚。2019年6月，因张某森实施家庭暴力，张某云起诉离婚。河北省武邑县人民法院（以下简称武邑县法院）审理后认定，夫妻双方结婚10余年，因家庭琐事发生纠纷，夫妻关系不睦，但夫妻感情尚未破裂；虽然张某云提交因遭受家庭暴力受伤的照片，但未能提供充分证据证实达到婚姻法规定的“家庭暴力”并导致夫妻感情确已破裂的程度，考虑到双方婚后育有两个子女，且尚未成年，父母离婚往往会对孩子成长产生不利影响，为顾及双方子女利益，家庭关系稳定，社会和谐，判决不准张某云与张某森离婚。一审判决生效后，张某森与张某云继续分居。张某森仍时常殴打、恐吓张某云，导致张某云无法正常生活，夫妻关系并未改善，反而更加恶化。

【检察机关履职过程】

受理情况。2020 年 4 月 12 日，张某云以遭受家庭暴力请求离婚为由向河北省武邑县司法局申请法律援助。在该局指引下，张某云向河北省武邑县人民检察院（以下简称武邑县检察院）申请支持起诉，该院审查后予以受理。

审查过程。武邑县检察院通过询问张某云，查阅张某云母亲王某同报案材料、派出所出警记录、张某云伤情照片、微信聊天记录等调查核实工作，查明：张某森对张某云多次实施殴打，造成张某云面部、颈部多处淤青、眼球充血；张某森还对张某云实施经常性恐吓等精神强制，致使张某云在第一次离婚诉讼时不敢出庭。武邑县检察院对张某云进行心理疏导，引导其走出心理阴影；向其宣讲反家庭暴力法等相关法律规定，鼓励其敢于向家庭暴力说不，勇于维护自身合法权益。

支持起诉意见。2020 年 4 月 16 日，张某云再次向武邑县法院提起离婚诉讼，武邑县检察院同日发出支持起诉意见书。检察机关认为，张某云长期遭受家庭暴力，系家暴受害妇女，其合法权益依法应得到保护，根据民事诉讼法第十五条之规定，可以支持其向人民法院起诉离婚。

裁判结果。2020 年 4 月 16 日，武邑县法院受理张某云的起诉。2020 年 5 月 28 日，武邑县法院作出一审民事判决，认定张某云遭受家庭暴力的事实，认为夫妻感情确已破裂，准予张某云与张某森离婚。一审判决后，张某森提出上诉。2020 年 7 月 15 日，河北省衡水市中级人

民法院作出民事调解书，双方当事人同意离婚，并就子女抚养、夫妻共同财产分割等达成协议。

【指导意义】

（一）**加强协作配合，形成保护家庭暴力受害人的合力**。国家禁止任何形式的家庭暴力。“法不入家门”已成为历史，反对家庭暴力不仅是家事，更是国家和全社会的共同责任。反家庭暴力法第四条规定，县级以上人民政府有关部门、司法机关、人民团体、社会组织、居民委员会、村民委员会、企事业单位，应当依照本法和有关法律规定，做好反家庭暴力工作。第六条至第十条、第十四条等诸多条款规定司法机关、行政机关、社会团体、群众性自治组织等在反家暴工作中的责任与义务。检察机关履职中发现家暴线索的，应当先行协调相关责任单位履职尽责。检察机关除做好家庭暴力受害人的法律宣讲、心理疏导外，可以与民政部门联系，将家庭暴力受害人安置到救助管理机构或者福利机构提供的临时庇护场所，提供临时生活帮助；可以引导家庭暴力受害人向公安机关报案、向人民法院申请人身保护令，保护其人身安全；对于涉嫌虐待犯罪的，可以引导家庭暴力受害人向人民法院提起刑事自诉追究加害人的刑事及附带民事赔偿责任。

（二）**尊重家庭暴力受害人真实意愿，依申请支持其起诉维权**。家庭暴力受害人享有婚姻自主权、人身损害赔偿请求权。家庭暴力受害人因害怕本人、父母、子女遭受报复等而不敢起诉维权，在获得妇女联合会等部门帮助下仍未能实现维权目标的，在充分尊重家庭暴力受害人真实意愿的前提下，检察机关可依其申请支持起诉，维护其合法权益。

【相关规定】

《中华人民共和国民事诉讼法》第十五条

《中华人民共和国婚姻法》第三条、第四十三条、第四十五条、第

四十六条

《中华人民共和国反家庭暴力法》第二条、第三条

《中华人民共和国妇女权益保障法》第四十六条

最高人民法院指导案例66号
雷某某诉宋某某离婚纠纷案

（最高人民法院审判委员会讨论通过　2016年9月19日发布）

关键词　民事　离婚　离婚时　擅自处分共同财产

裁判要点

一方在离婚诉讼期间或离婚诉讼前，隐藏、转移、变卖、毁损夫妻共同财产，或伪造债务企图侵占另一方财产的，离婚分割夫妻共同财产时，依照婚姻法第四十七条的规定可以少分或不分财产。

相关法条

《中华人民共和国婚姻法》第47条

基本案情

原告雷某某（女）和被告宋某某于2003年5月19日登记结婚，双方均系再婚，婚后未生育子女。双方婚后因琐事感情失和，于2013年上半年产生矛盾，并于2014年2月分居。雷某某曾于2014年3月起诉要求与宋某某离婚，经法院驳回后，双方感情未见好转。2015年1月，

雷某某再次诉至法院要求离婚，并依法分割夫妻共同财产。宋某某认为夫妻感情并未破裂、不同意离婚。

雷某某称宋某某名下在中国邮政储蓄银行的账户内有共同存款37万元，并提交存取款凭单、转账凭单作为证据。宋某某称该37万元，来源于婚前房屋拆迁补偿款及养老金，现尚剩余20万元左右（含养老金14322.48元），并提交账户记录、判决书、案款收据等证据。

宋某某称雷某某名下有共同存款25万元，要求依法分割。雷某某对此不予认可，一审庭审中其提交在中国工商银行尾号为4179账户自2014年1月26日起的交易明细，显示至2014年12月21日该账户余额为262.37元。二审审理期间，应宋某某的申请，法院调取了雷某某上述中国工商银行账号自2012年11月26日开户后的银行流水明细，显示雷某某于2013年4月30日通过ATM转账及卡取的方式将该账户内的195000元转至案外人雷某齐名下。宋某某认为该存款是其婚前房屋出租所得，应归双方共同所有，雷某某在离婚之前即将夫妻共同存款转移。雷某某提出该笔存款是其经营饭店所得收益，开始称该笔款已用于夫妻共同开销，后又称用于偿还其外甥女的借款，但雷某某对其主张均未提供相应证据证明。另，雷某某在庭审中曾同意各自名下存款归各自所有，其另行支付宋某某10万元存款，后雷某某反悔，不同意支付。

裁判结果

北京市朝阳区人民法院于2015年4月16日作出（2015）朝民初字第04854号民事判决：准予雷某某与宋某某离婚；雷某某名下中国工商银行尾号为4179账户内的存款归雷某某所有，宋某某名下中国邮政储蓄银行账号尾号为7101、9389及1156账户内的存款归宋某某所有，并对其他财产和债务问题进行了处理。宣判后，宋某某提出上诉，提出对夫妻共同财产雷某某名下存款分割等请求。北京市第三中级人民法院于2015年10月19日作出（2015）三中民终字第08205号民事判决：维持一审判决其他判项，撤销一审判决第三项，改判雷某某名下中国工商银行尾号为 4179 账户内的存款归雷某某所有，宋某某名下中国邮政储蓄银行尾号为 7101 账户、9389 账户及 1156 账户内的存款归宋某某所有，雷某某于本判决生效之日起 7 日内支付宋某某 12 万元。

裁判理由

法院生效裁判认为：婚姻关系以夫妻感情为基础。宋某某、雷某某共同生活过程中因琐事产生矛盾，在法院判决不准离婚后，双方感情仍未好转，经法院调解不能和好，双方夫妻感情确已破裂，应当判决准予双方离婚。

本案二审期间双方争议的焦点在于雷某某是否转移夫妻共同财产和夫妻双方名下的存款应如何分割。婚姻法第十七条第二款规定："夫妻对共同所有的财产，有平等的处理权。"第四十七条规定："离婚时，一方隐藏、转移、变卖、毁损夫妻共同财产，或伪造债务企图侵占另一方财产的，分割夫妻共同财产时，对隐藏、转移、变卖、毁损夫妻共同财产或伪造债务的一方，可以少分或不分。离婚后，另一方发现有上述行为的，可以向人民法院提起诉讼，请求再次分割夫妻共同财产。"这就是说，一方在离婚诉讼期间或离婚诉讼前，隐藏、转移、变卖、毁损夫妻共同财产，或伪造债务企图侵占另一方财产的，侵害了夫妻对共同财产的平等处理权，离婚分割夫妻共同财产时，应当依照婚姻法第四十七条的规定少分或不分财产。

本案中，关于双方名下存款的分割，结合相关证据，宋某某婚前房屋拆迁款转化的存款，应归宋某某个人所有，宋某某婚后所得养老保险金，应属夫妻共同财产。雷某某名下中国工商银行尾号为 4179 账户内的存款为夫妻关系存续期间的收入，应作为夫妻共同财产予以分割。雷某某于 2013 年 4 月 30 日通过 ATM 转账及卡取的方式，将尾号为 4179 账户内的 195000 元转至案外人名下。雷某某始称该款用于家庭开销，后又称用于偿还外债，前后陈述明显矛盾，对其主张亦未提供证据证明，对钱款的去向不能作出合理的解释和说明。结合案件事实及相关证据，认定雷某某存在转移、隐藏夫妻共同财产的情节。根据上述法律规定，对雷某某名下中国工商银行尾号4179账户内的存款，雷某某可以少分。宋某某主张对雷某某名下存款进行分割，符合法律规定，予以支持。故判决宋某某婚后养老保险金14322.48元归宋某某所有，对于雷某某转移的19.5万元存款，由雷某某补偿宋某某12万元。

（生效裁判审判人员：李春香、赵霞、闫慧）

涉婚姻家庭纠纷典型案例

（2025年1月15日）

编者按：2025年1月15日，最高人民法院举行新闻发布会，发布《最高人民法院关于适用〈中华人民共和国民法典〉婚姻家庭编的解释（二）》及4个典型案例，回应了当下婚姻家庭领域出现的新情况新问题，为司法实践提供了更为明确的裁判依据。

案例一：一方在结婚后将其婚前房产为另一方“加名”，离婚分割夫妻共同财产时，人民法院可以判决房屋归给予方所有，并综合考虑共同生活情况等因素合理补偿对方

——崔某某与陈某某离婚纠纷案

案例二：婚姻关系存续期间，一方父母将其房产转移登记至夫妻双方名下，离婚分割夫妻共同财产时，人民法院可以判决房屋归出资方子

女所有，并综合考虑婚姻关系存续时间、共同生活情况等因素合理补偿对方

——范某某与许某某离婚纠纷案

案例三：父母一方或者其近亲属等抢夺、藏匿未成年子女，另一方向人民法院申请人格权侵害禁令的，人民法院应予支持

——颜某某申请人格权侵害禁令案

案例四：夫妻一方在婚姻关系存续期间违反忠实义务将夫妻共同财产赠与第三人的行为无效，另一方请求第三人全部返还的，人民法院应予支持

——崔某某与叶某某及高某某赠与合同纠纷案

案例一：一方在结婚后将其婚前房产为另一方“加名”，离婚分割夫妻共同财产时，人民法院可以判决房屋归给予方所有，并综合考虑共同生活情况等因素合理补偿对方

——崔某某与陈某某离婚纠纷案

【基本案情】

崔某某与陈某某（男）于 2009 年 1 月登记结婚。2009 年 2 月，陈某某将其婚前购买的房屋转移登记至崔某某、陈某某双方名下。陈某某为再婚，与前妻育有一女陈某。崔某某与陈某某结婚时，陈某 15 岁，平时住校，周末及假期回家居住。崔某某与陈某某未生育子女。2020 年，双方因家庭矛盾分居，崔某某提起本案诉讼，请求判决其与陈某某离婚，并由陈某某向其支付房屋折价款 250 万元。陈某某辩称，因崔某某与其女儿陈某关系紧张，超出其可忍受范围，双方感情已破裂，同意离婚。崔某某对房屋产权的取得没有贡献，而且，婚后陈某某的银行卡

一直由崔某某保管，家庭开销均由陈某某负担，故只同意支付 100 万元补偿款。诉讼中，双方均认可案涉房屋市场价值 600 万元。

【裁判结果】

审理法院认为，崔某某与陈某某因生活琐事及与对方家人矛盾较深，以致感情破裂，双方一致同意解除婚姻关系，与法不悖，予以准许。案涉房屋系陈某某婚前财产，陈某某于婚后为崔某某“加名”系对个人财产的处分，该房屋现登记为共同共有，应作为夫妻共同财产予以分割。至于双方争议的房屋分割比例，该房屋原为陈某某婚前个人财产，崔某某对房屋产权的取得无贡献，但考虑到双方婚姻已存续 10 余年，结合双方对家庭的贡献以及双方之间的资金往来情况，酌定崔某某可分得房屋折价款 120 万元。该判决作出后，双方均未提出上诉，判决已发生法律效力。

【典型意义】

根据民法典第一千零六十五条规定，男女双方可以约定婚姻关系存续期间所得的财产以及婚前财产归各自所有、共同所有或者部分归各自所有、部分共同所有。夫妻对婚姻关系存续期间所得的财产以及婚前财产的约定，对双方具有法律约束力。婚姻关系存续期间，夫妻一方将其个人所有的婚前财产变更为夫妻共同所有，该种给予行为一般是以建立、维持婚姻关系的长久稳定并期望共同享有房产利益为基础。离婚分割夫妻共同财产时，应当根据诚信原则妥善平衡双方利益。本案中，双方共同生活时间较长，但婚后给予方负担了较多的家庭开销，人民法院综合考虑共同生活情况、双方对家庭的贡献、房屋市场价格等因素，判决房屋归给予方所有，并酌定给予方补偿对方 120 万元，既保护了给予方的财产权益，也肯定了接受方对家庭付出的价值，较为合理。

案例二：婚姻关系存续期间，一方父母将其房产转移登记至夫妻双方名下，离婚分割夫妻共同财产时，人民法院可以判决房屋归出资方子女所有，并综合考虑婚姻关系存续时间、共同生活情况等因素合理补偿对方

——范某某与许某某离婚纠纷案

【基本案情】

2019 年 12 月，许某某（男）父母全款购买案涉房屋。2020 年 5 月，范某某与许某某登记结婚。2021 年 8 月，许某某父母将案涉房屋转移登记至范某某、许某某双方名下。范某某与许某某婚后未生育子女。2024 年，因家庭矛盾较大，范某某提起本案诉讼，请求判决其与许某某离婚，并平均分割案涉房屋。许某某辩称，同意离婚，但该房屋是其父母全款购买，范某某无权分割。诉讼中，双方均认可案涉房屋市场价值为 30 万元。

【裁判结果】

审理法院认为，范某某起诉离婚，许某某同意离婚，视为夫妻感情确已破裂，故依法准予离婚。关于案涉房屋的分割，虽然该房屋所有权已在双方婚姻关系存续期间转移登记至范某某和许某某双方名下，属于夫妻共同财产。但考虑到该房屋系许某某父母基于范某某与许某某长期共同生活的目的进行赠与，而范某某与许某某婚姻关系存续时间较短，且无婚生子女，为妥善平衡双方当事人利益，故结合赠与目的、出资来源等事实，判决案涉房屋归许某某所有，同时参考房屋市场价格，酌定

许某某补偿范某某7万元。

【典型意义】

根据民法典第一千零八十七条规定，离婚时，夫妻的共同财产由双方协议处理；协议不成的，由人民法院根据财产的具体情况，按照照顾子女、女方和无过错方权益的原则判决。婚姻关系存续期间，由一方父母全额出资购置的房屋转移登记至夫妻双方名下，离婚分割夫妻共同财产时，可以根据该财产的出资来源情况，判决该房屋归出资方子女所有，但需综合考虑共同生活及孕育共同子女情况、离婚过错、离婚时房屋市场价格等因素，确定是否由获得房屋一方对另一方予以补偿以及补偿的具体数额。本案中，人民法院综合考虑婚姻关系存续时间较短、未孕育共同子女、房屋市场价格等因素，判决房屋归出资方子女所有，并酌定出资方子女补偿对方7万元，既保护了父母的合理预期和财产权益，也肯定和鼓励了对家庭的投入和付出，较好地平衡了双方利益。

案例三：父母一方或者其近亲属等抢夺、藏匿未成年子女，另一方向人民法院申请人格权侵害禁令的，人民法院应予支持

——颜某某申请人格权侵害禁令案

【基本案情】

2015年，颜某某与罗某某（男）登记结婚。2022年7月，颜某某生育双胞胎子女罗大某（男）、罗小某（女）。罗大某、罗小某出生后，与颜某某、罗某某共同生活居住在A省。因家庭矛盾未能得到有效调和，2024年3月，罗某某及其父母、妹妹等人将罗大某强行带离上述住所并带至B省。此后，罗大某与罗某某的父母在B省共同生活居住。

经多次沟通，罗某某均拒绝将罗大某送回。颜某某遂提起本案申请，请求法院裁定罗某某将罗大某送回原住所并禁止罗某某抢夺、藏匿未成年子女。

【裁判结果】

审理法院认为，父母对未成年子女抚养、教育和保护的权利是一种重要的身份权，抢夺行为严重侵害未成年子女的人格权益和父母另一方因履行监护职责产生的权利。颜某某以其对儿子罗大某的监护权受到侵害为由向人民法院申请禁令，人民法院依法应予受理并可以参照民法典第九百九十七条的规定进行审查。因抢夺子女形成的抚养状态，是一种非法的事实状态，不因时间的持续而合法化。该抢夺子女的行为强行改变未成年子女惯常的生活环境和亲人陪伴，不利于未成年人身心健康，严重伤害父母子女之间的亲子关系。人民法院裁定罗某某自收到裁定之日起 7 日内将罗大某送回原住所，并禁止罗某某实施抢夺、藏匿子女或擅自将子女带离住所等侵害颜某某监护权的行为。本案裁定发出后，人民法院组织对双方当事人开展家庭教育指导，并现场督促罗某某购买车票将罗大某从 B 省接回 A 省。

【典型意义】

解决分居状态下抢夺、藏匿未成年子女问题的前提是及时快速制止不法行为，尽量减少对未成年人的伤害。签发人格权侵害禁令，可以进行事先预防性保护，避免权利主体受到难以弥补的损害。民法典第一千零一条规定，对自然人因婚姻家庭关系等产生的身份权利的保护，在相关法律没有规定的情况下，可以根据其性质参照适用人格权保护的有关规定。父母对未成年子女抚养、教育和保护的权利是一种重要的身份权，人民法院针对抢夺、藏匿未成年子女行为参照适用民法典第九百九十七条规定签发禁令，能够快速让未成年子女恢复到原来的生活状态，是人格权保护事先预防大于事后赔偿基本理念的具体体现，对不法行为形成有力的法律震慑。

案例四：夫妻一方在婚姻关系存续期间违反忠实义务将夫妻共同财产赠与第三人的行为无效，另一方请求第三人全部返还的，人民法院应予支持

——崔某某与叶某某及高某某赠与合同纠纷案

【基本案情】

崔某某与高某某（男）于 2010 年 2 月登记结婚。婚姻关系存续期间，高某某与叶某某存在不正当关系，并于 2019 年 3 月至 2023 年 9 月向叶某某共转账 73 万元。同期，叶某某向高某某回转 17 万元，实际收取 56 万元。崔某某提起本案诉讼，请求判令叶某某返还崔某某的夫妻共同财产 73 万元。叶某某辩称，高某某转给其的部分款项已消费，不应返还。高某某认可叶某某的主张。

【裁判结果】

审理法院认为，在婚姻关系存续期间，夫妻双方未选择其他财产制的情况下，对夫妻共同财产不分份额地共同享有所有权。本案中，高某某未经另一方同意，将夫妻共同财产多次转给与其保持不正当关系的叶某某，违背社会公序良俗，故该行为无效，叶某某应当返还实际收取的款项。对叶某某关于部分款项已消费的主张，不予支持。

【典型意义】

根据民法典第一千零四十三条规定，夫妻应当互相忠实，互相尊重，互相关爱。婚姻关系存续期间，夫妻一方为重婚、与他人同居以及

其他违反夫妻忠实义务等目的，私自将夫妻共同财产赠与他人，不仅侵害了夫妻共同财产平等处理权，更是一种严重违背公序良俗的行为，法律对此坚决予以否定。权益受到侵害的夫妻另一方主张该民事法律行为无效并请求返还全部财产的，人民法院应予支持。不能因已消费而免除其返还责任。该判决对于贯彻落实婚姻家庭受国家保护的宪法和民法典基本原则，践行和弘扬社会主义核心价值观具有示范意义。

打造枫桥式人民法庭
促推婚姻家事纠纷诉源治理

——最高人民法院发布第七批新时代人民法庭建设案例

（2024 年 5 月 24 日）

为深入学习贯彻习近平法治思想，认真贯彻纪念毛泽东同志批示学习推广“枫桥经验”60 周年暨习近平总书记指示坚持发展“枫桥经验”20 周年大会和全国调解工作会议精神，深入推进“枫桥式人民法庭”创建示范活动，最高人民法院以“打造枫桥式人民法庭促推婚姻家事纠纷诉源治理”为主题，在各地高级人民法院严格把关、认真推荐基础上，经广泛征求意见建议，选取符合工作实际、体现诉源治理实效、具有可推广性的典型经验，作为第七批新时代人民法庭建设案例予以印发，集中展示人民法庭在促推婚姻家事纠纷特别是涉离婚、高额彩礼纠纷诉源治理，推动移风易俗等方面的实践与创新，引领全国人民法庭进一步做深做实新时代“枫桥经验”，针对性开展诉源治理专项攻关，集中促推婚姻家事、道路交通、民间借贷、物业服务等类型纠纷、案件数量明显下降。

本批典型案例相关经验做法，严格贯彻《最高人民法院关于推动新时代人民法庭工作高质量发展的意见》，符合“枫桥式人民法庭”创建标准，为人民法庭立足和延伸审判职能，做实婚姻家事纠纷诉源治理树立了标杆和典范。各级人民法院将坚持能动履职，通过做实指导调解法定职能、推进矛盾纠纷多元化解、及时制发司法建议、推动修订村规民约、发挥案例库和法答网作用、灵活开展法治宣传等方式，切实将中央治理高额彩礼、推进移风易俗工作落到实处，有效推动诉源治理、社会治理、国家治理。

为切实将中央治理高额彩礼、推进移风易俗工作落到实处，最高人民法院发布“打造枫桥式人民法庭促推婚姻家事纠纷诉源治理”典型案例暨新时代人民法庭建设案例（七）。

【案例 246】北京市密云区人民法院巨各庄人民法庭：“三维一体”打造特色家事法庭助推新时代家庭文明建设

【案例 247】河北省承德县人民法院城关人民法庭：打好“防调审访”组合拳绘就家事纠纷诉源治理新“枫”景

【案例 248】内蒙古自治区土默特右旗人民法院美岱召人民法庭：“议、谈、调、讲、访”五言工作法解锁家事纠纷“和”字密码

【案例 249】江苏省射阳县人民法院黄沙港人民法庭：能动履职共享共治以“融合微法庭”护航和谐家“枫”

【案例 250】浙江省平阳县人民法院水头人民法庭：线下线上相融合多元解纷促家和家事审判改革绘就新“枫”景

【案例 251】山东省莘县人民法院燕店人民法庭：“莘”耕诉源治理全流程化解家事纠纷

【案例 252】河南省睢县人民法院河堤人民法庭：“三请”工作法预防化解农村高额彩礼纠纷

【案例 253】广东省广州市花都区人民法院花山人民法庭：打造“花好月圆”解纷品牌做实家事纠纷诉源治理

新时代人民法庭建设案例第 246 号

北京市密云区人民法院巨各庄人民法庭“三维一体”打造特色家事法庭助推新时代家庭文明建设

北京市密云区人民法院巨各庄人民法庭立足家事审判工作特色，促推婚姻家事纠纷诉源治理，努力实现家事审判工作高质量发展。3 年来，法庭共审理离婚、继承等家事纠纷 1027 件，反家庭暴力工作经验多次被中央媒体刊物宣传推广，被授予“全国巾帼文明岗”称号，法庭干警获评“全国维护妇女儿童权益先进个人”。2024 年 1 至 4 月，家事案件收案 167 件，相较去年同期下降 14.9%，诉源治理工作成效逐步显现。

一、注重“调解优先”，推动家事纠纷实质性解决

坚持贯彻“和为贵、调为先”的工作理念，将调解贯穿于诉前化解、案件审理全过程，将法理情相融合，化解纷争护住亲情。

一是利用 12368“一号响应”，做实指导调解法定职能。依托多元解纷诉调对接中心，指定专职联络人与基层治理主体对接，推动线上响应与线下落实有机结合、双向赋能，“以点带面”指导人民调解员、调解组织诉前化解离婚、赡养等家事纠纷 210 起，大力培养民间调解、行业调解和志愿服务力量。

二是对接行业性、专业性调解组织，增强调解实效性。联合金融消费纠纷人民调解委员会对离婚后财产纠纷、被继承人债务清偿纠纷进行调解，以即时履行促进纠纷实质化解。设立“家事小屋”，委派人民调解员、调解组织调处离婚、继承、赡养等家事纠纷 275 次。

三是成立“密之语”心理工作室，引入心理干预帮扶机制。将 240 余名心理指导师纳入资源库，为离婚妇女、单亲子女、家暴受害人开展心理疏导 36 案 85 人次。3 年来，涉家事类案件调撤率 51%，家事案件

一审服判息诉率 90.2%。离婚案件调解和好占离婚案件的 52%，妥善解决赡养、抚养纠纷 224 件，挽救破裂家庭 320 个。

二、坚持“德法并重”，培育社会主义核心价值观

充分弘扬“夫妻互敬、孝老爱亲、家庭和睦”等传统家庭美德，实现伦理道德与法律规则融通，推动道德和法律在司法框架内融合。

一是坚持能动履职，落实将社会主义核心价值观融入裁判文书释法说理。近年来，妥善审理多起夫妻婚内财产分割纠纷案件，突出家庭成员利益共同体地位，相关案例入选北京法院参阅案例；妥善化解涉养老机构服务合同纠纷，弘扬中华民族敬老爱老传统美德，相关案例入选最高人民法院涉养老服务民事纠纷典型案例；跨区域协同化解打赏网红婚约财产纠纷，推动形成社会主义家庭文明新风尚，相关案例入选北京法院服务保障京津冀协同发展典型案例。

二是探索完善家事案例培育和转化机制，充分发挥首案示范引领作用。定期召开新闻通报会，发布涉妇女、老人等特殊主体权益保护典型案例。签发《最高人民法院关于办理人身安全保护令案件适用法律若干问题的规定》实施后的北京法院首份人身安全保护令，入选北京法院涉民生民事典型案例。依法审结全区首例艾滋病患者撤销婚姻案，首次在继承案件中适用遗产管理人制度，支持妇女家庭劳务经济补偿。

三是持续推进司法改革微创新，以小举措满足新需求服务大变革。出台老年人权益司法保护实施意见，向民政局发送司法建议，组建涉老服务团队，提供上门法律服务 52 次。落实涉残优先立审执工作意见，为聋哑当事人协调手语翻译。针对离婚、赡养纠纷制作 7 类温情提示函，积极弘扬文明进步的婚姻家庭伦理观。

三、深化“多元解纷”，实现家事纠纷社会化治理

深入贯彻落实最高人民法院关于“枫桥式人民法庭”创建示范项目的部署要求，坚持和发展新时代“枫桥经验”，完善家事审判多元纠

纷解决机制，构建司法、行政和社会力量相融合的综合协调解纷模式。

一是重点依托“说法评理”平台，建立人民法庭主导的镇村三级解纷联动机制。与镇村司法所、派出所、村委会对接，提前介入、预防化解高铁占地纠纷 30 余起、农民工劳务合同纠纷 172 件。在镇街、社区建立家事纠纷基层联系点 10 个，“云法庭”便民服务点 6 个，共建普法驿站 4 个，实现辖区全覆盖，协同打造家事纠纷治理社会化格局。

二是大力开展“法官包村”工作，充分发挥人民法庭与辖区乡镇沟通联络的天然优势。深度对接党建引领，推动村规民约完善，创建无讼村居 23 个，共建乡村豆各庄村获评“全国民主法治示范村”。针对高额彩礼纠纷、涉残疾人婚姻家事纠纷等热点话题送法进乡村，开展巡回审判 300 余次，旁听群众 2000 余人次。

三是全面深化“法院”家事矛盾化解工作模式，源头治理家庭暴力问题。深化与妇联合作，签署维护妇女儿童权益工作共建协议，探索适用家事调查员制度，形成十项工作机制。与公安机关签署《关于家庭暴力的预防和处置办法》，定期召开联席会议，加强家庭暴力预防性分析研判，多次签发人身安全保护令，与各部门联动推进，打通“事先预防、事中干预、事后救济”环节，有力促进优良家风树立和家庭美德的建设。

新时代人民法庭建设案例第 247 号

河北省承德县人民法院城关人民法庭打好“防调审访”组合拳绘就家事纠纷诉源治理新“枫”景

河北省承德县人民法院城关人民法庭坚持和发展新时代“枫桥经验”，聚焦婚姻家事纠纷诉源治理，构建起诉前、诉中、诉后调处闭环机制，2022 年以来共受理婚姻家事纠纷 554 件，调解率达 82.34%，上诉率仅 0.90%，有执行内容的自动履行率达 95%，一审收案连续两年同比下降超 15%，特别是 2024 年第一季度一审收案 51 件，较去年同期下降 16.16%，所结案件无一信访。该法庭先后被授予河北省“维护妇女儿童权益先进集体”、河北省“青少年维权岗”等称号。

一、“源头”立足预防，筑牢平安前哨

一是及时预警。与妇联、民政、公安、乡镇等建立联合预警机制，利用大数据对家事纠纷多发地进行筛选、研判，及时反馈问题、发送预警，做到防患于未然，3 年来累计发送预警信息 5 份。二是巡回走访。利用巡回法庭深入走访，解疑释惑，动态掌握留守妇女、儿童、孤寡老人等重点群体合理化诉求，3 年来累计开展巡回走访 56 次。三是以案释理。将家庭家风家教建设融入普法宣传，利用女法官普法微家、“法庭说法法进万家”普法栏目、“法治护航”宣传月活动等以案释法、以案明理，引导群众树立正确的婚姻家庭观，3 年来累计开展法治宣传 108 次，受众 2 万余人次。

二、“诉前”多元调解，分层过滤矛盾

一是人民调解“优先”。以“乡里乡亲、有话好说”为情感纽带，对排查出的婚姻家事纠纷，由村街妇女主任、网格员在法官指导下先行调解，最大限度把矛盾吸附在当地。2022 年以来，指导调解婚姻家事纠纷 650 件。二是诉前调解“保障”。大力推行“法官 特邀调解员”模式，依托辖区 90 个法官工作室（站）、96 名特邀调解员，深入开展诉前调解，有效过滤矛盾纠纷。2022 年以来，特邀调解员参与诉前调解婚姻家事纠纷 780 件，调解成功率达 63.5%，其中离婚案件诉前调解和好占比 35%。其中，叔嫂 45 年积怨调解成功案例，获中央广播电视总台《乡理乡亲》栏目报道。三是行政调解“补充”。围绕财产分割和子女抚养问题，加强对民政局婚姻登记处业务支持，2022 年至今，通过婚姻登记处协议离婚 1684 件，进入诉讼程序的离婚、抚养费纠纷、离婚后财产分割纠纷呈逐年下降趋势。四是联合调解“兜底”。针对跨地

区、跨行业的家事纠纷，与党委、政府建立联合调解机制，实现多主体参与、多资源利用，形成多元联动化解合力。

三、“诉中”专业审理，力促事心双解

一是打造专业队伍。整合妇女儿童维权法庭和少年法庭职能，成立“法官 书记员 驻庭特邀调解员”的家事审判团队，集中资源和力量化解家事纠纷。通过组织旁听庭审、典型案例分析等，加强业务培训，提高审理水平和能力。1 人荣获“全国青少年普法教育优秀辅导员”称号。二是严格程序制度。完善财产申报、调查取证等工作制度，特别是对财产较多且双方争议较大的案件，要求双方如实填写“家事案件财产申报表”，告知双方法律后果，利于查清家庭财产。三是践行柔性司法。强化“保护性干预”，充分运用人身安全保护令为受害群体提供有力保护，累计发出人身安全保护令 198 份。瞄准子女教育在婚姻家庭关系中的重要作用，建立“庭前家访、庭上辩论、庭下对话”工作机制，为未成年人身心健康护航，用柔性审判彰显人文关怀。

四、“诉后”回访帮教，传递司法温情

一是跟踪问效。建立家事案件诉后回访机制，对判决履行情况定期跟踪回访，确保合法权益及时兑现，避免发生衍生案件。通过跟踪履行，家事案件自动履行率进一步提高。二是关爱帮扶。突出心理疏导，与妇联、教育等部门合作，对涉诉未成年人、离异家庭成员等及时进行心理健康疏导，消除对立、弥合亲情，切实传递司法温度。三是提升效能。对类案认真归纳分析，围绕高额彩礼诉源治理等指导制定村规民约、提出司法建议，提升婚姻家事纠纷源头治理质效。2023 年以来发出涉家事纠纷司法建议 2 份并被全部采纳。

新时代人民法庭建设案例第248号

内蒙古自治区土默特右旗人民法院美岱召人民法庭“议、谈、调、讲、访”五言工作法解锁家事纠纷“和”字密码

美岱召人民法庭位于内蒙古自治区包头市土默特右旗，处于《敕勒歌》中的敕勒川腹地。美岱召镇为重点农牧乡镇，共辖22个行政村，面积约443平方公里，总人口6.7万人。法庭通过转变司法理念，创新工作方式，探索出“议、谈、调、讲、访”化解婚姻家事纠纷五言工作法，深刻践行新时代“枫桥经验”，有效遏制辖区涉离婚、高额彩礼等纠纷的增长势头，实现近5年辖区高额彩礼纠纷“零出现”，婚姻家事案件量下降21.35%。

一、“议”诉求，深化源头治理

积极融入辖区党委领导的社会综合治理工作，参与辖区“议”诉求平台，做深做实指导调解法定职能。一方面，主动参与议事，及时解答婚姻家事纠纷议事中的法律问题。依托辖区的“小院议事厅”、道德评议会、村民议事会等村民议事渠道，结合土默特右旗人民法院“敕勒川解纷”小程序随时接收“议”事需求，共计为“议”家事纠纷提出源头化解意见20余条。另一方面，常态保持联络，规范婚姻家事纠纷调解议事工作。法庭与美岱召镇信访部门、派出所、司法所、法律服务所等单位联合组建“美岱召镇矛盾纠纷调处中心”，落实“访遍每一个村落”工作方法，与各村干部及调解员建立常态化联络，做到常了解、常商议、常调解、常规范。

二、“谈”心事，做细心理辅导

将“法”的“理性”与“情”的“感性”融合，通过与当事人

"谈"心事的辅导方式，实质性解决纠纷。一方面，开展心理咨询，从"心"化解纠纷。通过心理调解室，联合专业调解员、旗妇联及经验丰富的法官开展婚姻家事纠纷心理咨询辅导33次，以专业、柔性的人文关怀助力婚姻家事纠纷调和及未成年人保护。另一方面，依靠群众力量，以"行"共促和谐。发动群众力量对婚姻家事纠纷当事人进行心理疏导，辖区有"美云调解室""乐义调解室"，调解员不仅"坐诊"而且主动"上门问诊"20余次，及时为当事人解心结、释法结。

三、"调"纠纷，推动多元解纷

立足司法职能，秉持"如我在诉"理念联动"调"处纠纷，以"包融共治"诉源治理品牌为指引构建多元解纷格局。一方面，"政协法院"多元解纷，释放政协委员参与解纷效能。将政协委员纳入解纷"朋友圈"，特邀参与婚姻家事纠纷调处，有效将政协委员联系群众优势与法院维护公平正义、指导调解优势相结合，使纠纷化解在萌芽状态。2023年8月，自"政协 法院"美岱召人民法庭调解点设立以来，政协委员参与婚姻家事诉前调解案件26件，调解成功19件，成功率达73.1%。另一方面，联合多部门化解纠纷，调处群众关心的每一件"小案"。贯彻执行旗法院与旗公安局、司法局、民政局、妇联联合制定的《关于家事纠纷协调联动工作机制》，发挥法院促调解纷作用，逐步形成以人民调解为基础，各类调解优势互补、有机衔接、协调联动的调纷止争格局。

四、"讲"法治，引导村规风尚

法庭发挥前沿阵地作用，详"讲"新规、细"讲"风尚，强化彩礼前端治理，大力宣传文明新风。一方面，巡回审判与法治宣讲相结合，将婚姻家事案件的巡回审判搬到田间地头、农家院落。贯彻落实"能调则调、当判则判，调判结合、案结事了"政策，增强群众法治意识；同时以案释法，结合案件讲解婚姻家事案件及彩礼纠纷新规，发挥教育警示作用。另一方面，指导修订村规民约，以法治助力推行婚俗改革。助力辖区何家圐圙等村完成村规民约的修订完善，发挥党员干部和乡贤的示范引领作用，开展典型案例宣讲选树活动，用身边的榜样来影响、带动群众，以“和”为贵，引领婚俗新风尚。

五、“访”效果，精确监管预防

法庭从婚姻家事矛盾产生到化解全程动态跟踪，及时回“访”，精确防控，防患于未然。一方面，践行家事回访制度，以“访”确保履行。贯彻《关于开展执行通知前置、审判法官跟踪及执行立案前督促履行工作的实施办法（试行）》，建立家事调解案件档案库，通过实地家访、社区走访、电话回访等方式累计督促17位当事人按时履行离婚、赡养、抚养等协议确定的义务，保护妇女儿童权益。另一方面，排查婚恋家庭风险隐患，以“访”精准预防。以“一村一台账”方式，针对婚姻家事纠纷隐患形成排查登记、流转办理、跟踪回访等规范程序，动态跟踪，精准施策，最大限度使得婚姻家事纠纷化解在萌芽。

新时代人民法庭建设案例第249号

江苏省射阳县人民法院黄沙港人民法庭能动履职共享共治以“融合微法庭”护航和谐家“枫”

近年来，江苏省射阳县人民法院黄沙港人民法庭坚持和发展新时代“枫桥经验”，针对辖区家事案件占比近半、人口流动性大、渔业生产周期性强的实际，因地制宜，创新推动“融合微法庭”建设，运用信息化技术与辖区镇村联动联调、共治共享，一体推动婚姻家事纠纷源头治理。2022年以来，法庭年均诉前分流调解成功该类纠纷152件，成讼案件年均降幅达16%，依法推进家事不出村、矛盾不上交、纠纷真化解，以“小家”和睦维护“大家”和谐。

一、以“融合微法庭”平台聚力，推动婚家纠纷多元化解

一是聚力推动诉前分流。坚持“调解优先、诉讼断后”，对起诉到法庭的婚姻家事纠纷，引导当事人优选诉前调解，通过“江苏微解纷”分流至镇村组织调解。为避免分流形式化，辖区镇村设立16个“融合微法庭”，法庭人员借助该平台及时提出个性化事实调查要点、调解指导方案，实现纠纷在基层好接收、调得好。2023年，辖区婚姻家事纠纷诉前调解成功分流率提升至60%。

二是聚力推动纠纷联调。加强分流案件跟踪问效，及时与基层单位调解组织联系互动，做到有问必答、有需必应。与辖区派出所、司法所建立“庭所对接”机制，对于矛盾大、易激化的婚姻家庭类纠纷警情，法庭人员第一时间实时连线“出庭又出声”，提供法律咨询意见，实现合力解纷。2023年，实地化解矛盾139起，司法确认46件。

三是聚力推动矛盾预防。注重抓前端、治未病，主动融入辖区全县“鹤乡网格e事”活动，定期推送“一镇一表一建议”，通报预警辖区镇村多发性、苗头性婚姻家事纠纷矛盾，分析研判纠纷成因和对策建议，着力抓早抓小，解决在萌芽。对网格排查出的家暴、遗弃、虐待等特殊案事件，严防“民转刑”。法庭发送人身安全保护令3份，一则案例入选江苏法院人身安全保护令十大典型案例。

二、以“融合微法庭”线上聚会，提升婚家纠纷调解成效

一是强化重点案件会商。建立婚姻家事纠纷联席会议，对辖区一些纠纷复杂、矛盾激化的骨头案，加强集中研判，守好基层社会安全稳定底线。通过“融合微法庭”与镇村、妇联、派出所等定期开展线上会商，2023年及时排查化解重大家事纠纷21起，成功调处改嫁妇女继承权纠纷，获中央广播电视总台《乡理乡亲》栏目深度报道。

二是强化人民调解指导。坚持调训结合、实战实训，针对离婚、继承、赡养等类案，精心挑选典型案例，通过“融合微法庭”组织辖区

人民调解员、网格员观摩庭审和现场调解 163 人次，讲解类案法律规定，辅导调解技能。同时，认真分析沿海沿港区域家庭关系特点，总结推广与当地风俗习惯相契合的调解模式方法，做到事半功倍。2023 年，帮助 49 个濒临破裂家庭重拾亲情。

三是强化案件后续回访。认真做好离婚后子女抚养、家庭暴力等家事案件办理“后半篇文章”，推行“融合微法庭”线上回访，重点特殊案件上门走访，善始善终，善作善成。2023 年以来，法庭开展回访 54 人次，发放未成年人家庭教育指导令 18 份，一则涉抚养费纠纷案件入选最高人民法院、中华全国妇女联合会保护未成年人权益司法救助典型案例。

三、以“融合微法庭”为基点聚焦，打造婚家纠纷普法品牌

一是开好巡回审判庭。打造群众家门口的人民法庭，变“坐堂问案”为“送法上门”。每月选取婚姻家事典型案件，通过“融合微法庭”将庭审开进村居、码头现场，以人民群众看得见、听得懂的方式释明法理、讲透道理、表达情理。2023 年，法庭巡回审理 37 场次，实现“审理一案，教育一片”。

二是当好法治副校长。打造“法院 校园”未成年法治教育体系，依托“融合微法庭”与师生、家长零距离互动，推动建设平安法治校园；云端开展“法庭开放日”活动，线上沉浸式参观法庭、旁听庭审。2023 年以来，法庭法官担任三所学校的法治副校长，开展“送法进校园”“法庭开放日”活动 21 次，覆盖 1500 余人次。

三是拍好普法微视频。针对群众关心的彩礼、夫妻债务等热点问题，用好案例资源，自编自导自演推出“小曾说典”普法短视频，通过“融合微法庭”普法栏目播放，以“身边事”教育引导“身边人”，引导群众树立正确婚恋观，让婚姻始于爱，让彩礼归于礼。

新时代人民法庭建设案例第 250 号

浙江省平阳县人民法院水头人民法庭线下线上相融合多元解纷促家和家事审判改革绘就新“枫”景

浙江省平阳县人民法院水头人民法庭成立于 1951 年，依托浙江家事审判改革试点，立足乡村法庭定位和辖区红色资源优势，坚持和发展新时代“枫桥经验”，以“线下场所 线上应用”模式，加大司法服务供给力度，推进家事纠纷诉源治理。2019 年以来，审结家事案件 2308 件，调撤率从 56. 5%提升至 80. 5%，带动法庭总收案数连续 5 年下降，降幅达 42. 8%，相关经验做法得到《人民日报》等媒体宣传报道。

一、打造线下阵地，以柔性场景彰显司法人文关怀

用心打造“一区一站一室”线下阵地，以凸显家庭文化元素的场所设计，着力营造柔性解纷氛围，为家事案件当事人提供安全庇护、柔性调解等个性化服务。一是打造家和文化区。创新打造 200 余平方米家和文化专区，配置圆桌式审判庭、会客式调解区、亲情教育室与心理疏导室，打造“孝道、家和、反家暴”主题家风文化，营造温馨舒适氛围，促成 1260 对夫妻和好。二是组建联合指导站。联合民政部门在婚姻登记处设立“婚姻家庭联合指导站”，提供婚前辅导、离婚疏导、调解指导等司法服务，累计超 2000 余次，得到群众一致好评。2023 年，法庭家事纠纷诉前化解率达 78. 5%。三是设立家事调解室。成立“廖哥家事调解工作室”，内设调解、儿童游乐和哺乳等区域，设置单面镜、心理测试沙盘、按摩椅等心理辅导设施，缓和家事纠纷双方当事人对立情绪。2016 年工作室成立以来，已协助法院调解家事纠纷 2975 件，成功率达 67. 5%。

二、集成线上服务，以数智协同提升司法保护实效

迭代升级集业务智审、适老助残、关爱未成年人、反家暴人身保护等功能为一体的“法护家安”集成应用，再造家事解纷流程体系，为当事人提供“零次跑”线上便捷司法服务。一是“交互式”家庭教育指导。协同公安、妇联、教育、民政等职能部门，联合心理专家、教育专家和社会爱心力量，通过“法护家安”线上应用，推进家庭教育指导信息共享、及时响应、跟踪回访，办结家庭教育促进法施行后的浙江省首个家庭教育指导案例，发出家庭教育指导令 39 份，经验做法获《法治日报》报道。二是“全方位”人身安全保护。反家暴数据库汇集数据 2543 条，法庭在线签发人身安全保护令 29 例，并协同基层村社、妇联组织做好监督实施。近 3 年来，法庭辖区没有发生“民转刑”家事案件。审理的一起恋爱关系终止后当事人通过“法护家安”平台 24 小时内获得人身保护令的案例，入选最高人民法院第一批反家庭暴力典型案例。三是“立体化”适老助残扶弱。坚持传统服务优化和智能服务便利并行，通过设置“代理见证”确认诉讼真实意愿，创新“陪同诉讼”缓解“相对失能”当事人应诉困境，帮助各方当事人平等便捷参与诉讼程序。2023 年，法庭线上为老年人、残疾人提供诉讼能力评估等服务 120 余次，为妇女、儿童提供反家暴人身保护 16 件次，家事案件平均办理天数 31.4 天，同比缩短 36.7%。

三、构建长效机制，以多元共治促进案结事了人和

坚持法庭主导、部门联动、社会参与，着力构建“一团三员五心”长效机制，系统推进家事审判改革。2023 年，审结的家事案件服判息诉率达 99.6%。一是建强专业审判团队。选派 2 名熟悉家事审判业务、具备较强的综合协调能力的女法官，1 名心理辅导员，以及若干名人民陪审员、家事调解员，组建“2 1 N”家事专业审判合议庭，注重调整、修复和治疗情感关系，确保家事审判专业化、柔性化。2023 年，法庭

家事案件调解或撤诉结案491件。二是用活“三大员”机制。联合妇联、残联等部门组建家事调查员、调解员和观护员“三大员”队伍，推行离婚案件调解前置、财产申报、离婚冷静期、证书式离婚证明等机制，通过家事调查、陪同审判、判后回访等方式，全流程跟进案件办理。2023年，调查回访家事案件512件，自动履行率超80%。三是构筑“五心”工程。率先开展社会心理服务体系建设试点，对矛盾激烈、情绪波动较大的当事人，引入“组建心团、打造心房、筑牢心防、打开心结、传播心声”的“五心”机制，通过规范化使用人才、智能化硬件保障、常态化心理服务、专业化心理疏导、立体化心理宣传，进行立审执全流程心理评估、纠纷疏导。在法庭办结的一起离婚案件中，引入“三大员”机制并进行心理疏导，圆满解决孤独症孩子抚养权归属问题。该机制已在98个家事案件中成功适用，综合调撤率达87.5%。

新时代人民法庭建设案例第251号

山东省莘县人民法院燕店人民法庭
“莘”耕诉源治理全流程化解家事纠纷

2022年以来，山东省莘县人民法院燕店人民法庭坚持和发展新时代“枫桥经验”，“莘”耕家事纠纷诉源治理，打造诉前“治未病”、诉中“强疗效”、诉后“促修复”的婚姻家事纠纷全流程化解体系。近3年受理家事纠纷案件数量同比分别下降7.06%、11.35%、13.54%，有效推动家事纠纷就地化解，促进家庭社会和谐稳定。党支部多次被县直机关工委评为“五星级党支部”，“红色天平法护菜乡”在全省法院党建与审判执行工作深度融合党建品牌创新竞赛中荣获一等奖。

一、诉前“治未病”，推动家事纠纷前端预防化解

一是统筹推进，下好“一盘棋”。积极争取党委领导支持，严格落

实县委政法委与县法院联合制定的《关于依托网格化管理体系推进诉源治理的实施意见》，整合辖区人民调解组织、司法所、派出所等 19 家部门力量，理顺家事纠纷化解调处程序，明确各方职责，形成了党委领导、法院牵头、基层自治组织参与的家事纠纷诉源治理“一盘棋”推进新格局。

二是联动覆盖，织密“一张网”。在较大的村庄、社区设立 12 个“法官工作站”，驻站法官主动联络辖区网格员建立工作群，形成常态化联系机制，定期联动 227 名网格员开展全覆盖婚姻家事矛盾纠纷隐患排查，构建起了覆盖城乡的家事纠纷排查化解网络。2022 年以来，共排查家事纠纷隐患 200 余起，对有苗头性的家事矛盾做到早发现、早预防、早化解。

三是“五老”解纷，打通“一条链”。将老党员、老干部、老战士、老族长、老教师等“五老人员”纳入调解团队，优先调解本地本村本族家事纠纷，有效激活直面群众的基层自治力量，打通家事纠纷化解“一条链”，将家事纠纷化解在基层，实现矛盾“不出村”。2022 年以来，共指导农村“五老”解决各类家事纠纷 180 余起。

二、诉中“强疗效”，实现家事纠纷中端实质化解

一是打造一支专业化审判团队。选配家事审判经验丰富、细致亲和、专业能力强的女法官担任团队长，与法官助理、书记员、特邀家事调解员组建家事纠纷专业化审判团队，实现审有所专、审有所精。2022 年以来，该团队共调解家事纠纷 1092 起。

二是建立一套全流程调解机制。探索建立“家事调解员—法官助理—员额法官”三步调解模式，建立分层调解工作责任体系与配套考核奖惩机制，把调解工作贯穿诉前诉中全过程。2022 年以来，通过该机制实质化解家事案件 437 件，调撤率高达 40%。

三是营造一种柔性化解纷环境。对法庭进行升级改造，将“和合理念”融入到工作环境中，设立家事调解室、家庭教育工作站、心语

信箱、文化墙等，营造家事纠纷和谐化解的浓厚氛围，用“柔性审判”彰显人文关怀。

三、诉后“促修复”，促进家事纠纷后端综合治理

一是跟踪回访，促使破镜重圆。对夫妻调解和好、涉子女抚养、涉家暴等案件，逐一进行标记，形成“跟踪清单”，在结案后由承办人、法官工作室对案件法律效果、社会效果进行持续定期回访，跟踪修复家庭裂痕，防止家事纠纷再次发生。2022 年以来，借助实地走访、电话询访等方式回访家事案件 200 余件，帮助 47 个濒临破碎的家庭重归于好。

二是“司法救助”，助力家庭脱困。根据跟踪回访结果，承办法官为身心受创的家事纠纷当事人、未成年人和生活困窘的家庭申请司法救助。2022 年以来，共为 18 名困难当事人发放司法救助金 27 万余元。另外，通过政府帮扶、就业帮助等方式，助力 15 个困难家庭脱离困境。

三是延伸职能，培育和美家风。积极开展巡回审判和“人民法庭大讲堂”23 次，大力弘扬社会主义核心价值观和传统家庭美德，培育涵养和美新家风。设立并实体化运行家庭教育工作站，为在家事纠纷中受到感情创伤的妇女儿童提供心理指导和咨询。针对审理中发现的“高价彩礼”纠纷频发问题，及时向燕店镇政府、河店镇政府及 26 个村两委发出司法建议，就树立文明婚风提出意见建议，以司法建议“小切口”做好家事纠纷诉源治理“大文章”。

新时代人民法庭建设案例第 252 号

河南省睢县人民法院河堤人民法庭
“三请”工作法预防化解农村高额彩礼纠纷

2024 年以来，河南省睢县人民法院河堤人民法庭坚持和发展新时代“枫桥经验”，探索出预防化解高额彩礼纠纷“三请”工作法，让大

量纠纷止于未发、化于萌芽，推动乡村焕发文明新气象，不仅实现“矛盾不上交”，而且有效预防了“民转刑”“刑转命”案件发生。今年以来，新收涉高额彩礼纠纷案件 17 件，与去年同期相比下降 43.3%。

一、“请您多预防”，当好彩礼纠纷“吹哨人”

近年来，涉彩礼纠纷案件数量呈上升趋势，使很多家庭背上沉重经济负担，也给婚姻稳定埋下隐患，甚至引发恶性刑事案件。为从源头控制高额彩礼纠纷增量，河堤法庭充分前移法庭职能，联动社会各界，多措并举“抓前端、治未病”。

一是说“善策”。下乡走访、巡回审判、普法宣传时，法官宣讲涉高额彩礼纠纷法律问题，将法律条文、典型案例融入日常生活，通过面对面交流，引导群众争做文明新风的参与者、践行者。2024 年以来，法官在不同场合现身说法 51 次，受教育群众 1 万余人次。

二是送“妙计”。向社会发布高额彩礼纠纷典型案件和经验做法，将涉高额彩礼纠纷的法律法规、典型案例编写成册，通过乡镇政府、民政所、司法所、人民调解委员会、律师事务所、婚姻介绍所等部门或机构发放给群众 5000 余册。

三是开“良方”。主动融入诉源治理大格局，三年来向涉案辖区行政村及民政所、司法所、妇联等部门制发涉高额彩礼纠纷预防等内容的司法建议书 16 份，建议将婚事新办简办、限制高额彩礼纳入村规民约。2024 年前 4 个月，河南省睢县办理新婚登记 1187 对，其中，“零彩礼”“低彩礼” 525 对，高额彩礼陋习得到有效遏制。

二、“请您共调解”，当好解纷止争“有心人”

河堤法庭把非诉讼纠纷解决机制挺在前面，不断探索高额彩礼纠纷诉前调解、诉调对接、多元化解的新路径，推动高额彩礼纠纷源头化解、就地化解。

一是织密“一张网”。建立 3 个微信工作群，与辖区 208 名网格员形成良性互动。这张“网”以法庭为中心、覆盖辖区 3 个乡镇，指导村调解委员、网格员及时发布本村发生的高额彩礼纠纷或隐患，形成“党委领导、法庭引导、网格全覆盖、法治强保障”的诉源治理新格局，尽量将高额彩礼纠纷吸附在网格、化解在基层。2024 年以来，有 40 多起高额彩礼纠纷经网格员化解。

二是统筹“一条链”。与乡镇、村委会建立矛盾化解联动机制，从当地“五老”人员、法律明白人中选聘人民调解员 120 名，组建乡镇、村级法庭调解站 83 个，激活基层社会治理的“链条”，成功诉前调解高额彩礼纠纷 29 起。

三是下好“一盘棋”。法官在田间地头现场指导调解，对乡村干部、调解员进行高额彩礼纠纷排查化解集中培训，引导群众办事依法、遇事找法、解决问题用法、化解矛盾靠法。通过培训这盘“棋”，切实提升了 150 余名解纷人员的调解能力和技巧。

三、“请您来旁听”，当好万家灯火“守护人”

美满婚姻是和谐家庭的根基。河堤法庭对高额彩礼纠纷采用“同坐一室，集中调解”“一案调解，别案旁听”的方式，对涉高额彩礼纠纷进行集约化调解，以家庭“小平安”促进社会“大和谐”。

一是利用案例宣传引导。通过巡回审判等方式以案促调、以案普法，邀请同类纠纷当事人旁听相关案件的公开庭审，让当事人“观摩别人、反观自身”，促使 11 件同类纠纷快速化解。

二是组织旁听庭审活动。通过旁听同类纠纷，让高额彩礼纠纷当事人对自己的诉讼结果产生合理预期，建立起对法理情的正确评价尺度。2024 年以来，已有 28 位当事人在旁听后主动向法官表达调解意愿。

三是定期开展法官说法。在庭审中引导破除高额彩礼、相互攀比的陈规陋习，详细讲述高额彩礼、包办婚姻等遗风陋俗对家庭带来的危害，树立彩礼适度、婚姻自由的良好风尚，鼓励群众向高额彩礼说“不”，以文明乡风建设推进乡村振兴。

新时代人民法庭建设案例第253号

广东省广州市花都区人民法院花山人民法庭
打造“花好月圆”解纷品牌做实家事纠纷诉源治理

广东省广州市花都区人民法院花山人民法庭坚持和发展新时代“枫桥经验”，牢固树立“抓前端、治未病”理念，打造解纷平台、机制规范、调解促和“三联通”的“花好月圆”家事解纷品牌，努力推动家事纠纷从“化讼止争”向“少讼无讼”转变。3年来，诉前化解家事纠纷2560件，受理的家事案件年均递减20%以上，有关经验做法多次被国家级媒体报道推广。

一、平台“硬联通”：构建“百花齐放”多元共治格局

聚焦家事纠纷前端化，搭建三个平台，促推形成“党委领导、府院联动、庭村共建”的解纷大格局。

一是紧靠党委领导“畅渠道”。主动融入党委领导的社会治理体系，积极参加征拆联席会议，协助解决征拆衍生的家事纠纷200余件，实现家事矛盾就地化解。成立“百合花香”反家暴工作小组，畅通人身安全保护令申请绿色通道，制发《反家暴权利告知书》，严厉打击家暴行为，2023年受理的家暴案件同比下降66.7%。

二是联动民政部门“防衍生”。在婚姻登记中心设立“山茶花工作室”，建立审判人员指导、公益人员调处的“合家欢”关护模式，联合民政婚调员实时提供婚姻家庭辅导、家庭矛盾化解服务，调解和好165对夫妻。在国际劳动妇女节、七夕节等特殊节日，联合开展普法宣传活动，推进移风易俗，受众超1500人次。

三是形成村居合力“全闭环”。在侨乡村居设立“花侨汇·家事解纷驿站”，借助乡贤能人化解侨民家事纠纷65起，诉前调解成功率达70%。构建“巡回审判 清单问诊”工作机制，开展巡回审判20余场，

组织村民“列单”提需求、法官“研单”提对策、村委“发单”提反馈，为村居解决家庭纠纷120余件。深入整治农村高额彩礼陋习，“闪婚后闪离，彩礼还不还？”案获《人民法院报》报道。

二、机制“软联通”：开拓“向阳花开”预防化解路径

聚焦家事纠纷溯源治，创新三项机制，探索集“监护、教育、探望”于一体的未成年人保护进路。

一是以指定临时监护“补空白”。针对未成年人突发无人监护状况，主动适用民法典临时监护条款，发出全国首份《指定临时监护人告知书》，指定村委会履行临时监护职责；向民政、村居发出司法建议2份，督促填补监护漏洞、履行监护职责，避免未成年人因无人监护而陷入困境。

二是以家庭教育指导“护成长”。针对教育责任履行缺位的离异家庭，创新发出346份《家庭教育建议书》《家庭教育训诫令》，督促、指导离异家庭家长履行教育责任、转变教育方式，防止孩子因“缺爱”而误入歧途。选派法官担任中小学法治副校长，联合教育局、学校深入开展“家访普法”，促推科学家教、和谐家庭。

三是以破解探望困境“清执源”。针对离异家庭子女探望权纠纷多、探视难等困境，发出全省首份《探望权自动履行承诺书》，提前告知违反承诺需要承担的法律责任，督促家长自觉配合行使探望权。2022年至今共发出承诺书245份，无一案件因探望问题进入执行程序。

三、促和“心联通”：创设“花点心思”家事调解模式

聚焦家事纠纷实质解，夯实三个基础，打造“人民调解 专业调解 暖心调解”的特色调解模式。

一是指导人民调解“增助力”。选派3名资深家事法官担任家事调解指导员，推行“集中辅导 随时指导”授课模式，通过“线上线下”多种形式为人民调解员提供实务操作、案例分析等培训指导368人次。

其中一名常驻法庭的人民调解员诉前年均化解纠纷326件，被群众亲切称为“金牌调解员”。

二是组建“三员”队伍“强专业”。引入36名有教师、医生、社工等职业背景的家事调解员、家事调查员和心理疏导员，充分发挥“三员”通语言、熟风俗、善共情等特殊优势，广泛开展诉前家事调解、家事调查，参与的案件调撤率连续三年稳居65%以上，嵌入家事调查报告的案件无一被发改。

三是开展温情调解“暖人心”。秉持“柔性司法、暖心调解”理念，设立“花点时间”家事调解、“柳暗花明”家事调查、“朝花夕拾”案后回访全流程家事调解机制，配套圆桌法庭、家事沙龙、亲子活动室等8个功能专区，营造温馨氛围、消除对立情绪，引导双方自愿达成调解、自觉履行协议，促进家事纠纷实质化解。

新时代人民法庭建设案例第254号

海南省文昌市人民法院龙楼中心人民法庭
发挥“三个优势”建立“三个机制”
推动离婚纠纷温和化解

海南省文昌市人民法院龙楼中心人民法庭位于中国文昌航天发射场脚下，辖区包括东阁镇、文教镇、昌洒镇、龙楼镇和东郊镇，人口约14.5万。随着时代发展，离婚纠纷逐渐增多，龙楼法庭发挥多元解纷、审判职能、家庭情感“三个优势”，探索打造治调判并重、劝和与关爱、法官 父母 子女纠纷化解“三个机制”，因地制宜创新离婚纠纷温和化解模式，助推辖区群众树立正确婚姻观，引领新时代文明家庭新风尚。2023年以来，法庭加强离婚纠纷诉源治理，协同辖区司法所指导乡村法治服务中心等处理离婚纠纷19件，调解成功15件；立案受理离婚纠纷案件92件，其中调解结案42件、撤诉17件，调撤率为64.13%。

一、发挥多元解纷优势，打造“治调判并重”的离婚纠纷处理机制

一是发挥“乡村法治服务中心”作用，解纷资源延伸到离婚纠纷源头。2022年，法庭挂牌成立“乡村法治服务中心”，立足审判推进乡村依法治理，专门聘请1名法院调解员，联合辖区五个镇18名人民调解员，把离婚纠纷纳入多元化解平台，成功调和离婚纠纷19件。

二是与妇联、民政联合治理，主动融入基层社会治理。与镇妇联、民政等部门构建沟通机制，畅通辖区婚姻家庭纠纷渠道，通过在辖区开展普法宣传活动强化妇女儿童的法治观念和依法维权的能力。对存在家庭暴力等损害人身权益的家庭进行特殊关爱，强化专业化办案与社会化保护的配合衔接作用，为妇女儿童提供全方位司法保护、政府保护、社会保护。如在普法中得知潘某某可能遭受家庭暴力，联系相关部门指导其如何向法庭申请，经调查后依法发出人身安全保护令，发挥法院以法为盾、抵制家暴的作用，获得当地群众充分认可。

二、发挥审判职能优势，建立家庭关系“劝和与关爱”机制

一是建立婚姻关系“一书多联一唤”劝和机制。“一书”，即在每个离婚纠纷案件立案时向当事人发出《劝和书》，从夫妻感情、家庭责任、财产分割、子女抚养及教育等方面提示离婚纠纷案件当事人慎重考虑，为夫妻和好提供助力；“多联”，即联合妇联、民政、村委会、社区，集合调解员、法官助理、书记员等干警的力量，在保护隐私前提下，分阶段多次进行调解，共同开展劝和工作；“一唤”，即在纠纷处理时，从家庭、孩子入手，唤起当事人对家庭幸福生活美好回忆，减轻当事人心理压力和对抗情绪，探索更加适合离婚纠纷案件的调解工作模式。2024年以来，已发出《劝和书》4份，成功劝和2个家庭。

二是建立关爱未成年子女“一提示一提醒”机制。“一提示”，即

为避免离婚纠纷对未成年人产生不利影响，维护未成年人身心健康，在抚养纠纷、探望权纠纷等涉及未成年子女案件中，参照离婚案件开展“关爱未成年人提示”工作，向当事人发出《关爱未成年人提示》，提示当事人在解除婚姻关系后应关注未成年子女心理健康和情感需求，妥善处理抚养、探望等相关事宜，不得以抢夺或藏匿等方式争夺子女抚养权，为未成年人创造良好的生活成长环境；“一提醒”，即视案件具体情况，平衡家庭隐私和未成年关爱的关系，提醒妇联、社区、村委会关注离婚纠纷中的未成年人成长，凝聚关爱力量。2024 年共发出 18 份《关爱未成年人提示》，取得良好的社会效果。

三、发挥家庭情感优势，建立“法官—父母—子女”纠纷化解机制

一是婚姻状况必须听取家庭成员看法。法官在调解时，考虑实际情况选择是否邀请当事人的父母、子女到场，不能当场或不适合到场的必须通过其他方式听取家庭成员对于当事人婚姻存续与否的看法。帮助当事人对自己的感情保持更加冷静、清晰的认知，夯实调解工作基础。

二是抚养问题必须尊重未成年人意愿。涉未成年子女的抚养权案件作出裁判前，对于能清楚表达自身意愿的未成年子女，法官应积极听取意见，并在充分尊重未成年子女真实意愿的基础上进行裁判，以保障未成年子女的合法权益。

三是探望问题必须充分释明。向当事人释明子女抚养权的归属、探望权的行使等离婚后的现实问题，推动当事人积极履行生效法律文书，降低案件因抚养、探望等问题产生新的衍生纠纷，最大限度减少负面影响。办理的案件中，未发生因探望问题产生新的诉讼。

新时代人民法庭建设案例第 255 号

重庆市忠县人民法院翠屏人民法庭打造“忠城和‘枫’”特色品牌赋能家事纠纷诉源治理

重庆市忠县人民法院翠屏人民法庭立足大农村、大山区、大库区和少数民族乡于一体特征，根植地域文化沃土，将传统“忠”文化和“戒好讼”文化相融合，打造“忠城和‘枫’”家事解纷品牌，以巾帼力量护“小家”稳“大家”。近 3 年来，40%以上家事纠纷在村社就地就近化解，相较前一个 3 年，新收家事案件降幅近 20%，近六成案件以调解、撤诉结案。法庭干警均为女性，柔性司法深入人心，被当地群众亲切称为“女子法庭”。近年来，获“全国维护妇女儿童权益先进集体”“全国三八红旗集体”“全国法院人民法庭工作先进集体”等 11 项全国性荣誉，重庆市“青少年维权岗”“青年文明号”等 20 余项省级荣誉。

一、以文化人，传播家事关系“和理念”

发挥法治文化熏陶滋养作用，融“和”于家、融“和”于景。一是引领家和事美新风。结合审判实践，围绕父母、子女、兄弟、夫妻、婆媳、妯娌等六种家庭关系创作《家事劝和谣》，收集方言俗语、民间山歌编排《和谐歌》《劝郎歌》，依托村社大喇叭、“车载便民法庭”等广泛宣传，倡导形成尊老爱幼、妻贤夫安，母慈子孝、兄友弟恭的家庭关系。二是树立少讼无讼导向。建立“需求—研判—供给”家事普法新模式，近三年通过巡回审判、以案释法 150 余场，举办“小公民法律课堂”“乐天大讲堂”“翠屏法治夜校”等 40 余场，根据典型案例改编《孩子，我们回家》等法治情景剧、微电影 8 部，引导群众尊法学法、守法用法，理性平和解决家事纠纷。三是搭建柔性解纷阵地。家事调解室融入“家式”设计理念，墙壁和桌椅暖色搭配，用“丈夫”“妻子”等标识牌替代“原告”“被告”，设立亲子室、图书角、“家言家语”留言板，同步开通“云上法庭”，营造以和为贵、温馨舒适的解纷环境。

二、以文聚力，壮大家事调解“和力量”

践行“忠诚、尚法、巾帼”三大法庭文化，打造“1 N”家事解纷专业队伍。一是组建精英团队。围绕锻造“有思想、有品位、有责任、有能力、有业绩”的“五有”队伍目标，法庭 50%干警为硕士研究生学历；精心挑选业务骨干组建专门团队，提升法庭家事审判专业化水平。二是联动多方力量。聘请 130 名少先队辅导员、妇女主任、乡贤、退休教师等为家事调解员，对接“一街镇一法官”等 5 个平台，组成“家事调解帮帮团”，构建“网格—村社—街镇—法庭”分层递进调解模式。设立“忠法议事亭”“家庭教育指导站”“小橘灯儿童心灵驿站”，聘请心理疏导员、“爱心妈妈”40 余名，推动纠纷解决出“庭”入“亭”、出“庭”进“站”。三是履行指导职能。定期制发《家事调解员工作指引》，深入总结“以同理之心催化调解、以真诚之心成就调解、以关爱之心巩固调解”的“三心调解法”和“微笑、上门、倾听、事例”四大调解法宝等工作方法，常态化开展家事调解员素能培训，有效推动调解工作提质增效。

三、以文促治，共绘家事治理“和枫景”

坚持制度建设与司法实践齐步共进，推动家事治理工作更具实效。一是源头治理举措更有效。围绕农村赡养、丧偶儿媳继承权等问题制发司法建议 5 份，回复率 100%。靠前设立“乡村振兴法治工作站”2 个，联合党委政府创建“无讼村（社区）”2 个，助力法庭辖区 1 名村民获评孝老爱亲类“中国好人”，2 个村被命名为省级“民主法治示范村”，3 户家庭获评县“文明家庭”。二是诉调对接机制更健全。联合县职能部门出台诉调对接工作意见，促推全链条化解矛盾纠纷。建立健全涉未案件“三审合一”、离婚纠纷“冷静期”、直接执行“三养”案件、回访帮扶等“一揽子”制度机制，实现纠纷“一站式”解决。三是案结事了效果更明显。追求涉婚姻案件“三个效果”有机统一，近3年帮助60余对涉诉夫妻和好如初，及时介入处理涉家暴纠纷34起，将维护妇女权益条款变为良好司法效果。注重案结事了而非“结案了事”，追踪已结家事案件300余件，及时帮助申请民政社会救助11次，主动关心帮助老幼群体200余人次，积极指导100余个家庭落实家庭教育责任，开展志愿活动9次。

新时代人民法庭建设案例第256号

河北省秦皇岛市海港区人民法院长城大街人民法庭
专注化解家务事 特色机制促和谐

河北省秦皇岛市海港区人民法院长城大街人民法庭自1998年起专门审理全区范围内的婚姻家事案件，26年来共办理2万余件，平均调解成功率88%，服判息诉率98%。一审收案连续两年同比下降8.75%，特别是2024年第一季度，较去年同期下降10.36%。长城法庭始终坚持“化解一个案件，稳定一个家庭，促进一方和谐”办案理念，逐步形成“教育式调解、延伸式协作、贴心式服务”的家事审判特色机制，为辖区基层社会治理提供强劲的司法助力，先后获得“中国十佳人民法庭”“巾帼文明岗”“全国维护妇女儿童先进集体”等9项国家级荣誉。

一、“教育式调解”，助力诉源治理

一是开办婚教学校，聚焦源头化解“关键点”。联合妇联等七部门开办海港区婚姻教育学校，探索建立三种教学方法、三类教学内容、三种教学模式的婚教学校，引导当事人建立正确的婚姻观、家庭观，从而达到将纠纷化解在萌芽状态的效果。共举办婚教学习班200余次，帮助

13028 名存在婚姻家庭纠纷困扰的当事人修复情感，参加学习的当事人和好率达 30%。二是积极送法上门，拓展法治宣传“枫景线”。与妇联、司法局等部门紧密联系，组织授课和法治宣讲 90 余次，进社区、进乡村等提供法律咨询、开展法治宣传 100 余次，受益人群达 7000 余人，有力夯实群防群治基础。三是创新宣传载体，扩大家事普法“覆盖面”。结合审判实践自编《幸福从学习中开始》等婚教教材，录制婚姻家庭类系列短视频，进一步构建线上“婚姻家庭普法宣传阵地”，推动家事矛盾纠纷化解在基层、解决在萌芽。

二、“延伸式协作”，拓展多元解纷

一是地域延伸，畅通民调联络渠道。设置民调联络员工作室，与辖区各镇街人民调解委员会对接，保证家事纠纷调解地域全覆盖；指导各镇街人民调解员开展诉前咨询、分流和引导工作，平均每年接待咨询 400 多人次，其中 60%的咨询者了解相关知识后自行解决，10%由人民调解员调解成功，进一步推动矛盾纠纷多元化解，降低当事人诉讼成本。二是专业延伸，凝聚职能部门力量。依托党委政府支持，凝聚所有家事纠纷调解专业部门和组织力量，与妇联、司法局等部门建立市、区两级“一站式”婚姻家庭纠纷调处化解和诉调衔接机制，引导当事人自愿选择非诉渠道解决纠纷，促进当事人达成和解，实质性化解矛盾纠纷。2023 年 4 月至今，婚调委成功调解诉前案件 53 件。三是特殊延伸，强化人身保护联动。与区公安、妇联、民政、司法五部门建立人身安全保护联席会议，强化信息资源共享、执行协助。2017 年至今共受理人身安全保护令申请 20 余件，实现与联动部门同时对接，即公安同步训诫、妇联同步疏导、民政同步救助、司法局同步援助、法庭同步调处，“五同步”做法使 80%申请所涉纠纷都在第一时间调解解决并全部稳妥执行，有效防止家庭暴力升级，切实保障涉案妇女儿童合法权益。

三、“贴心式服务”，提升解纷质效

一是建立帮扶机制。与妇联、民政部门协调联动，及时为涉案困难当事人提供有效救助和帮扶，把司法救助贯穿于各个环节，构筑多渠道救助体系。二是注重情感修复。在案件办理中，始终将思想引导作为解纷基础，根据当事人情感状况和主要矛盾，在矛盾缓和期、跟踪调解期、回渡观察期等不同节点，灵活运用法理法、心理法、案例法、利弊法、冷热法、社会法、电话法、亲情法等不同调解方法修复当事人情感，力促和谐圆满。三是做好回访释法。通过入户回访、电话回访、微信回访等方式，做好判后答疑和以案释法工作，及时发现并妥善处理苗头性、倾向性矛盾隐患。其中赡养、调解和好案件做到100%回访。该制度执行以来，案件自动履行率达80%以上，二次起诉率低于20%。长城法庭紧紧围绕“公正与效率”主题，充分发挥人民法庭桥梁、窗口作用，不断延伸司法服务“毛细血管”，以专业精神、司法温度为家事审判添砖加瓦，绘就司法为民新“枫”景。

新时代人民法庭建设案例第257号

内蒙古自治区翁牛特旗人民法院乌丹人民法庭
坚持“和合共融”打造家事审判新“枫”景

内蒙古自治区翁牛特旗人民法院乌丹人民法庭辖区包括2个街道、18个社区、9个行政村，人口密集，流动性大，蒙汉聚居。近年来，乌丹法庭专门审理家事案件，秉持“和合共融”工作理念，充分运用“3 6 5”工作法，不断加强诉源治理、指导调解、多元化解、专业化审理机制建设，着力打造“服务型”“创新型”“智慧型”家事法庭品牌，家事案件从2021年的460件下降到2023年的335件，调撤率从2021年的73%上升到2023年的85%，实现以家庭和睦助推社会和谐。

一、“合”而为一，擦亮司法为民服务底色

为回应人民群众司法需求，法庭通过指导调解、制发司法建议，指

导修订村规民约，打造优质高效“服务型”法庭家事品牌。

一是“指导调解 流程管理”，提升家事纠纷化解能力。聘请辖区司法所、妇委会、社区居委会干部等约 40 名调解员组成家事调解队伍，总结提炼“望闻问切”调解法，积极落实联席会议制度和《调解委员会章程》，实现指导培训、委托调查和调解、司法确认全流程管理。2023 年至今，诉前化解家事纠纷 183 件。

二是“司法建议 联动整改”，扩展家事纠纷审判效能。针对涉未成年人保护案件中反映的普遍性问题进行总结研究，形成调研报告，向有关主管机关制发司法建议，主动与相关部门建立协调整改机制，彻底解决问题。2023 年向公安、教育部门以及辖区学校制发 3 份有关未成年人保护的司法建议并得到及时回复。其中，翁牛特旗公安局采纳建议与法院、检察院联合开展宾馆行业接待未成年人专项治理工作，取得良好社会效果。

三是“抵制高价彩礼 修订村规民约”，助推家事纠纷靶向治疗。向社会发出抵制高额彩礼倡议书，开设移风易俗法制课堂，宣讲涉高额彩礼纠纷、离婚纠纷、未成年人保护等典型案例，支持政府起草《村规民约制定细则》，指导村规民约规范制定，助推村规民约落到实处。2023 年至今，已经指导 8 个村、5 个社区完成村规民约制定，普法课堂开讲 20 次，发放普法手册、倡议书 2000 余份。

二、以“和”为贵，织密平安社会保护网

以家风、家教、家庭建设为切入点，充分运用“3 6 5”工作法，实现法庭司法功能与社会功能有机结合，打造“创新型”法庭家事品牌。

一是三个坚持，点对点扶正家庭建设导向。坚持调解原则贯穿案件审理全过程，充分梳理和平衡情感利益与财产利益；坚持弱势群体保护原则，落实妇女儿童老年人权益保护；坚持庭审教育原则，在庭审中严肃批评家庭暴力等行为，并为当事人提供家庭教育指导，2023 年至今

发放《家庭教育责任告知书》《探望权履行承诺书》244份。

二是六项举措，纵向延伸审判职能作用。诉讼引导，发放家事纠纷举证指南和典型案例；诉前调解，挽救冲动型离婚；诉中调查，找到矛盾症结；心理疏导，弥合情感裂痕；案后回访，开展司法救助，延伸司法关爱；督促执行，巩固司法裁判效果，实现“和合无讼”。2023年至今对11名受害者进行救助，在辖区6所小学设立爱亲会见室，方便离异家庭行使探望权。案件申请执行率从2019年的37%下降到2024年的5.4%。

三是五个助力，横向拓宽诉源治理广度。助力法治校园，法庭庭长担任辖区6所学校的法治副校长，2023年进校园普法20余次；助力未成年人保护，开展“关爱留守儿童计划”，招募爱心志愿者80余人，2023年开展活动8次，架起留守儿童与法庭桥梁；助力妇女权益保护，向辖区妇联提出17项意见建议；助力基层家庭建设，在乌丹镇赛钦塔拉嘎查评选12户“最美家庭”，选树幸福家庭榜样；助力打造“无讼社区”，在社区开展法律咨询、法治宣传，指导家事纠纷调解等工作，目前已建成“无讼社区”3个。

三、多元共“融”，构建共治共享治理体系

将家事审判主动融入基层社会综合治理，凝聚“合”之力，贡献“和”智慧，打造“智慧型”法庭家事品牌，实现“法官便民全覆盖、纠纷解决无死角、司法服务零距离”。

一是党建引领，积极融入基层治理大格局。主动融入辖区党建链，成为安居链的重要节点，围绕“平安幸福”的家风、家教、家庭建设目标，与辖区妇联、民政、派出所、社区调解员协同合作，将大量家事纠纷化解在萌芽，近3年来累计超过千件，切实融入基层社会治理体系。

二是“法院N”，助力基层治理新发展。所在法院与辖区公安局、民政局、教育局、妇联等11家单位共同建立家事纠纷多元化解“法院

N"协调联动机制，建立 283 个法官便民工作室，其中 13 个与法庭对接，主动融入社区网格化管理；与辖区妇联在村委会、居委会联合打造婚姻调解室 38 个，其中与法庭对接的 5 个，2023 年为社区家庭提供上门服务 21 次，实现家庭矛盾早发现、早治疗。

三是普法宣传，传扬翁旗新家"枫"。依托"蒲公英"宣讲团常态化开展进基层、进学校、进机关，关爱妇女儿童、关爱老年人等"三进两关爱"活动 46 次，拍摄"蒲公英说法"视频 89 期。组织法庭开放日活动，邀请学生群体旁听刑事案件审理活动 8 次，家事审判工作获得当地群众普遍认可。近年来，所在法院获评"全国维护妇女儿童权益先进集体"和"全区青少年法治宣传教育专项行动先进单位"，法庭庭长荣获"全国维护妇女儿童权益先进个人"称号。

新时代人民法庭建设案例第 258 号

黑龙江省哈尔滨市道外区人民法院团结人民法庭把牢高额彩礼纠纷诉源治理"三道关口"倡导引领乡村文明新风尚

黑龙江省哈尔滨市道外区团结镇地处城乡接合部，外来务工等暂住性人员流动频繁，婚姻家庭类矛盾纠纷易发多发。近年来，团结法庭聚焦辖区婚姻家事纠纷特点，特别是高额彩礼纠纷中存在的突出问题，构建"一二三"多元解纷诉源治理新模式，让彩礼回归于"礼"。"一"是依托党委协同村屯，党建赋能；"二"是创设"联动式调解团"，排查解纷；"三"是用好巡回审判、示范裁判、普法宣传三件"传家宝"，把牢"三道关口"，妥善平衡缔婚双方利益，弘扬健康文明的婚嫁风俗。2023 年和 2024 年一季度，婚姻家事案件受案数同比分别下降 6%和 16%。

一、依托党委协调乡镇村屯，把牢诉源“前端治理关”

一是以村规民约“遏制”高额彩礼。积极争取地方党委政府支持，主动对接乡镇、村屯调解网络组织，同团结镇政府签署诉源治理暨移风易俗备忘录，指导制定村规民约10余次（含婚约彩礼返还内容），印发倡议书180余份，旗帜鲜明地反对“高额彩礼”，推动构建文明婚嫁风俗，建立新型婚姻观念。二是以常态家访“延伸”治理职能。联合公安等党政机关共同组织开展上门“家访”，着重了解新登记结婚家庭成员构成、生活状况及子女抚养情况，对可能产生高额彩礼纠纷的家庭就地化解矛盾，共开展联合排查35次，“柔性”化解“家务事”46起。三是以党建融合“做强”前端预防。推动与乡镇党委联建联治，充分发挥党支部、党员干部在推动文明新风建设中的突出作用，以“一村（社区）一法官”和“共享法庭”为载体，综合运用“主题党日”等形式，组织涉高额彩礼纠纷法治宣传活动30余次。通过“前端治理”，呈现案件数量持续下降、彩礼金额明显减少、信访案件动态清零趋势，辖区东风村“法治乡村建设”经验获多家中央媒体宣传报道。

二、采取“联动式 调解团”解纷模式，把牢诉源“多元解纷关”

一是创建“联动式”诉调机制。依托镇综治中心建设，与辖区11个村委会签订诉调对接协议，确定委托、委派调解工作流程，参与时间节点和方式等，做深做实家事纠纷多元化解，把“家务事”化解在家门口，诉前调解家事纠纷23件，其中涉返还彩礼纠纷4件。二是运用“调解团”解纷模式。由“驻村法官”、村委会成员、“法律明白人”组成婚姻家事纠纷“调解团”，调前详细了解案件情况，实行“一案一策”针对性调解。在调处一起矛盾较为尖锐的婚约财产纠纷中，经过调解团共同努力，最终被告同意当场退还彩礼5万元，取得良好示范效果。三是培育“调解员”解纷能力。充分挖掘乡镇优质调解资源，与镇政府共同举办培训讲座10余次，在村干部和村民中选拔培养精通法律、擅长调解的“法律明白人”40余人，建立“调解人员库”，为家事纠纷多元化解提供人员保障。

三、用好法庭三件“传家宝”，把牢诉源“能动履职关”

一是开展“常态化”巡回审判。将巡回审判作为化解家事纠纷的重要方式，常态化深入乡镇村屯审理案件。通过组织乡村群众观摩庭审，现场“以案说法”，将文明新婚俗以最为直观形式呈现在人民群众面前，目前已开展专项巡回审判48次。二是制发“示范式”裁判文书。注重裁判文书释法说理，以示范判决推动类案高效化解。在审理一起婚约财产纠纷案件中，双方当事人虽未办理结婚登记，但已按当地风俗举办婚礼并有短期的共同生活，审理后酌情判令一方返还彩礼3.5万元，双方均服判息诉。法庭以此判例为示范，诉前调处类似纠纷5起。三是进行“订单式”普法宣传。针对情侣间转账系赠与还是彩礼、离婚后彩礼是否退还等社会热点问题，认真归纳相关法律规定和典型案例，制作“订单式”宣传材料，针对性开展专项普法活动11次、发放资料200余份，受益群众达千余人。

新时代人民法庭建设案例第259号

浙江省开化县人民法院马金人民法庭
探索源头解纷新模式 打造家事纠纷山区最优解

浙江省开化县人民法院马金人民法庭作为钱塘江源头的山区法庭，通过源头预防、前端共治、闭环解纷，扩大婚姻家庭教育覆盖面，积极探索婚姻家事纠纷的山区最优解。2019年至2023年，婚姻家事纠纷案件调撤率由49.02%提升至66.04%，收案数下降48.04%，相关经验做法被《人民法院报》《人民司法》等全国性报刊报道推广。

一、坚持共建共治共享，助力家事纠纷综合治理

一是组建家事联络员队伍，推动矛盾纠纷化解在基层。强化“乡镇 人民法庭”耦合机制，聘任113名网格员为家事联络员，实现“网格 法院”“网格 司法联络员”双向互动，协助开展送达法律文书、执行联络、诉前调解等工作。家事联络员第一时间将辖区家事纠纷与法庭共享，共同将纠纷化解于“未诉”，2022年以来，网格员配合化解纠纷900余起。

二是引入家事调解员力量，集体协商就地化解矛盾。探索“人民法庭 人大代表联络站（政协民生议事堂）”共建共融机制，推行“法官说法 代表委员说理”家事纠纷化解模式，组建在线协商调解人才库，45名代表委员参与家事案件诉前调解，接待群众300余人次；引入全国模范调解员“晓明工作室”，聘任“钱江源老娘舅”“三衢和姐”等23人为家事特邀调解员，诉前委托调解成功率达48.34%。

三是发挥家事辅导员优势，共享数字化改革成果。积极打造“景区 老区”“一堂一庭”等特色品牌，聘任“共享法庭”庭务主任为家事辅导员，充分发挥镇街、村社在化解属地矛盾纠纷中的主导作用，法庭为镇街、村社提供远程指导，实现当地纠纷当地调、复杂纠纷指导调、涉诉纠纷邀请调，为山区群众提供优质高效的在线诉讼服务。2022年以来，通过“共享法庭”化解纠纷94件，就地化解率达95%，开展普法宣传24场、受众达2万余人次。

二、坚持案结事了人和，减少家事纠纷案件衍生

一是建立“家事一件事”审判执行新机制。按照“员额法官—法官助理—执行员—书记员”模式，细化家事领域“当事人一件事”集成改革，明确“一个团队”工作标准，确定1名员额法官牵头，统筹开展审判、执行工作，有效打破传统模式下不同庭室间的壁垒，实现资源、人员共享，家事案件平均审理天数缩短至17天，当事人服判息诉

率 98%以上。

二是持续深化妇女维权新模式。创立“佳姐有约”妇女维权工作室，建立“1 1 1 N”工作模式，形成以 1 个先进模范为引领、1 个多元化解调解室为基础、1 支巾帼志愿服务队为载体、N 个调解员为指导的家事审判机制，发出家庭教育指导令、探望权自动履行承诺书共计 28 份，责令 5 人到县妇联接受家庭教育指导，为农村留守妇女、儿童、老人提供全方位法律服务。

三是探索构建家事审判服务新路径。坚持“面对面”优良传统，针对辖区山高路远、交通不便的实际困难，常态化开展“巡回审判”“夜间法庭”，将每周二、周四定为巡回日，做到“相邻纠纷必到现场、三养案件必进家门、侵权纠纷必查缘由”，最大限度减少山区群众诉累。2022 年以来，开展家事纠纷巡回审判65 次，解决纠纷 58 起，宣传杜绝高额彩礼等弘扬社会主义核心价值观案例 35 次。

三、坚持抓前端治未病，推动家事纠纷止于未讼

一是促进财产纠纷源头化解。分析彩礼返还及财产分割纠纷中的难点问题，制作《离婚案件财产处置法律指南》，选取具有典型意义的离婚案件在村社开展“家风故事”系列普法活动，实现“审理一案、治理一片”的社会效果。指导辖区 16 个村将彩礼金额、随礼数额纳入村规民约，并针对高额彩礼现象向风险较高的姚家源村发出司法建议，获得采纳，经整治后该村此类案件大幅减少。

二是数助离婚案件源头预防。连续 3 年向辖区党委政府发出《乡镇社会治理风险报告》，通报离婚案件数量、缘由，为党委政府指导村社处理家事纠纷提供依据。每年定期向辖区 3 个乡镇 57 个村社发送《无讼村社指南》，在通报“无讼村社”基础上，创新“幸福村社”通报，将无家事纠纷作为一项重要指标。2023 年辖区内婚姻家庭涉诉纠纷同比下降的村社有 53 个，占比高达 93%。

三是致力未成年人源头守护。2021 年以来，发出涉未成年人人身

安全保护令、家庭教育指导令 33 份，督促当事人签订探望权自动履行承诺书 5 份。深化家事审判省际司法协作，携手安徽休宁和江西婺源等法院 15 家人民法庭成立浙皖赣人民法庭“融治理”联盟，为未成年子女搭建生活、教育、探望、帮扶一站式服务平台。2022 年以来，协同开展督促探望权、抚养费履行 23 次，加强离婚案件未成年子女保护，强化调查回访和跟踪指导，引导青少年形成正确的家庭观、人生观和价值观。

新时代人民法庭建设案例第 260 号

福建省福安市人民法院赛岐人民法庭
抓好“三心三力”助推离婚纠纷诉前化解

福建省福安市人民法院赛岐人民法庭位于“闽东黄金水道”赛江之畔，下辖 8 个乡镇及 1 个经济开发区，总人口 32 万余人，经济总量约占福安市三分之二。近年来，赛岐法庭坚持和发展新时代“枫桥经验”，倾情打造“花开赛江，庭护家安”特色品牌，以“三心三力”全面加强离婚纠纷诉源治理，近 3 年诉前化解离婚纠纷 547 件，2023 年全年收案数同比 2020 年下降 31.6%，先后获得全国法院先进集体、全省十佳法庭、福建法院第一批“最美法庭”等荣誉称号。

一、强化协调联动，构筑诉前化解离婚纠纷“同心力”

针对离婚纠纷当事人情绪对立、矛盾易激的特点，主动延伸司法职能，推动建立“1 1 N”（即党委政府 人民法庭 其他基层治理单位）治理模式，“三联三融”汇聚力量，源头化解离婚纠纷。一是与街道（乡镇）、村居（社区）联动，融入基层网格化治理体系。在离婚案件集中的罗江街道、三江社区建立法官工作室，另设 21 个村居（社区）微法庭，发挥网格员“人地两熟”优势，将入户走访、矛盾排查、风险研判等紧密结合，前端预防化解离婚纠纷143件。二是与公安、司法联动，建立“一庭两所”诉调联动机制。通过定期联席会议、按季度发布《审判动态》《治安警情分析》《人民调解动态》，研判离婚纠纷成讼情况，建立家暴风险防控平台、人身安全保护令一站式申请机制，运用调解协议 司法确认做法，诉前化解离婚纠纷186件，获得中央、省、市三级政法委宣传肯定。三是与妇联、学校联动，融汇巾帼柔性解纷优势。联合妇联、公安、司法及村委会优秀女性组建“向阳花”妇女儿童权益保护队，以柔情耐心促推当事人打开心结、修复情感、化解矛盾；法庭女法官担任校园法治副校长，开设防治家庭暴力、保护妇女儿童权益主题法治课14场，受众3000余人。

二、做实指导调解，凝聚诉前化解离婚纠纷“贴心力”

以保护妇女儿童权益为主线，将指导调解工作贯穿全过程，全面提升调解员解纷能力。一是壮大调解力量，提升队伍聚合度。依托“庭说家事”调解室，邀请人大代表、政协委员、退休教师、村居（社区）干部等群体共同参与调解，灵活运用“情理法”调处离婚纠纷，实现调解效果最大化。二是开展培训指导，提升调解专业度。围绕民法典、妇女权益保障法、家庭教育促进法、涉彩礼纠纷司法解释等法律规定，开展调解业务培训35场次；将离婚纠纷常见争议焦点、典型案例、经验做法汇编成册，发放《家事调解工作手册》400余份，切实提升调解员专业能力。三是搭建关爱桥梁，提升群众满意度。针对特殊案件建立妇女儿童重点保护台账，开展调后回访、跟踪走访、公益救助工作；建立“法庭 法援”双向机制，主动为妇女儿童等弱势群体提供维权途径。

三、注重宣传引导，打造诉前化解离婚纠纷“暖心力”

坚持“抓前端、治未病”理念，拓展源头预防化解离婚纠纷新路径，推动诉源治理走深走实。一是“扬正气”指导制定村（居）规民约。针对离婚纠纷高发、妇女权益保护薄弱、家暴现象频发、高额彩礼突出等问题，弘扬社会主义核心价值观及优秀民俗文化，指导11个村居（社区）制定村规民约，将限制违规大办酒席、整治收取高额彩礼、涤除低俗婚闹等纳入其中，培塑和睦家风，倡导文明婚嫁风尚。二是“传和气”开展巡回审判。选取涉离婚、财产分割、子女抚养等典型案例，深入村居（社区）开展巡回审判，邀请代表委员、村委成员、法律明白人及群众代表“沉浸式”旁听庭审29场，达到“审理一案、教育一片”效果。三是“接地气”组织普法宣传。开展“庭护家安”“典入家园”“护未成长”普法宣传活动等32场次，送法进村居（社区）、进企业、进学校；制作离婚纠纷相关漫画20余套、短视频40余个，发放《“漫”说法典》宣传画册万余册，努力将离婚纠纷止于未发、化于萌芽。

新时代人民法庭建设案例第261号

江西省石城县人民法院屏山人民法庭
“石城免礼”破高额彩礼 能动履职树婚嫁新风

江西省石城县屏山镇长溪村是全县移风易俗改革的首发地。2023年，全省移风易俗改革现场会在石城召开，“石城免礼”文明新风得到《人民日报》等中央媒体推介。屏山法庭坚持能动履职，以深度融入婚姻家事领域移风易俗改革为切入点，积极推动涉婚约彩礼纠纷诉源治理。2023年，法庭婚姻家事纠纷收案46件，同比下降60.1%，诉前化解率高达93.4%；离婚案件上诉率连续3年为零，辖区婚嫁彩礼由十几万减少到三万元左右，实现“低彩礼”甚至“零彩礼”，高额彩礼诉源治理工作取得显著成效。

一、融入基层治理，做实婚姻家事纠纷源头治理

屏山法庭坚持德治、自治、法治融合推进，从源头上减少婚姻家事

矛盾纠纷。一是主动融入，提升乡村德治水平。围绕易引起家事矛盾纠纷的“高额彩礼”、婚丧嫁娶大操大办等陋习，紧密结合党委政府推进“婚事新办”“抵制高彩礼”等移风易俗改革，以法促改、以法护改，强化道德教化，促进社会和谐。二是靠前指导，提升乡村自治水平。指导各村两委和“红白理事会”“村民议事会”等自治组织汇聚民意民智，修改村规民约，增设“婚事新办”“抵制高彩礼”等条款，提升民事民办、民事民治的乡村自治水平，从源头抑制婚姻财产等矛盾纠纷发生。三是前端化解，打牢乡村法治根基。坚持执法普法相结合，指导长溪村、新富村等 5 个村（居）成立老党员、老干部等“五老”人员组成的“实诚人”联合调处机制，熟悉掌握“查、理、评、调、和”五字工作法，实心听陈述、诚心明事理、公心定纷争，诸多婚姻家事纠纷得到前端有效化解。

二、凝聚解纷合力，搭建婚姻家事纠纷多元化解平台

屏山法庭聚焦婚姻家事纠纷多元化解，整合资源搭建平台，聚集合力解纷争。一是设立家事调处工作平台。在法庭设立家事调处工作室，聘用特邀调解员，在法官指导下联合辖区派出所、司法所、村干部等对婚姻家事矛盾纠纷进行一站式诉前调处，近 3 年共化解相关纠纷 91 起。二是建立家事审判专业平台。与院机关民事法官组建家事审判专业团队，对遇到的疑难复杂婚姻家事纠纷，提交专业团队讨论研判，提升婚姻家事审判专业化水平。近 3 年共审理此类案件 62 件，无一上诉、申诉。

三、抓好前端治理，健全婚姻家事纠纷解纷机制

屏山法庭前置纠纷化解关口，实现婚姻家事纠纷从“诉上来”到“下去调”的转变。一是建立调解员信息收集机制。在各村组网格选聘“实诚人”为调解员，负责婚姻家事纠纷信息收集，及时发现和提前规劝“高额彩礼”“赌博打牌”等陈规陋习，引领乡村文明新风。二是建

立信息会商研判机制。坚持矛盾纠纷日常排查和重点排查相结合，关注矛盾纠纷隐患点及重点家庭，联合村（居）干部、网格员、调解员会商研判，制定“一案一策”疏导化解。三是建立诉前调查机制。聘任家事调查员，协助法庭对家事案件中夫妻矛盾源头、婆媳纠纷因果、家庭困难状况等信息诉前调查，帮助法官掌握案件内情实因，因案施策制定审理方案，确保纠纷高效化解。四是建立以案释法机制。与“圩日法庭”活动相融合，选取婚姻家庭、邻里纠纷等典型案件印制宣传册，引导群众学法尊法守法，以司法裁判促推诉源治理。

新时代人民法庭建设案例第262号

山东省济南市市中区人民法院陡沟人民法庭
三维发力 绘就家事纠纷诉源治理新“枫”景

近年来，山东省济南市市中区人民法院陡沟人民法庭坚持和发展新时代“枫桥经验”，用好三种力量、构建三项机制、开出三剂良方，打造“沟通无忧”家事纠纷诉源治理品牌，绘就平安乡村、和谐家庭建设新“枫”景。2023年，诉前诉外化解家事纠纷426件，立案受理家事案件133件，同比下降14.74%；调撤率为52.78%，同比上升7.3%，诉源治理效能逐步显现。

一、用好三种力量，推动家事纠纷源头化解

一是坚持党建引领，组建“网格家事调解”服务队。打造“五心”法官工作室党建品牌，与派出所、司法所、村居社区开展党建共建，组建由法官、民警、人民调解员、网格员、基层党员干部共同组成的“网格家事调解”服务队6个，划片包村实现全域覆盖。辖区12名网格员、45名人民调解员下沉各个村居，对村居社区无法化解的家事矛盾，服务队及时介入。法庭法官通过网络问答、现场接待方式为群众答疑解

惑，2023 年以来共解答群众咨询婚姻家庭继承问题 126 个，就地诉前化解各类家事纠纷 100 余件，取得不错效果。二是善于因地制宜，成立家事纠纷“调解团”。2022 年 8 月，与辖区镇街、村居社区共同发起成立家事纠纷“调解团”，邀请“五老”、妇女主任等人士入团调解。“调解团”成立以来，组织法官开展专门培训 7 次，参训人员达 500 余人次，调解的专业性逐渐提升，已调解成功家事纠纷 200 余起。三是推行柔性司法，用好亲朋、专家“情感帮帮团”。设置客厅式调解室，以“妻子”“丈夫”称谓代替“原告”“被告”，从“对抗式”谈判转化为“对话式”沟通，营造柔性司法氛围，促使当事人放下心中芥蒂，敞开心扉交流。设立特色音视频调解室，通过播放亲友寄语、情感历程、亲子时光等视频短片引发当事人情感共鸣；通过邀请当事人亲朋好友、情感专家、心理咨询师等到庭参与“背靠背”“拉家常”“亲情式”调解，既解当事人“法结”，又解“心结”。

二、构建三项机制，提升基层社会治理效能

一是建立反家暴联防联动机制。加强与政法委综治委、妇联等部门合作，成立反家暴联席会议室，并在陡沟法庭设立反家暴维权合议庭，针对涉家暴案件，及时与区检察院和公安机关沟通，依法发出人身安全保护令，3 年来累计发出 26 份，依法维护妇女儿童合法权益。二是建立赋强公证家事纠纷化解机制。与齐鲁公证处合作建立“家事案件合作解纷中心”，在陡沟法庭长期派驻工作人员一名协助调解，开展家事矛盾纠纷诉前化解；对于继承纠纷，当事人持公证书可直接办理房产继承过户，既和谐化解继承纠纷，又使财产顺利过户。三是建立家事纠纷“三必访”回访机制。对涉及未成年人抚养、探望案件，涉家暴且申请人身保护令的离婚案件以及义务人数量多、分歧大、矛盾深的赡养案件必回访，组建“小柿‘童’行”回访团队，累计对涉婚姻家庭案件开展社会调查 18 人次、心理疏导 53 人次，发出家庭教育指导令 32 份，督促监护人认真履行监护和家庭教育职责。

三、开出三剂良方，培育文明乡风和美家风

一是司法裁判示范引领。到村居社区开展婚姻家事纠纷典型案例巡回审判，组织干部、村民旁听案件审理87次；通过两微一端、公告栏、视频号等形式，发布示范判决108份。充分释法说理，培育文明乡风、和美家风，实现“办理一案，治理一片”社会效果。二是村规民约效力补强。联合民政、妇联，指导辖区45个行政村，因地制宜制定村规民约，细化孝老爱亲、邻里和睦、婚丧宴请规则，设置村规民约红黑榜，奖惩结合；充分发挥党员干部模范带头、红白理事会监督作用，坚决反对攀比奢靡之风，持续推进婚丧领域移风易俗。三是司法建议综合治理。针对“留守儿童”“空巢老人”“高额彩礼”等突出问题向相关街道、民政、村居社区发出专项司法建议，进行“点对点”指导；定期召开座谈会，与村两委、妇联、民政、学校“面对面”交流。2020年以来，共制发司法建议16份，均收到相关单位回复，开展座谈会20余次，取得良好治理效果。

新时代人民法庭建设案例第263号

湖北省武汉市青山区人民法院红钢城中心人民法庭
全流程“三端”共治 多方位护佑家和

湖北省武汉市青山区人民法院红钢城中心人民法庭作为武汉市中心城区最大的家事法庭，坚持和发展新时代“枫桥经验”，“前端延伸织网、中端向家赋能、末端温情关怀”三端共治，全流程全方位推进家事纠纷诉源治理，全力打造“枫桥式人民法庭”。自2023年重启运行以来，法庭家事案件调撤率达78.03%，服判息诉率达95.58%，入选全省法院维护妇女儿童合法权益典型案例5件，“回到初心”调解室获评全市品牌调解室，“守望未来”未成年人工作室被复核为国家级优秀青

少年维权岗。

一、调解触角向前延伸，织密源头“治理网”

一是搭建家事纠纷诉前过滤机制。以红钢城法庭为依托，2023 年以来建立基层矛盾治理点 13 个、便民诉讼服务站 2 个、“调解室” 5 个，将诉源治理力量嵌入各个网点，依托社区综治网络打造“法官 网格员 人民调解员”家事矛盾调处平台。落实调解指导法定职责，2023 年常态化开展调解员业务培训 26 次 400 余人，指导社区在“家门口”调解家事纠纷 306 件。二是强化家事纠纷诉情分析研判。依托政法委、平安办联席会议机制，定期对各街道家事案件态势进行研判会商通报，对容易引发大批量继承纠纷的拆迁区域、离婚类案件上升的街道及时预警，提前介入，引导调解力量入驻，有效减少诉讼风险。三是创设家庭教育指导服务站。参与组建“守望未来”未成年工作室，在外来务工子女就读较多的白玉山中学、区民政局婚姻登记处挂牌设立家庭教育指导站，通过法官、家事“两员”定期值班、定点咨询，为学生家长和登记离婚夫妻提供家庭教育指导服务 1000 余人次，帮助家长增强家庭责任意识，提升教育能力。

二、专业审判向家赋能，构筑法治“防护墙”

一是依法快速出“令”。联合区公安、妇联、民政部门建立反家暴联动机制，对家事审判涉及的司法令状集中统一规范办理，设立“绿色通道”，提供一键通达式服务，确保 48 小时内签发。先后发出全市首例人身安全保护令、家庭教育指导令，至今共发出保护令 18 份、书面和口头指导令 311 份。2023 年共发出夫妻财产申报令 254 份。二是坚实有力撑“伞”。充分发挥家事专业审判法庭的聚合力，建立以“一庭六室”为核心的“调解、疏导、审理”三合一情景化家事审判场所。制定《适老诉讼服务指南》，增设“老年人优先”绿色通道，为 97 名老人提供“定制讲解”和巡回上门服务，新华社对此进行报道，浏览量超200万人次。严格落实未成年人优先保护，2023年依法支持29名未成年人获得或提高抚养费标准共110万元，为未成年人撑起司法保护伞。三是凝聚合力促“调”。以家事案件调解推动家事矛盾就近、实质化解。在全区选聘家事调查员、家事调解员507名，深度参与家庭矛盾调解144件，参与家事案件调查41件。家事解纷“两员”工作法获评武汉市创新“枫桥式工作法”先进典型。

三、观护疏导向爱而行，点亮人文“关怀灯”

一是以案件回访观护传递司法温暖。制定《案后回访和社会观护制度》，对217件案件开展判后答疑、案后回访等工作，并提供必要法律援助。以创建“无执法庭”为目标，经延伸“护理”促成家事案件执前和解32例。二是以心理疏导机制助力家庭和谐。精心挑选10余名执业经验丰富的专业咨询师介入家事案件开展心理疏导，打造“回到初心”调解室并不断优化升级。7年来共提供心理疏导1100余人次，成功修复婚姻和好90余例，帮助案件当事人“和平分手”、友善处理子女抚养及财产分割等事宜740余例。三是以形式多样普法引领文明家风。助力村（居）委会开展“五星文明户”评选，指导订立村规民约、整治陈规陋习，以贤德涵养家风。线上线下组织各类普法活动58次，提供法律咨询101次，惠及5000余人。开设微信普法专栏，发布原创音视频、图文50期，微电影《拉扯》获2023年度平安湖北“三微”优秀作品三等奖。发布维护妇女儿童权益典型案例27件，相关工作获《法治日报》《人民法院报》等媒体宣传报道89次。

新时代人民法庭建设案例第264号

广东省深圳市南山区人民法院西丽人民法庭 深化家事纠纷诉源治理 能动司法守护家的温暖

广东省深圳市南山区人民法院西丽人民法庭以家事案件和未成年人案件刑事、民事“二合一”审理机制改革为契机，坚持和发展新时代“枫桥经验”，深入推进婚姻家事纠纷诉源治理，以能动履职守护家的温暖。2023年以来，西丽法庭累计走访街道社区143人次，在联动解纷工作站公开开庭审理案件50余件，开展普法释法活动4场，举办调解培训4场，完成司法确认93件，与街道、派出所等三方共调各类纠纷7460件，成功化解7254件。2024年1至5月，辖区西丽街道、桃源街道家事纠纷一审收案数量较去年同期下降16%。诉源治理在维护妇女儿童合法权益等方面取得显著成绩，先后获南山区“三八”红旗集体、第十届南都街坊口碑榜民生微实事十大金奖、“2018—2022年度平安深圳建设”先进集体、“深圳市五一巾帼标兵岗”等称号。

一、深化多元共治，健全诉源治理体系

西丽法庭坚持“治已病”与“治未病”相结合，积极构建诉源治理工作新格局。一是推动庭所共建。坚持把非诉讼纠纷解决机制挺在前面，主动把家事审判融入辖区共建共治共享社会治理格局。2023年5月，与区公安分局、西丽街道签订《开展诉源治理多元解纷工作机制的方案》，构建人民法庭、派出所、司法所“庭所共建”诉源治理工作新机制，既注重凝聚基层政法机构合力，又充分发挥人民法庭在一站式司法确认、以判促调引导、指导调解等方面主导作用，工作经验获深圳市委全面依法治市委推介。二是推动全程调解。考虑到婚姻家事案件中离婚纠纷、婚姻财产纠纷收案数量大、增长速度快，高额彩礼纠纷案件频发等特点，西丽法庭创新家事纠纷化解工作机制，组建“心理咨询

师 家事调解员 家事调查员”专业辅助队伍，践行全环节多元调解工作理念，有效推动柔性解纷、案结事了。以2023年为例，家事案件调撤率达60.8%。三是巡回审判促治理。常态化开展社区巡回审判，先后选取涉抚养权纠纷等典型案件进行公开庭审，普及“最有利于未成年子女原则”等司法理念，达到“审理一案、教育一片”的良好效果。四是促推防范风险。从审判实践这座“富矿”，挖掘社会治理痛点难点，做深做实司法建议工作，撰写《性侵未成年人犯罪案件调研报告》，向公安等部门发出司法建议，加大对酒店旅馆行业监管，堵上未成年人遭性侵案件的风险漏洞。

二、延伸司法触角，优化诉讼服务机制

一是实行驻点指导。在区妇联婚姻调解中心设立“家事法官联络站”，依托司法大数据分析，选择在家事纠纷复杂、多发的蛇口街道多个社区精准设立“家事纠纷非诉解纷工作室”，以“远程指导 定期驻点”相结合，提供法律咨询、诉前调解、司法确认、判后回访等司法服务，推动家事案件诉前化解。二是搭建绿色通道。开通“人身安全保护令”快速立案绿色通道，对涉家暴案件，尤其是涉未成年人的实行快立快审快结，筑起坚实的司法保护屏障。2023年，西丽法庭发出保护令22份。三是架起沟通桥梁。针对家事案件中涉未成年人抚养权、探望权等执行难题，创建全市首个“家事执行工作室”，组建“家事法官 执行员 心理咨询师”执行团队，执结案件107件，2022年疫情期间成功办理一起涉中美两地跨境“云探望”案件，相关媒体进行宣传报道。

三、坚持能动履职，促进家事纠纷实质化解

西丽法庭坚持家事审判不局限于是非判断、权利义务厘定，注重司法职能向“诊断、治疗、修复”延伸，切实满足人民群众日益增长的多元司法需求。一是开展专业化“诊断”。设立心理疏导室，通过购买

社会服务等方式引入心理咨询，为家事案件当事人及未成年人子女提供心理访谈、心理咨询和测评，并出具专业评估报告。2023年为145例案件当事人提供心理咨询服务305次。二是开展全方位“治疗”。创建全市法院首个家庭教育指导站，2023年向家事案件中的未成年人父母双方发出《家庭教育指导信》358份，依法对监护教育不当、监护人失职等行为发出家庭教育令2份，守护好未成年人关键成长期。三是提供疗愈性“修复”。自2023年3月开始，在离婚案件中试行发放《婚姻关系修复建议书》，根据案情向双方当事人提出有针对性的婚姻关系修复建议，累计已制发45份。

四、落实普法责任，形成法治建设强大合力

西丽法庭高度重视法治宣传工作，帮助弱势群体在家事纠纷中运用法律武器捍卫自身合法权益，在全社会共同营造维护未成年人、妇女和老年人合法权益，推动家庭文明建设的良好氛围。2023年以来，开展驻点宣传、巡回审判、法治情景剧、少年模拟法庭等普法活动17场次，覆盖群众4800余人次。一是在国际家庭日、国际妇女节、女法官国际日、国际儿童节等时间节点，联合妇联、民政、检察等单位，集中开展“家和万事兴 司法有温情”“护航高质量 法治进校园”等普法宣传活动并提供法律咨询服务。二是充分利用网络、电视、报纸等多媒体渠道对典型案例进行跟进报道，全方位宣传家事纠纷化解之道。其中，反映西丽法庭家事审判工作的纪录片《家事如天·深圳篇》，获“国家广播电视总局优秀国产纪录片”“全国政法优秀新闻作品二等奖”等荣誉。结合法治宣传活动编制《与法同行 以案说法普法读本》，通过普及家事少年审判法律知识，助推家庭家风建设高质量发展。

最新法律文件解读丛书

稿　约

最新法律文件解读丛书是一套以为最新法律规范提供同步"解读"为主的系列丛书，分为刑事、民事、商事、行政与执行4个分册，按月出版。

本丛书以"解读"为重点，突出全、专、新、快、准等特点，通过对最新出台的法律、法规、司法解释、部门规章以及重要地方性法规进行同步动态解读，弥补了法律、法规、司法解释汇编类出版物没有同步阐释、解读内容的不足，为广大读者学习理解最新法律规范，正确贯彻执行法律文件，及时解决实践中的新情况、新问题，提供一个全方位、多层面的法律信息平台。

欢迎您向以下栏目赐稿：

【最新法律文件解读】主要是对最新颁行的法律文件进行解读，帮助司法和执法人员正确理解法律文件的立法背景、意义、重点内容、在适用中应注意的问题、与相关法律文件的衔接与互动关系等。

【司法实务问题研究】主要刊登对司法理论、实务及司法管理工作中的热点、疑难问题进行研究及评论的文章。

【新类型疑难案例选评】主要是对司法和行政执法实践中具有典型性和代表性的疑难案例，结合具体案情以及审理或处理结果进行简练精辟的点评，解析认识问题的方法、处理问题的法律依据和在个案中的具体适用。

【法学前沿与新视点】以摘要的形式刊登相关法学理论研究的最新动态及具有代表性和典型性的前沿问题，扩展法学研究的深度和广度。

【法律适用问题解答】主要针对司法和行政执法实践中面临的新问题、热点问题、疑难问题进行简要的解答，指出涉及的法律关系，明确法律适用依据。

稿件一经刊用即付稿酬，稿酬从优。

《刑事法律文件解读》　周　敏　邮箱：xingshijiedu@163.com

《民事法律文件解读》　杨　洁　邮箱：1216921515@qq.com

《商事法律文件解读》　路建华　邮箱：shangshijiedu@126.com

《行政与执行法律文件解读》　丁塞峨　邮箱：1290312696@qq.com

人民法院出版社

最新法律文件解读丛书编辑部